riting...

顾家北

顾家北◎编著

手把手教你雅思写作（剑9版）

包括最新雅思教学成果，紧随剑桥最新考试动态

u is a dedicated teacher who has devoted his entire working life to languag
ing with his academic interest ... Grammar & Writing. He is
ole and conscientious schola ... nalysing and teaching academi
sh advocated in Western u ... l as the world's most popula
age tests (IELTS, TOEFL, SA ... RE).
nowledge is multidisciplinary ... broad range of subjects, includin
not limited to Management, Marketing, Ethics, Psychology, Finance
unting and Early Childhood Education. His insightful teaching accounts fo
udents' unparalleled pace in achieving a good grade in IELTS writing. He i

中国人民大学出版社
·北京·

图书在版编目（CIP）数据

顾家北手把手教你雅思写作：剑9版 / 顾家北编著. —2版. —北京：中国人民大学出版社，2013.7

ISBN 978-7-300-17846-2

Ⅰ. ①顾… Ⅱ. ①顾… Ⅲ. ①IELTS-写作-自学参考资料 Ⅳ. ①H315

中国版本图书馆CIP数据核字（2013）第165698号

顾家北手把手教你雅思写作（剑9版）

顾家北 编著

Gujiabei Shoubashou Jiaoni Yasi Xiezuo（Jian 9 Ban）

出版发行	中国人民大学出版社		
社　　址	北京中关村大街31号	邮政编码	100080
电　　话	010-62511242（总编室）		010-62511398（质管部）
	010-82501766（邮购部）		010-62514148（门市部）
	010-62515195（发行公司）		010-62515275（盗版举报）
网　　址	http://www.crup.com.cn		
	http://www.1kao.com.cn（中国1考网）		
经　　销	新华书店		
印　　刷	涿州市星河印刷有限公司		
规　　格	185mm×260mm　16开本	版　　次	2012年8月第1版
			2013年8月第2版
印　　张	22.25	印　　次	2013年8月第1次印刷
字　　数	470 000	定　　价	55.00元

一"顾"千金

雅思的测试精神是开放的

雅思，是一种评估型测试，任何人参加考试都可以得到对应的分数，这样的分数用来衡量实际的英语水平。

雅思，接纳每一位考生，在跟考生的动态交流中不断提升自己。

雅思，欢迎每一位英语爱好者，致力于全球化推广，将国际化概念进行到底。

雅思，是一种针对非英语国家考生的英语测试，却竭诚邀请最专业的老师提供专业的英语教育理念。

这就是雅思，引领全球人性化测试，影响并且渗透了广泛的英语测试领域。

雅思的测试形式是细腻而客观的

A&G：雅思首先用 A、G 类的观念将学术英语和生活英语分开。须知拥有不同经历、不同学习目的的人，学习习惯不同，学习内容不同，测试要求当然也有差异。这才能保证雅思成绩的实用性。

L、R、W、S：雅思听、读、写、说将语言的不同表现形式分开。书面语与口头语有所不同，所以在能力提升上，讲究听说并进，读写共举。口语常见话题与写作常见命题相差很大。即使是同一个题材的讨论，写作更为深入和严谨，口语更为生动和感人。这就要求学生具有多种语言表现能力。

SECTION、PART、Test：即使在同一种测试形式中，也会采用不同的测试栏目，进一步细化测试环节。在听力考试中，有填空、选择等不同的题型，"消灭错别字"成为当务之急。在阅读考试中，不仅有速读的能力要求，而且有判断的准确性要求。这样细腻的安排，使得测试的成绩更为准确、全面。

0~9：每一种测试形式分为 0~9 分，每一位考生都能找到对应分数。即使某一项分数失利，其余测试也不受影响，这样的成绩依然具有参考价值。

BAND：雅思的成绩包括平均成绩和单项成绩，可以形象地描述测试对象的语言优缺点。

雅思的题材是实用的

A 类考生在参加完考试之后要面对学校的各类报告和论文。良好的图表描述能力、流程叙述能力和分类比较能力，是基本的报告要求。准确的回答、严密的逻辑、正确的语言表述和丰富的词汇量，是所有学生论文的评判基础，这也是雅思写作的阅卷要求。

G 类考生在到达国外之后的首要问题是生存，这就需要通过"信件"的形式解决工作和生活中的种种问题，所以会有"咨询"、"求职"、"感谢"、"投诉"、"介绍"等多种功能性书信。即使就某一问题发表观点，也会相对"生活化"。这一点也体现在听力、阅读和口语三项测试中。

因此不同测试目的的考生需要选择自己的侧重点。雅思，不仅是一种考试，更需要一种能力准备。

那些年，被误解的雅思

我们的雅思被反复“误解”过。特别是在“主观题”部分，往往各执一词：

有人追求过“加分词汇”和“加分句型”。殊不知词汇和句型本身并不能加分，正确地使用它们方为立足之本，任何脱离了文章本身的语言和词汇都没有意义。

有人强调过“俚语”和“俗语”，可是学术英语本身要求相对规范。此外，每个地区的方言不一定都能被其余地区的人所理解。如果你用到了考官不懂的语言或者文字，一定会影响你的思想表达，这不但不会加分，还会减分。

看，剑桥这样说：

雅思，希望准确、清晰的语法概念；

雅思，希望鲜明、严谨的观点论述；

雅思，希望丰富、规范的语言表述；

雅思，希望清晰、明了的结构形式。

这才是真实的雅思，一个能够代表先进测试理念的雅思，一个能够推进语言教育发展的雅思。

雅思征途，一“顾”千金

顾家北老师常年生活在新西兰，他热爱写作，热爱考试。

顾家北老师是一位一年写50万字文章的人，对文字的理解和自信超乎寻常。

顾家北老师是一位强调学习体系的人，在他看来，良好的学习方法和持续的学习积累是真正无往而不胜的武器。

他不是大师，只想做老师，强调真诚、扎实的培训，在海外留学生中享有美誉。当那些屡败屡战的“烤鸭”遇到顾老师之后，可以在短期内结束屡战屡败的“焙烤”生涯。

一“顾”千金，真正的价值是品质和责任心。

求学之路，再“顾”倾“诚”

千万不要觉得获得了“可接受”的雅思成绩就万事大吉。其实这只是征途的开始。在整个留学环节中，“写”是不可忽略的元素。

当你在异国他乡的夜晚，忽然感到下笔无物的时候，你会忍不住想起那个让你“认真”去写的顾老师。

真诚永远是感人的。

吕蕾公众微信号：*lvlei 1973*

吕蕾微博地址：*http://weibo.com/lvlei1973*

吕蕾博客地址：*http://blog.sina.com.cn/wonderfullei*

吕雷

序　言

笔者从事作文培训多年，总结了中国考生雅思作文中常见的五大问题：

一、看到题目没有思路，没有观点。

二、有了观点不知道怎么组织和论述。

很多考生在论述方面，属于无意识、无组织的状态，完全是跟着感觉走，因此答卷让人读起来杂乱无章。

三、有了思路后不知道如何表达。

很多考生和考师将注意力放在生僻的词汇上，而忘记了词语的地道表达。

四、知道单词，但是不知道如何将单词组成准确的句子。

大部分考生不掌握从句，也不能熟练使用从句，认为语法是永远不可能突破的难关。

五、即便正确了，句子和词语也没有变化。

这也就是为什么雅思作文培训的主流还停留在模板和套句上，多年不变。也就是为什么中国考生的作文平均分是5.2分，在四个项目中分数最低。

本书将集中解决这些问题。

思路

本书选了41个2006—2012年高频雅思作文题目，给出了观点和思路。这些观点都是来自西方文献关于这些话题的主流看法，避免了中国式思维和观点的影响。此外，这些题目来自不同话题，考生通过阅读和练习，可以迅速掌握雅思作文在不同话题下的常见观点，考试时遇到类似题目完全可以借用，而遇到同话题题目，即便有不同，也可以稍作改动后加以使用。

结构

本书不仅在概述部分介绍了雅思作文常见题型和行文路径，而且别具匠心地用了全文翻译练习，让文章的结构一目了然地展现在考生面前，从段落到每个句子的功能，即便是没有雅思考试经验的考生，也可以通过练习和复习知道作文的大致结构和论述路径。

表达

本书不仅总结了不同话题下的核心词汇，让考生在短时间内集中精力熟悉一些词汇，能够迅速使用，而且通过全文翻译的练习，让考生活学活用，在练习中加深自己对单词在不同句子和语境下使用的认识。这符合笔者一贯的作文培训思路：学过的单词不仅要记得使用，还要用对。

句子结构

本书的翻译练习反复出现各种常见单句和三大从句，并且将常用连接词和转接句型设计成句子，可谓用心良苦，最终目的就是让读者在练习中熟练这些句子，从而学会驾驭从句，而不是依靠死板的套句。

语法错误

本书针对中国考生语法错误多、害怕学习语法的普遍特点，总结了最常见的语法错误，使考生避免花大量的时间阅读语法书来提高语法水平。此外，每个翻译练习下都有一个包含语法错误的句子，考生通过这种改错练习和参考点评，可以提高对常见语法错误的敏感度和警惕性。这是考生保6争7的关键。

用词

本书的练习注意单词有效而准确的替换，而不是单调地给出一串同义词。本书旨在避免考生死记硬背单词的普遍现象，帮助考生理解单词的具体使用和区别。

总而言之，本书呈现的是笔者一贯的教学思路：（1）注重作文实力的提升，不仅帮助考生通过雅思，也为他们日后完成大学作业做准备；（2）教学和练习并重，增加考生的练习，而不是让他们被动地接受知识；（3）脚踏实地，不哗众取宠，以心血和认真换取考生的口碑，将考生的进步看做自己的最大成就。

而根据笔者的观察，目前市面上的雅思作文书大致有三类。

一、范文全集。

作者劳苦但不功高，因为大部分的范文采用生僻和晦涩的单词、复杂而迂回的从句、曲高而和寡的论述。作者更加关注的是如何将自己的毕生所学如数家珍，而不考虑读者是否能够吸收接纳。

二、模板套句。

作者投机心理严重，以捞金为主，模板和套句充斥各种中国式表达，一味吹嘘自己的套句独步天下，尽管知道套句和模板只能是毒害考生。笔者多年的培训经验发现：考生依靠套句从来拿不到及格的分数。

三、泛泛地谈结构、评分标准和考官范文。

这类图书虽然能够扫盲，也消除对雅思作文的某些偏见和误区，但是没有告诉考生如何达到考试的要求。换言之，只说鱼的模样，却不告诉考生怎么捕鱼。

本书不走这些寻常道路。读过此书的人，一切尽在不言中。

本书在编写过程中，吕蕾、陈业基、黄玉珠、黄忠武、黄忠文、陈培基、黄斌、黄玉英、张靖娴、袁伟、刘伟、李伟、杨志、贾玉梅等人也参与了部分资料的收集和整理，在此一并表示感谢。

顾家北公众微信号：*gu_writing*

顾家北微博地址：*http://weibo.com/u/1365309020*

顾家北博客地址：*http://blog.sina.com.cn/coocol*

顾家北

目 录

对整个雅思大作文题材进行分类讲解，词汇、语法、句型瞬间突破，也完美印证了之前的理论分析。

小作文跟大作文分别评判，均不可忽视。

第一章

雅思写作完整解答

本书编写特点

本书的主要内容和功能如下表所示。

内容	功能
作文中 16个常见语法错误	• 总结常见语法错误，帮助考生在短时间内熟悉语法和句法的基本规律，在写作中规避语法错误。
雅思 Task 2 作文步骤	• 有条理地总结和归纳 Task 2 作文的整个流程，包括审题、思考观点、开头段、论述和结论段。 • 针对考生常问问题给出解答，方便考生迅速了解 Task 2 作文的拿分关键，树立正确的写作观念，加深作文的了解。
雅思作文 需要注意的几大问题	• 总结中国考生一些常见行文习惯错误，包括中西文化差异、单词拼写、标点符号、连接词等。
雅思 Task 2 作文各大类别 背景知识和核心词汇	• 考生通过阅读背景知识，可以加深对不同类别题目的认识，提高思考观点的能力。
41个雅思 Task 2 作文 全文翻译练习	• 全面提高考生在论述、表达和用词方面的能力（优势在下面具体表述）。 • 非常直观地让考生清楚了解 Task 2 作文的结构。
雅思 Task 1 图表作文概述	• 通过问答形式，讲述图表作文的解题思路和描述要点。本书通过归纳 23 个考生关于图表作文常问的问题进行解答。内容包括如何描述数据、上升和下降单词的总结、表达方法的替代、时态和常见语法错误等。有针对性地解决考生的问题，而很多作文书平铺直叙的风格并不适合自学备考的考生。
雅思 Task 1 图表作文 常用表达总结	• 将常用表达通过分类和表格的方式总结，配以例句，方便考生查阅和参考。
雅思 Task 1 图表作文范例	• 创新性地将范文通过表格的方式表现，非常直观地让考生知道图表作文的写作思路和次序。大部分考生最大的问题是不知道如何在眼花缭乱的数字中筛选重要数据并有效率地进行描述。本书着力解决这个问题，而不是仅仅强调表达的变化。
雅思 Task 1 流程图和地图作文 概述和范例	• 和普通图表的形式类似，本书不仅讲解流程图和地图题的解题步骤，而且通过表格的方式写出范文，让考生清楚知道流程图和地图题的思路。
雅思 Task 1 书信概述和范例	• 本书总结了书信的分类和常用语，方便考生学习。
附录 1 50个常用的句了结构	• 总结了 50 个作文常用的句子结构，包括简单句和复合句，方便考生模仿和应用。

附录2 雅思 Task 2 作文各大类别核心词汇	• 核心词汇帮助考生掌握一些常用的词汇和标准表达，增加考生独立完成作文的信心。

本书一个革命性的创新是针对41道雅思常考题目设计成中文表述，引导考生进行全文翻译的形式，后面辅以翻译的改错以及正确的翻译。笔者统计了2006年至2012年的所有雅思学术类和移民类题目，总结出了41道最常见的题目。

本书适合初次接触雅思考试、希望通过自学在2~3个月之内获得6~7.5分的考生。目前市面上的大部分作文书主要是讲解和提供范文，考生自己提笔还是困难重重，本书的巨大优势在于给予考生更多的练习和体验的空间，而不是单向地输出信息。

全文翻译的练习有以下优点：

结构	• 每一篇文章一般是14~16句话，4~5个段落（开头段，主体部分讨论两到三段，结尾段）。通过练习，考生可以非常直观地认识和熟悉雅思 Task 2 作文的结构。其他作文书只是对文章结构提供概括性讲解和一些范文，考生了解需要时间。
论述	• 每个主体段的句子都清晰注明具体的功能（中心句、解释、结果、举例、对比等），考生通过反复的练习，可以增强自己的论述能力。
素材	• 41个题目包括 Task 2 作文的主要题材（如全球化、政府、教育、生活方式等），通过练习，考生可以增加不同题材的背景知识和素材积累，提高思考观点的能力，从而更加有效应付同一题材下的其他题目。
表达	• 每个练习里出现大量的常用表达和关键词，体现作者强调"搭配"而不是"个体单词"的教学思路。这些词语搭配都是地道的书面语表达，解决了很多考生"中式表达"的问题。考生通过练习容易增强记忆，比纯粹的通过词汇表记单词要有效。很多作文书只是提供一些常用词汇，却没有提供例句和练习，考生使用起来往往有差错。
句型	• 练习里含有大量的常用套句和连接词。考生可以通过练习，加强各种句子的使用能力，在以后写作中熟练应用。
语法改错	• 语法改错是保6争7的重点。考生可以通过练习后面的语法改错，提高自己对常见语法错误的理解，从而在写作中避免同类的错误。目前大部分作文书并不重视考生的语法能力。

本书使用指南

• 基础比较弱的考生（只有3~5分、目标是5.5~6分的考生）

这些考生有以下一些特点：

1. 词汇量很小，中式英文比较多，词性经常搞错；

2. 一般只能写单句，即便单句也有很多错误（譬如缺乏主语和谓语）；

3. 写不了复杂句，只能靠一些网络上的套句；

4. 依赖模板，不知道怎么论述。

这些考生应该一篇一篇地做书上的翻译练习和改错练习。通过这些练习，读者可以熟悉5个单句和3大从句（状语从句、名词性从句和定语从句），也可以慢慢提高对语法错误的警惕性，并且增加词汇量。只有减少错误，才可以开始思考拿到6分的事情。

这个过程每天3个小时，连续两个星期就足够了。

掌握了一定的词汇后，这部分考生可以使用附录1的基本句型自己开始写句子。

譬如，你今天学了个词伙是“physical exercise”，那么你可以使用附录1的基本句型“be beneficial to”造句。

例句：Physical exercise is beneficial to one's health.

这样就可以提高自己写句子的能力。同时，你也可以关注我的微博和人人网公共主页，我会不断加入新的翻译和改错练习，帮助你提高英文写作能力。

• 基础还可以的考生（只有5.5~6分、目标是6.5~7分的考生）

这些考生有以下一些特点：

1. 词汇量还可以，但是为了增加分数，沉迷于背大词和替换词，忽视了单词使用的语境；

2. 虽然语法还可以，但是仍然忽视小的语法错误和词性的准确性；

3. 从句能写，但是过分复杂，或者是缺乏成分；

4. 依靠模板，观点不拓展；

5. 很少注意自己观点论述的逻辑性，只是一味将单词和素材往作文里填。

这些考生其实想要突破很快，但是要掌握好的方法。他们需要放下模板和套句，通过下面的步骤进行练习。

1. 看题目后，自己想观点；

2. 然后看书里的中文观点和论述，看看其中的一些与主题相关的词伙；

3. 合上书后，自己写一遍，然后对照一下书，看看逻辑、语法、句子结构还有单词有没有问题，可以不可以提升一下；

4. 最后看一下书里的语法练习（不要急着看答案，自己先看错句，尝试找出错误，这样印象比较深）。

这个过程也是每天3个小时，坚持20天。

雅思作文怎样评分

常用四项评分标准

雅思作文有4个评分标准，分别是扣题和完成任务（Task Response）、连贯和紧凑（Coherence and Cohesion）、词汇（Lexical Resource）及语法的灵活性和准确性（Grammatical Range and Accuracy）。

6分的评分标准	7分的评分标准
Task Response（扣题和完成任务）	
• 回答题目所有问题，但是某个问题可能回答得不够 • 立场比较清楚，但是结尾有重复，或者不是很清晰 • 主要观点都给出了，但是有些观点拓展不够	• 回答题目所有问题 • 全文的立场都比较清楚 • 主要的观点都能拓展，虽然有时候会泛泛而谈，或者论述缺乏重点
Coherence and Cohesion（连贯和紧凑）	
• 逻辑清楚 • 有效使用连接词或者表达，虽然有时候比较生硬或者出现错误 • 不能够很清晰地使用指代词 • 能够分段，但是不一定很有逻辑性	• 逻辑清楚 • 恰当使用连接词或者表达，虽然有时候会滥用或者忘记使用 • 每个段落都有中心句
Lexical Resource（词汇）	
• 词汇足够 • 使用一些不常见的词汇，但是使用有不准确的地方 • 拼写和词组构成有问题，但是不影响阅读	• 词汇充分，使用灵活而准确 • 使用一些不常见的词汇，并且能使用词伙 • 用词、拼写和词组构成上偶尔有问题
Grammatical Range and Accuracy（语法的灵活性和准确性）	
• 简单句和复杂结构混合使用 • 有语法和标点的问题，但是对阅读的影响不大	• 使用不同的复杂结构 • 不断写出没有错误的句子 • 能够很好地控制语法和标点，虽然有些错误

额外评分标准

我们同时也要注意到剑桥雅思所公布的考官评分卷上，有以下一些额外标准：

- Off-topic（偏题）：考生答卷和题目不符合。
- Underlength（字数不够）：Task 1 至少 150 字，Task 2 至少 250 字。
- No. of words（字数）：基本同上。
- Memorised（背诵）：考生需要用自己的语言和思路答卷，而不是生搬硬套。这一点主要是针对很多热衷套句的中国考生。
- Penalty（罚分）：主要是针对那些在考场违规，然后被记录的考生。
- Illegible（字迹潦草）：主要是惩罚那些不注意书写的考生。

评分标准实践

我们现在逐一分析这些评分标准和中国考生常见的错误。

◎ 标准 *1*：***TR***（***Task Response***）

• 常见错误 1：没有回答所有问题。

例 1：Many people have chosen to move from rural areas to cities. Why has this happened? Do you think it is a positive or negative development?

〖浅析〗很多中国考生的模式化思路是"问题类题目"必定是讨论问题的原因和解决方法，而忽视了题目的变化。这个题目是"问题类题目"和"观点类题目"的结合，主体部分的讨论都应该涉及。

例 2：Some people argue that it is important to ban advertisements aimed at children. Some people think that advertising gives parents useful information. Discuss both views and give your own opinion.

〖浅析〗考生看到这个题目，就情不自禁地把自己记得的所有广告的句子都写在卷子上，全然不顾题目问的是"Discuss both views"，也忽视了这个题目只是针对儿童的——换言之，考生也需要讨论广告的好处，而不能讨论广告对成年人的影响。

• 常见错误 2：忽视题目重心。

例 1：Fast food restaurants have increased around the world. Some people argue that it has a negative effect on both families and society. To what extent do you agree or disagree?

〖浅析〗很多考生看到快餐的题目，马上把快餐导致肥胖写上去。然而，这个题目却是针对"negative effect on both families and society"（对家庭和社会的不良影响）。如果考生过分注重对个人的影响，那么就会失分。

例 2：Some people argue that unpaid community service should be added to high schools, because it is as important as academic subjects. To what extent do you agree or disagree?

〖浅析〗很多考生会在答题时写上"学术性科目"的好处，但是忽略了这个题目并不讨论或者质疑“学术性科目”的重要性。如果考生用一个主体段去论述“学术性科目”的好处，属于偏题。

· 常见错误3：忽视对比和比较。

例：The government should spend money on public facilities rather than support artistic projects or artists. Do you agree or disagree?

〖浅析〗在这种题目里，很多考生可能非常侧重某一方面的论述，而忽视了另外一个方面。譬如考生选择了“支持公共设施”，对这个观点大书特书，而完全忽视了和“支持艺术”的比较。这种答卷没有很好的应题。

· 常见错误4：论述中不断重复一个观点，不加以解释和论述。

例：It is argued that parents play a larger part in children's development than schools, especially for preschool children. To what extent do you agree or disagree?

学生的论述段落：Parents are important in shaping children's perception of the world. It is clear that many children's behaviour and ideas are affected by parents. If parents do not behave well, their behaviour can have a negative effect on children. This will affect children's success in adulthood.

〖浅析〗这个主体段落看上去很通顺，但是考生其实没有对中心句“父母塑造小孩对世界的看法”这个观点进行论述，反复强调父母重要，但是如何重要没有提及，这也是不扣题的表现。

· 常见错误5：段落中间有很多观点，但是没有进行分类和逐个论述。

例1：The Olympics can create a lot of economic benefits and also benefit people's health. People can practise sports every day. They can earn more money because of job opportunities. With physical fitness, they can perform their jobs very well. Their income will also increase, good for the whole country.

〖浅析〗这段话的观点是奥运会有经济价值，也对人们的健康有利。然而，考生在论述的过程中没有分开表述这两个观点。这两个观点始终是夹杂一起，没有清晰的思路。

例2：International travel can yield many benefits. First, it creates revenues and brings jobs. Second, it can connect a country with the rest of the world. Third, local people will be exposed to different ideas and cultures. Fourth, some cultural sites can be well protected.

〖浅析〗这段话总共出现了4个论点，但是每个论点都只是简单给出一个看法，没有任何的解释和拓展。

◎ 标准2：*CC（Coherence and Cohesion）*

· 常见错误1：段落中间没有明确的中心句，论述过程没有明确的中心思想。

例：Children are too young to distinguish right from wrong. They watch television every day and do not study. They drop out of schools or fight with their peers. It is true that television viewing is not good for children.

〖浅析〗这段文章企图论述“看电视导致的小孩的行为问题”，但是它的中心句没有直接说明观点，而后面的论述也没有说清楚电视和小孩行为的联系。

• 常见错误 2：连接词过多使用，使用错误或者使用不恰当。

例：It is undeniable that the government should spend money on art. This is because the government has a lot of money. Obviously, art is important to our life. However, other things cannot be as important as art to us. It comes as no surprise that many countries in the world have spent a lot of money on art.

〖浅析〗这段话用了大量的连接词，如“it is undeniable that...”，“this is because...”。然而，这些连接词都不是很恰当。敢问政府投资艺术为什么就是“无可置疑的”(it is undeniable)？既然是“无可置疑的”，为什么还写这个文章来讨论呢？

• 常见错误 3：使用冗长的套句。这是中国考生的普遍问题，直接导致分数过低。

例：Education has become one of the most controversial issues around the world while many people have a hard time reaching a consensus on the importance of moral education.

〖浅析〗教育不可能是一个“the most controversial issues”（最有争议的话题），而教育的重要性不是什么方案或者计划，不需要得到人们的“consensus”（统一通过）。模式化的开头使文章读起来不通顺，很别扭，只会引起考官的反感。

• 常见错误 4：代词使用不准确。

例 1：They should pay more attention to education. Parents can spend more time playing with children, and they will feel happier and can lead a fulfilling life. A child who has a happy home life can improve his behavior at school.

〖浅析〗第一句话“they”不知道指代什么；第二句话“they”不知道指代的是“parents”还是“children”；第三句话的“his”指代不了“a child”，因为世界不是单性世界。

例 2：Children today are spoilt in material ways by their parents. They may not know what matters most in their lives.

〖浅析〗这个考生用代词“they”原想指代前面的“children”，无奈前面还有个“parents”，因此指代不清楚。考生可能会说：“我其实指的是children。”请大家记住，写作是单向输出的，考官可没有机会听你解释“我其实指的是children。”如果指代不清，你交卷的时候已经败了！

• 常见错误 5：段落要么太长（6~7 句话），要么太短（1~2 句话），或者分段的地方不对。

例：Individuals and businesses should pay for the clean-up of pollution. If individuals are not held responsible for their behaviour, they will continue to pollute the environment. The government's spending can improve the environment, but it sooner or later runs out of money. If companies are required to pay for pollution reduction methods, they will be more careful about their behaviour.

In addition, if companies and individuals do not bear any cost, they do not have motivation to be environmentally friendly.

〖浅析〗这个考生用“in addition”分段，看似是一个新的观点，但是事实上和前面的观点重复很大，继续深入论述很难，不应该另起一段。

◎ 标准3：*LR*（*Lexical Resource*）

• 常见错误1：狂记替换词，但是误解单词的词性和细微差别。

例1：The crime rate will arise continuously.

〖浅析〗arise 表示“产生”的意思，应该用“rise”，上升。

例2：Education is conducive to one's job prospect.

〖浅析〗conducive 常用于形容环境或者条件便于人们做某事，并不是 beneficial 的替换词。下表是一些我在教学中看到学生犯的错误。

proliferation 不是 increase 的同义词	proliferation 经常用于形容可以复制和迅速扩展的东西，譬如说 networks, weapons 等。
increment 不是 increase 的同义词	increment 常指幅度很小的改变。
teenager 不是 childen 的同义词	teenager 是十几岁的少年，而 children 是12岁以下的儿童。
along with 不是 with 的同义词	along with 的意思是“together with”。
contradiction 不是 conflict 的同义词	contradiction 常指言语的自相矛盾。
imperative 不是 important 的同义词	imperative 虽然有“重要的”意思，但是常含有“迫切的”意思。
perspective 不是 perception 的同义词	perspective 是“角度”的意思。
attributed to 不是 contribute to 的同义词	attributed to 是“归咎于”的意思。
requirement 不是 demand 的替换词	requirement 是指“要求”，而 demand 是指“需求”。

• 常见错误2：使用单词时看的是字典里的中文意思，而不是单词的使用语境。

例：Advertising is a good way to propagandise products.

〖浅析〗“propagandise”这个词经常是指政府的宣传，所以用于形容广告不恰当。

• 常见错误3：单词的搭配错误，不注意词伙的使用。

例：The government should improve citizens' awareness of protecting the environment.

〖浅析〗awareness 和 increase 搭配为好。

• 常见错误 4：用词重复。

例：Working at home is useful for employees. They can manage their time flexibly if they are allowed to work at home. Working at home is particularly important for those who cannot work on a full-time basis.

〖浅析〗在短短三句话里，“working at home”这个词组用了三次，可以换些说法，如 teleworking, telecommuting。

◎ 标准 4：*GRA*（*Grammatical Range and Accuracy*）

• 常见错误 1：单句太多。

例：Advertising is important. It allows people to get information about products. They can make better decisions. This can save money and improve efficiency.

〖浅析〗这个观点的论述用了四个单句。如果考生不知道状语从句、名词性从句和定语从句，基本上不可能获得 6 分。

• 常见错误 2：句子没有连词，或者成分残缺。

例 1：Many parents are too busy today, therefore, they do not communicate with children very often.

〖浅析〗“therefore”是副词，不能连接两个句子。需要用连词，如“so”。

例 2：Many parents have no time communicate with children.

〖浅析〗句中有“have”和“communicate”两个动词，之间没有任何连词。

语法错误是中国考生一个通病，如果语法错误太多，想得 6 分难度很大，7 分肯定不可能。

写作评分要项总结

Task Response（扣题和完成任务）

• 看准题目的问题（观点类、论述类、报告类或者是混合类型），对应这些问题进行写作。

• 观点切忌太过简单，不仅是给出立场，还要加以解释和论述。

• 立场要清晰，不要开头段、主体部分和结论段的立场相互矛盾。

Coherence and Cohesion（连贯和紧凑）

• 论述要有逻辑性，最好计划好自己的论述观点后再动笔。

• 不要滥用连接词，不要使用模板。

• 注意代词 it, this, they 的使用。

• 注意分段，每段话要有清晰的中心句。

Lexical Resource（词汇）

- 注意词性，使用单词时要注意准确。
- 不要贪恋自己不熟悉的大词，因为考官看的是用词是否恰当，而不是考生记得多少大词。
- 增加词伙的运用。
- 替换表达时要注意准确性。

Grammatical Range and Accuracy（语法的灵活性和准确性）

- 减少语法错误。
- 注意连词和连接词的区别。
- 提高写复杂句的能力（譬如，最好不要连续出现两个或者多个单句）。

Task 2 作文第 *1* 步　审题和确定文章结构

概述

雅思 Task 2 作文题目一般分 3 个部分：

（1）背景（background information）

（2）关注的话题（issue of concern）

（3）问题（task requirement）

背景一般是引出后面的话题，并不是所有的题目都会出现背景。审题的时候主要是分析后面两部分。按问题分析，作文题目一般可以分成下面 3 种。

观点类文章	论述类文章	报告类文章
问法		
1. Do you think advantages outweigh disadvantages? 2. Do you agree or disagree? 3. To what extent do you agree or disagree? 4. Do you think it is a positive or negative development?	Discuss both views and give your own opinion.	Why has this happened and how to deal with this?
如何扣题？		
主体部分可以一边倒，也可以两边讨论 注：问法 1 一定要两边讨论，不能只讨论优点或者缺点。	主体部分必须两边讨论	主体部分不需要说优缺点和个人的立场

结构

开头段（可以说出自己的看法，也可以只说讨论什么）	开头段（可以说出自己的看法，也可以只说讨论什么）	开头段（说一下主体部分会说什么内容）
主体部分分三段	主体部分分三段	主体部分分三段
1. 优点 1（或缺点 1）	1. 支持正方的观点	1. 原因 1
2. 优点 2（或缺点 2）	2. 支持反方的观点	2. 原因 2
3. 缺点 1（或优点 1）	3. 自己的观点	3. 解决方法两个写 1 段
结尾段（给出个人立场）	结尾段（给出个人立场）	结尾段（总结主要内容）
注：主体部分如果写两段的话，一段写优点，一段写缺点。	注：有时候，主体部分第三段（给出自己观点的一段）可以和结尾段结合。	注：有时候可能是问产生什么问题（而并不是问题的原因），注意读题。

假设考场上遇到下面 5 个题目，虽然话题类似，但是问题的不同导致论述结构的不同：

题目 *1*（论述类题目）：**Some people argue that the government should discourage private car ownership while other people suggest that they can choose any means of travel as they like. Discuss both views and give your opinion.**

〖大意〗有的人觉得政府不应该鼓励个人使用汽车，而其他人觉得他们可以选择他们喜欢的交通方式。讨论两个观点，给出你个人看法。

题目 *2*（观点类题目）：**More and more people travel by car today, instead of using public transport. Do you think it is a positive or negative development?**

〖大意〗现在越来越多的人开车，而不是使用公共交通工具。你觉得这是一个积极的还是消极的发展？

题目 *3*（观点类题目）：**Some people argue that car users should rely on public transport rather than their own cars. To what extent do you agree or disagree?**

〖大意〗有一些人觉得开车的人需要依赖公共交通而不是他们自己的车。你在多大程度上同意或者反对这个看法？

题目 *4*（报告类题目）：**More and more people travel by car today, instead of using public transport. How does it affect individuals and society? What measures should be taken to solve this problem?**

〖大意〗现在越来越多的人开车，而不是使用公共交通。这如何影响个人和社会？什么方法可以解决这个问题？

题目 *5*（报告类题目）：**More and more people travel by car today, instead of using public transport. Why has this happened? How does it affect individuals and society?**

〖大意〗现在越来越多的人开车，而不是使用公共交通。为什么如此？这如何影响个人和社会？

常问问题

◎ 问题 1：**在观点类题目里，双边讨论（部分支持或者反对）为好，还是单边讨论（完全支持或者反对）为好？**

在 90% 的情况下，我和考官一样，比较喜欢双边讨论，所以也建议考生使用双边讨论。双边讨论的第一个优势是比较容易找到足够的观点。双边讨论一般只需要找一个支持观点、一个反对观点就足够了；反之，单边讨论需要找两个支持的（或者反对的）观点，对于背景知识不足的考生来说，非常困难。双边讨论的第二个优势是讨论比较全面，支持和反对的观点都有论述，而很多考生在单边讨论中往往忽略对立面，论述不够充分。在《剑 5~8》中有 4 篇观点类范文，其中 3 篇考官都用了双边讨论的方法。

◎ 问题 2：**如何克服双边讨论中，立场不清的问题？**

很多考生的困惑是主体部分一段写支持的观点，一段写反对的观点，那么考官会不会觉得模棱两可。解决这个问题的关键是在开头段和结论段解释清楚自己的主要看法和立场。

◎ 问题 3：**是否只有完全支持或者完全反对才是表明立场？是不是部分支持或者反对考官就会扣分？**

否。部分支持或者反对也是一种立场。

例 1：《剑 7》的移民类考试第 2 套考官范文，考官在结尾说“I think there may be some reasons why entertainment stars earn high salaries but overall I agree that they are overpaid.”（我觉得娱乐明星赚得高收入是有道理的，但是我总体来说认为他们是收入过高了。）很明显是部分反对的立场。

例 2：《剑 6》的移民类考试第 2 套考官范文，考官在结尾说“I think the main point is to make sure that young children do not overuse computers.”（我觉得主要的观点是要保证小孩不要过分使用电脑。）意思就是小孩用电脑是好的，但是不要过分使用，是部分支持的立场。

◎ 问题 4：**是否支持的观点多写一点，反对的观点少写一点，就可以更加清楚地表明立场？**

否。《剑 7》的移民类考试第 2 套考官范文，考官在主体部分写了 3 段，第 1 段和第 2 段都是支持“娱乐明星收入应该比较高”，第 3 段写的是反对“娱乐明星收入应该比较高”，大家是不是马上认为考官最后肯定是支持？然而，范文的结尾却是反对！这充分说明，考官根本不在乎用观点的多寡来决定立场！

◎ 问题 5：**是否在反对的一段里，段落末尾将否定的观点推翻，可以更加清楚地表明立场？**

否。虽然剑桥雅思提供的一些考官范文使用了这种方法，但是真正决定立场是否清晰的是结论段。大家以后出国留学，不难发现西方大学要求学生在写 essays 的时候，每一个主体段落都应该有一个明确的中心句，整个段落围绕这个中心句论述，不应该出现相反的信息。

◎ 问题 *6*：**除了上述题目 1~5 的 5 种问题之外，还有没有其他的问题方式？**

雅思最近几年问题的方式越来越灵活，出现了“混搭”的现象。如：

More and more people travel by car today, instead of using public transport. Why has this happened? Do you think it is a positive or negative development?

〖大意〗现在越来越多的人开车，而不是使用公共交通。为什么如此？你觉得这是一个积极的还是消极的发展？

在遇到这种题目的时候，考生不要大惊小怪，主体部分还是两段，一段话对应一个问题即可。就这个题目而言，主体部分第 1 段解释汽车普遍的原因，第 2 段讨论积极的还是消极的发展。结论将这些内容归纳。

◎ 问题 *7*：**主体部分两段论述好，还是三段论述好？**

根据剑桥雅思提供的考官范文，主体部分两段比较常见。然而，两段或者三段不会有实质的区别，也不是量分的标准。

◎ 问题 *8*：**先说支持的观点，还是先说反对的观点？**

一般来说，西方议论文强调最重要的观点最先提出，这个和中国人的议论文思维有很大的不同。譬如，如果考生觉得公共交通很重要，那么就先论述这个观点。从剑桥雅思提供的考官范文来看，先提出支持还是先提出反对观点没有明确的指示，两种方式都可以接受。

◎ 问题 *9*：**题目如果是“do you agree or disagree”，是不是和“to what extent do you agree or disagree?”有区别，意味着不能用平衡和折中的写法？**

我一年回答这个问题要回答几万遍，从剑桥雅思的考官范文（《剑 7》的移民类考试 TEST B 和《剑 6》的移民类考试 TEST B）来看，两种题目都可以用折中的写法（也就是部分支持，或者部分反对）。

Task 2 作文第 *2* 步　思考观点

概述

思考观点是作文考试的一个难点。读者备考的时候，注意两点：第一，需要熟悉不同题材下的素材。雅思作文考试的重复率高，旧题改变后重新出现，虽然论述重心有变，但是观点可以借用。第二，需要熟悉思考观点的大致思路，以便遇到新题的时候能有效应对，迅速锁定观点。

按照笔者的分析，雅思作文大致可以分两种题材：非教育类和教育类。非教育类的题目还会在本书中细分，但是思考观点的方向类似。

◎ 非教育类

经济	效率	• 工作效率能否提高，资源的使用（包括资金、人力、能源等）是否有效？
	收益和成本	• 是否能够创造利润，是否能够减少成本？
科技	进步	• 科技的进步引起了什么变化？解决了什么问题？譬如，人们可以在家里办公。
	缺陷	• 科技没有解决什么问题？没有突破什么障碍？譬如，污染。
社会	价值和传统观念	• 社会的价值观念是什么？ 发生了什么改变？譬如，社会以前强调男主外女主内，现在强调性别平衡。
	环境	• 社会的文化遗产和环境资源有没有得到很好的保护和维护？
	社会关系	• 人与人之间的社会关系发生了什么改变？譬如，以前强调家庭关系，现在强调个人成功和自由。
个人	生活方式	• 人的生活方式（包括衣食住行和消费习惯）有没有发生什么变化？
	基本权利	• 包括言论自由和生活中的决策自由。
	健康和快乐	• 生活的标准和保障、身心的健康有没有得到提高？
	行为	• 譬如犯罪。

◎ 教育类

身体健康	• 学生的身体健康有没有得到提升？
学习能力	• 学生的学习能力有没有得到提高？成绩有没有提高？理解和分析信息的能力有没有得到很大的提高？
社会能力和实践经验	• 学生是否懂得如何和人相处？是否懂得和人合作、交流（包括和不同文化背景的人交流）？学生是否能够合理释放他们的压力？是否能够有效地调节自己的情绪？
工作能力	• 学生是否具备动手能力？是否积累实际工作经验？ • 学生是否具备价值观和道德观念？ • 学生是否能够遵守法律？行为是否正当？

常问问题

◎ 问题 *1*：**观点是否需要标新立异？**

否。越是不常见的观点，越是难以论述和表达清楚。剑桥雅思提供的考官范文都是用司空见惯的观点，关键还是在论述和表达上体现考生的语言能力和论述能力。

◎ 问题2：**观点是否不在乎正确，关键是自圆其说？**

否。观点最好符合大家的常识和客观认识。譬如说"吸烟缓解压力，对于某些人的健康甚至有好处"这一观点，不符合客观的认识，论述起来难以说服读者。

Task 2 作文第3步 写开头段

讨论类文章的开头段（参考第一步里的题目1，2，3）

Sentence 1: background (general statement)

第一句话：文章的背景（一般的介绍）

Sentence 2: rephrase the topic (thesis statement)

第二句话：改写题目（点明论题）

Sentence 3: personal opinion or brief description of the main body

第三句话：个人立场或者中间主体部分的简单描述

注：考生在考场上可以按照实际情况，自由掌握句子的数量，可以增加或者减少，未必一定要写三句。

如何写背景句

背景句的写作大致有三种方法。写开头段特别抓狂的考生，可以放弃写背景句，直接改写题目，省下脑细胞写主体部分，因为那才是自古考生夺分的必争之地。

◎ 方法1：强调某个话题一直是争论的焦点，或者强调某个长期存在的现象。

例1：There has long been controversy about the negative effect of travelling by car.

〖大意〗关于开车的负面影响，人们一直以来都有争议。

〖适合题目〗题目如果讨论的是开车和公共交通的好坏，背景句可以针对"开车"。

例2：Travelling to different places has long been a leisure activity on vacation.

〖大意〗去不同地方旅游一直是人们假期的一个休闲活动。

〖适合题目〗题目如果讨论的是旅游业发展的好坏处。

◎ 方法2：讨论类题目之所以热门，往往因为最近某个事情的发生，可以就此事情进行描述。

例1：Some societies have seen the erosion of some traditional values recently.

〖大意〗最近，一些社会可以看到传统价值的损失。

〖适合题目〗题目如果讨论的是传统文化和价值的变化。

例2：As an increasing number of students study overseas, it is interesting to analyse the value of finishing a university education in a foreign country.

〖大意〗随着留学的学生增多，分析留学的价值是有趣的。

〖适合题目〗题目如果讨论的是留学的好坏处。

◎ 方法3：定义某个具体的对象或者人，包括特点、功能等。

例1：The main duty of the government is to improve citizens' living standards.

〖大意〗政府的主要职责是提高公民的生活标准。

〖适合题目〗题目如果讨论的是政府使用资源。

例2：The university is normally considered as a place for increasing knowledge and conducting academic studies.

〖大意〗大学被认为是一个增加知识和做学术研究的地方。

〖适合题目〗题目如果讨论的是大学的职能。

◎ 考生常犯错误

很多考生喜欢背诵套句，很多时候会和客观事实不符合。

例：There has long been controversy about whether international news should be included as a course at school.

〖大意〗关于国际新闻是否应该成为学校的一门课程，一直都有争议。

〖点评〗"国际新闻是不是一门课程"本来就是可有可无的题目。有谁会闲着没事争议这个话题？所以学生头脑一热，直接套"there has long been controversy about"只会让考官知道你是在背句子，而不是写句子，后果可想而知了。

如何改写题目

第二句话是改写题目，点明论题。考生切忌照抄题目，或者只修改少数几个单词。因为考官在剑桥雅思说过，他们会将抄的题目删除，不算字数。改写题目的方法大致有以下两种：（1）使用替换词；（2）改变句子结构。如果改完后，有考生写爽了，可以加入并列结构或者从句，让你的开头段更加漂亮。试看下面两个真题的例子！

题目	例1：Nowadays it is more convenient and easier for people to travel to other countries. Is it development a positive or negative effect?（2012年10月20日的题目）	例2：In some countries, Young people are not only richer but also safer and healthier than ever before. However, they are less happy. Why has it happened and how to deal with it?（2012年9月22日的题目）
方法1：替换词	nowadays 可以用"in the modern world"或者"in the contemporary world"替换。 convenient and easier 可以用"can be achieved"或者"realistic"替换。 to other countries 可以用"overseas"替换。	in some countries 可以用"in many parts of the world"替换。 richer 可以用"more affluent"或者"economically better off"替换。 healthier or happjer 可以用"well-being"替换。

方法 2：改变句子结构	因此题目可以改成： In the modern world, travelling overseas can be achieved easily.	因此题目可以改成： In many parts of the world, young people are economically better off, but their well-being does not improve.
加入并列结构或者从句	因此题目可以改成： In the modern world, travelling overseas can be achieved easily, especially for those from rich countries.	因此题目可以改成： In many parts of the world, young people are economically better off and able to afford luxury goods, but their well-being does not improve.

◎ 考生常犯错误

很多考生在改写题目的时候，过分累赘。

例：Some people think that the reduction of media violence can decrease violent crimes in society, while other people think that it cannot decrease violent crimes.

〖大意〗有的人觉得媒体暴力的减少可以减少暴力犯罪，而其他人觉得它不能减少暴力犯罪。

〖点评〗这句话的后半句是没有必要的，完全可以去掉。

如何写第三句话

第三句话是表明立场，或者简单介绍主体部分会讨论的内容。方法大致有以下两种。

◎ 方法 1：表明立场。

例 1：I am of the opinion that car ownership should be discouraged.

〖大意〗我的观点是个人开车不能被鼓励。

例 2：From a personal point of view, it is necessary to discourage non-essential travel.

〖大意〗从个人角度来看，减少不必要的旅行是应该的。

◎ 方法 2：简单介绍主体部分讨论的内容，并不表明立场。

例 1：The problems and benefits of car ownership will be discussed below.

〖大意〗开车的问题和好处会在下面讨论。

例 2：This essay will briefly review the pros and cons of imprisonment in comparison with job training.

〖大意〗这个文章会简单地讨论刑罚的优缺点（和工作培训相比）。

常问问题

◎ 问题 1：**背景句很花时间，是否可以不写？**

是。开头段比较重要的句子是让考官知道整篇文章讨论的话题，因此改写题目、陈述话题的句子更重要。

◎ 问题 2：**开头段是不是一定要表明自己的立场？**

笔者建议考生最好在开头段将自己的立场表明。剑桥雅思大部分的考官范文都在首段表明立场。大部分考生的语言基础一般，在首段表明立场方便考官阅读，并且紧扣题目。

◎ 问题 3：**如果写开头段的时候没能确定自己的立场，怎么办？**

可以空出一行，等完成整篇文章之后补写。

◎ 问题 4：**开头段是不是应该多花时间，给考官留下好印象？**

否。开头段是整篇文章中最不重要的一个段落。议论文最重要的是主体部分的论述，其次是结论段。开头段只要说清楚讨论的话题，剔除语法错误，句子通顺，就已经达到目的。开头段的长度最好控制在 50 个词以下。

◎ 问题 5：**开头段是否可以用些套句和抄一下题目？**

否。剑桥雅思提供的一些低分作文里，考官的评语明确说明抄题肯定扣分，模式化开头言之无物，也会引起他们的反感。

问题类文章的开头段

参考第一步里的题目 4、5。

例 1（背景 + 主体部分简单介绍）

It seems that people today are not as friendly as they used to be. In addition to outlining the causes of this problem, this essay will propose solutions.

〖大意〗看来现在人们不如以前那么友善。除了概括这个问题的原因之外，这个文章会提出解决方法。

例 2（背景 + 主体部分简单介绍）

Today, children appear to spend most of their free time watching TV and playing computer games. The focus of this essay is on the causes of and solutions to this problem.

〖大意〗如今，小孩看起来将他们大部分的休息时间用来看电视和打游戏。这篇文章所关注的是这个问题的原因和解决方法。

Task 2 作文第 4 步　写中间段

写作流程

主体部分是中国考生很抓狂的地方，也是考官很头疼的地方。他们大部分时候读到中国考生的主体部分都是心惊肉跳的，因为他们会看到很多套句和一些不知所云的表达。

我的培训之所以高分考生频出，主要是我要求他们尽量做到逻辑清楚、内容拓展。

大家可以按照这些步骤来完成每个观点的论述。对于那些希望获得好分数的考生，这点尤其重要。

为了方便大家了解这个步骤，我们用两个真题来举例。

· 题目 *1*：**We are surrounded by all kinds of advertising, which is having an increasing influence on our lives. Do the positive effects of advertising outweigh its negative effects?**（2011 年 6 月 25 日）

步骤 1 阅读题目，确定题目的要求 — 此题讨论的是广告的影响，这是观点类题目。

↓

步骤 2 思考观点 — 广告影响我们对产品的看法和购物习惯。

↓

步骤 3 思考原因和结果（注意逻辑关系） — 广告增加我们对产品的信心。
- 因此，我们以为产品可以满足我们的需要。
- 因此，我们会去购买这些产品。

↓

步骤 4 转化成英文 — Advertising can affect consumers' shopping habits. It will boost consumers' confidence in products, and consumers will have a sense that these products satisfy their needs.

↓

步骤 5 使用并列句、3 大从句进行拓展 — Advertising can affect consumers' shopping habits and product preferences. It will boost consumers' confidence in products, and consumers who are exposed to advertisements will have a sense that these advertised products satisfy their needs and perform important functions.

↓

步骤6 使用举例、对比、强调结果的方法拓展段落

Advertising can affect consumers' shopping habits and product preferences. It will boost consumers' confidence in products, and consumers who are exposed to advertisements will have a sense that these advertised products satisfy their needs and perform important functions. Sometimes, they may be persuaded to buy some products that they do not actually need.

· 题目2：**The unlimited use of cars may cause many problems. What are those problems? In order to reduce the problems, should we discourage people from using cars?**（2007年9月8日）

步骤1 阅读题目，确定题目的要求

此题讨论的是汽车的影响，这是混合类题目。第一个问题是报告类，需要你说清楚汽车使用的问题；第二个问题是观点类，需要你说清楚是否应该鼓励人们不用汽车。

⇩

步骤2 思考观点

私人汽车会造成污染。

⇩

步骤3 思考原因和结果（注意逻辑关系）

燃烧汽油。

产生废气。

⇩

步骤4 转化成英文

Private car use can cause air pollution. It involves fuel consumption and creates exhaust fumes.

⇩

步骤5 使用并列句、3大从句进行拓展

Private car use is a major environmental issue around the world, because it can cause air pollution. It is a habit that involves fuel consumption and creates exhaust fumes.

⇩

步骤6 使用举例、对比、强调结果的方法拓展段落

Private car use is a major environmental issue around the world, because it can cause air pollution. It is a habit that involves fuel consumption and creates exhaust fumes. As air quality deteriorates, many people can suffer from respiratory diseases and hospital admission will increase considerably.

常见问题

◎ 问题 1：**主体段落一个段落可否出现不同观点？**

可以，只要这些观点都是支持同一个立场。譬如，说到广告的问题，所有的问题都可以写在一段话里。

◎ 问题 2：**主体段落一个段落可否出现相反观点？**

最好不要。剑桥雅思有两篇考官范文出现过一个段落出现相反观点的情况，但是笔者不建议考生模仿。因为考官的连接词使用非常熟练，相反观点即便出现，也不会感觉非常突兀。大部分中国考生缺乏这种能力。

◎ 问题 3：**写中心句有什么诀窍和要点？**

写中心句需要注意两点：（1）出现题目的关键词；（2）直接回应题目的问题。看看下面这两个中心句的反例。

例 1：Consumers may buy the wrong products.（上述的题目 1）

〖大意〗消费者可能买错产品。

〖点评〗没有出现题目关键词“advertising”。

例 2：The use of renewable energy is important.（上述的题目 2）

〖大意〗使用可更新能源是重要的。

〖点评〗没有出现关键词“car”，也没有回应题目，题目针对的是汽车的问题，而不是解决方法。

◎ 问题 4：**有些原因都是显而易见的，可否省略？是不是观点最好要标新立异、独一无二？**

最好不要。原因即便是常识，也需要表明，论述才完整。很多考生抱怨说段落没内容可写，主要的原因就是他们认为很多因果关系是理所当然的，不需要陈述。譬如，考生觉得“汽车产生污染”是众所周知的事情，不需要解释原因，却发现段落没有内容，只能反复改写观点，导致失分。

◎ 问题 5：**可否杜撰一些数据或者调查结果作为论述手段？**

否。这是一种投机取巧的作弊。假设这个方法行得通，那么全体考生都直接说“最近的调查表明……”就可以了，根本不需要学习作文。剑桥雅思的考官范文从来没有出现过这种表述。

◎ 问题 6：**可否使用个人经历或者朋友的经历作为例子论述？**

我个人建议最好不要，虽然考官的范文接受个人例子。我的看法有两点：（1）个人经历没有代表性，可能是特例，因此没有说服力。（2）雅思作文是书面议论文，最好不要出现第一人称，影响观点的客观性。《剑 8》的第 2 套移民类考官范文和《剑 9》的考官范文都出现了第一人称作为例子，从这一点来看，雅思是比较宽松的考试。

◎ 问题 7：**可否使用中国的文化、生活习惯、法律等作为例子论述？**

最好不要。原因有两点：（1）中国的例子没有代表性，可能是一个国家的特例，因此没有说服力。（2）考虑到文化差异的影响，考生如果描述不好，考官可能不能理解中国的例子。中国的例子在全球化题目里可以使用。如果考生真的觉得中国的例子很有说服力，可以说成是“某些国家，包括中国”，从而增加中国的代表性。对比下面两句话：

例 1：In China, parents believe that strict rules are important in teaching children.

例 2：In some countries, such as China, parents believe that strict rules are important in teaching children.

◎ 问题 8：**论述重要还是语言重要？**

雅思考试作为语言考试，语言是主要的考查部分。然而，如果论述和内容不够，语言表达的空间就很小。更何况雅思作文考试的四大评分标准的其中两项，扣题（Task Achievement）及连贯和紧凑（Consistency and Coherence）都与论述有直接关系。

Task 2 作文第 5 步　写总结段

写作流程

总结段一般有两个任务（大概是两到三句话）：

（1）重新阐述你的立场和观点

（2）重新总结主体部分讨论过的要点

注：问题类题目不需要阐述立场

结论段的例子：

In conclusion, advertising plays an essential role in society, not only making consumers well-informed buyers but also stimulating sales. However, consumers should be aware that advertising can give an exaggerated account of products in many cases.

〖大意〗总之，广告在社会中扮演着重要的角色，不仅使消费者更加聪明，还可以促进销售。然而，消费者需要意识到广告在很多时候会夸大产品。

常问问题

◎ 问题 *1*：**可否在结论中建议解决方法？**

否。这是雅思考生常犯错误，体现了中国和西方议论文的重要区别。西方议论文的结论只是总结主体部分讨论的内容，解决方法属于新的信息，不能加入。

◎ 问题 *2*：**"to summarise, in conclusion, to sum up"这样的词已经泛滥，是否需要创造新颖的表达？**

否。这种词组用于议论文已经几百年，中国考生没有必要创新。考官不会因为有一些新颖的表达而加分。

◎ 问题 *3*：**总结主体部分观点，有时候不免烦琐，可否省略？**

否。尤其对于希望获得高分的考生，总结和归纳主体部分的信息、改写主要信息是很重要的。

Task 2 作文要点总结

· 要点 *1*：论述段最为重要，结论段次之，开头段最不重要。

· 要点 *2*：语言比论述重要，但是如果没有论述和内容的支持，句子结构很难变化，考生很难展示用词能力。

· 要点 *3*：主体部分的段落最好长度相当，避免一长一短。

· 要点 *4*：开头段最重要的任务是改写题目，让考官知道讨论的话题。切忌抄写题目，使用冗长的模板。最好表明立场，让考官清楚地知道论述的思路。

· 要点 *5*：开头段注意简洁，消除语法错误，不要使用累赘的套句。

· 要点 *6*：开头段一般比主体部分的论述段落要短。

· 要点 *7*：观点最好是符合常识的观点，切忌标新立异而又不知道如何论证。

· 要点 *8*：观点一般体现在段落的中心句上。

· 要点 *9*：部分支持 / 反对（双边讨论）的写法比完全支持 / 反对（单边讨论）的写法更好。

· 要点 *10*：中心句最好出现题目的关键词，直接回应题目。

· 要点 *11*：主体段落的论述注意两点：第一，解释原因；第二，阐述结果和影响。两者缺一不可。

· 要点 *12*：不同观点可以出现在同一段落，只要它们是支持相同的立场。

· 要点 *13*：主体段落如果论述和题目联系不是非常密切，应该在段落末尾进行总结，确保扣题。

• 要点 *14*：主体部分的第 1 段论证最重要的观点（也就是支持自己立场的观点），相反的观点出现在主体部分的第 2 段。

• 要点 *15*：整篇文章最好不要出现信息和单词上的大量重复。

• 要点 *16*：结论段需要再次表述自己个人立场，总结主体部分的观点。切忌随心所欲地加入新的信息。

• 要点 *17*：结论段不要给建议。

雅思作文需要注意的几大问题

不要用自己不熟悉的词

很多中国考生，特别是对英文学习非常感兴趣的考生，喜欢用一些复杂的单词，觉得这样可以显示自己的语言功底，这种想法是错误的。首先，用词的最高境界在于贴切，而不是复杂。其次，很多考生对复杂的单词只是一知半解，或者只明白它的中文意思，而不了解它在英文中的用法，勉强安插到句子里，让人哭笑不得。考生应该在平时加强自己的词汇量，熟悉一些常用单词的用法，在考场上运用，才是良策。

此外，考生应该注意一些常用单词的英文意思和应用，借助一些网络字典，譬如，剑桥的在线字典 http://dictionary.cambridge.org/，非常实用，提供单词的英文解释和句子。

避免过分使用从句

从句提倡使用，但是不要过分使用。如果一句话有两个从句，争取把这一句话分成两句话，特别注意不能同时使用两个同类型的从句（两个状语从句或者两个名词性从句）。

少用名言

名言可以使用，但是要适量和恰当。如果名言和文章无关，或者关系甚微，最好不要引用。综观海外的学术类论文写作，拾人牙慧的习惯并不常见。建议考生考前不要背名言，而应该把时间和精力集中在语法、单词和固定的句子，效果会更为明显。

杜绝中国谚语

使用中国谚语有两大弱点：（1）翻译中国谚语的过程中，由于翻译者的水平不足，很多谚语的原意已经丢失；（2）鉴于文化的差异问题，考官或许不明白中国谚语的意思，如果考生不加以解释，考官会因为误解或者不理解而扣分。

减少使用第一人称和第二人称

使用第一人称和第二人称会使文章失去客观性。遇到这种情况，考生可以将 I 或者 YOU 去掉，把宾语换成主语，语态改为被动；也可以使用“people”替代。

例 1：I would like to discuss the advantages and disadvantages of advertising.

〖改正〗The advantages and disadvantages of advertising will be discussed below.

例 2：If you do not pay attention to environmental problems, you would suffer sooner or later.

〖改正〗If people do not pay attention to environmental problems, they would suffer sooner or later.

避免口语化的词语

口语话的词语会有失文章的正式性。譬如，将 a lot of 改成 a huge amount of 或者 a great number of, kids 不能出现在作文里，因为是口语中的单词，诸如此类。本书的语法改错练习中有更多例子供考生参考。

尽量避免使用问号或者感叹号

一些雅思图书主张用问号或者感叹号，声称可以显示语言水平。这个理论有点一相情愿，因为感叹和提问只有在生活对话中才会频繁使用，而在英文的议论文中，问号和感叹号是非常少见的。考官绝对不会因为一个问号或者感叹号就对考卷有好感。这一点剑桥雅思的考官范文也提供了例证。大家以后出国留学，会对此有很深的认识。

What can we do to solve this problem? 可以改成 There are many measures we can take to solve this problem, and some of them deserve immediate attention.

Let's solve this problem together! 可以改成 People from different countries should make concerted efforts to solve this problem.

文化差异

中国考生在写作当中要注意一些中西文化观念的差异。雅思考官一般都是西方人，受西方文化的制约。如果考生用中国人的思维去辩论，考官有时候会觉得费解。比如，中国人认为在课堂上，遵守纪律和听从老师训导就是好学生；而西方人则鼓励学生挑战老师、敢于提出不同见解，是否打断老师的讲课并不是很重要。其余的一些例子如下：

	西方国家的一般观点	中国的普遍观点
全球化	主要是社会变革和社会文化的影响	主要是经济的影响
旅游业	有可能破坏环境，影响一些本土文化	经济收入的主要来源
汽车的使用	不健康的生活方式，污染问题的根源之一	经济发展的象征，现代化的象征
快餐	垃圾食品，包括麦当劳、肯德基	西方食品的象征，甚至是经济发达的象征
老龄人口	老年人应该有选择生活的权利；可以选择去养老院或者自己生活，减轻家人的负担	照顾老人是子女不可推卸的责任
家庭观念	父母和子女的地位是平等的；子女到了成年之后，一般都会迅速独立	父母有责任照顾子女，安排子女的生活，包括工作、住房等
体罚和校规	体罚需要被禁止，而校规应该要有一定灵活度	体罚是可以接受的，校规应该严厉
父母的教育	老师教授知识，父母培养小孩的性格	教育是学校老师的责任，父母只是协助
家庭背景	富裕家庭的孩子更有教养，接受优良教育的机会更多，更有可能成功	穷人的孩子早当家，从来纨绔少伟男
学习方法	学生不需要背公式、乘法口诀和定理	学生不被鼓励去用计算器，而鼓励用心算
课外活动	课外活动有益身心健康和性格的发展	学生，特别是高中生应该集中精力学习，课外活动可有可无
大学教育	大学教育重要，但是学生中学毕业的时候应该已经具备就业能力	大学教育是教育的一部分，大部分中学生都没有就业能力；不接受教育就没有前途
动物保护	动物有生存的权利；动物是生态系统的重要组成部分	保护动物就等于保护资源，可以放在动物园里被观赏

单词拼写

单词拼写要用英式拼法，而不是美式拼法。因为雅思考试是英联邦考试，考官一般习惯于看到英式拼法。

	American English	British English
-or vs. -our	color	colour
	favorite	favourite
-ze vs. -se	urbanize	urbanise
	industrialize	industrialise
-ll vs. -l	fulfill	fulfil
	skillful	skilful
-er vs. -re	center	centre
	theater	theatre
-ense vs. -ence	defense	defence
	license	licence
-ling vs. -lling	quarreling	quarrelling
	traveling	travelling
-ed vs. -t	leaped	leapt
	learned	learnt

不要用缩写

don't 改成 do not，isn't 改成 is not，等等。

不要用比喻

雅思作文考查的是正式文体（formal essay），文字最好是直接、简洁、清晰，不要用抒情和感慨。譬如，将老师比喻成园丁，将学生比喻成花朵都大可不必。首先，议论性质的书面文体很少认同比喻和抒情；其次，大部分考生的英文语法还不足以应付修辞。

不要少于规定字数

虽然考官阅卷的时候一般不会检查文章的字数，但是他们凭借自己的经验，可以迅速判断文章是否达到规定字数。一般来说，字数过少是要扣分的（尽管很多时候，考官更加倾向于根据已经完成的答卷量分，而不是仅仅检查字数）。文章如果超过规定字数，考官是不会在意的。

可以使用主动语态的时候，不要使用被动

例 1：Many people have been enabled by the computer to finish jobs efficiently.

〖修改〗The computer has enabled many people to finish jobs efficiently.

〖大意〗电脑让很多人很高效地完成他们的工作。

例 2：In order to reduce pollution, waste should be treated effectively.

〖修改〗In order to reduce pollution, citizens should treat waste effectively.

〖大意〗为了减少污染，人们需要有效地处理垃圾。

举例

对于英文是外语的中国考生，语言和句子结构的不足，背景知识和素材的缺乏，可以用举例的方法进行一定的补救，这样不仅让观点更容易理解，也可以让内容更加丰富。举例在观点比较抽象的时候尤其重要。

然而，我也要提醒一些同学，不要以为举例是必须使用的论述方法。最近几年总有学生问我是不是每个段落都要举例，肯定不是的，这一点，大家从《剑 4》到《剑 9》的考官范文可以看出来，其实他们很少使用举例的方式进行拓展。

连接词

雅思考试的官方评分标准明确指出"cohesive devices"（连接方法）的重要性。主体段落的句子连接有两种方法，第一是使用连接词（Link words），如下表所示。

引言	in general, as a general rule, more often than not, in many cases, in most cases, by and large, not surprisingly, undoubtedly
并列或者递进	besides, in addition, moreover, furthermore, what's more, let alone, last but not least, likewise, in extreme cases
转折	however, nonetheless, meanwhile, nevertheless, on the other hand, at the other extreme, on the negative side, on the positive/plus side, on the downside, under exceptional circumstances, conversely
选择	alternatively, instead, rather, conversely
对比和比较	by comparison, by contrast, in contrast
结果	therefore, as such, for this reason, hence, thus, given this, in view of this
举例	for example, for instance
主体段落的段落末句总结	in brief, in a word, put simply

第二种方法是使用一些短语或者句子，如 It is also true that..., it is however important to note that..., another reason is that...。

中国考生常见的错误倒不是连接词不懂，而是他们滥用连接词。大家看我写的作文，不难发现，我一般也就用 also, however, on the other hand, in contrast, therefore 这些简单的连接词，很少使用其他的。如果大家看考官的范文，也会有这种感觉。这也就是为什么顾家北的学生总是比其他学生考得好。

去除模板

最近几年很多考生都发现某些红极一时的作文书越来越不管用了，主要就是模板的问题。雅思作文已经进入了去模板的时代，考官更加注重内容。很多考生不难发现自己裸考的时候能轻松拿 6 分，考场晕头转向一顿乱写也可以拿 6 分，反而看了书上了培训课后就得 5.5 分或者 5 分了，这些都是模板惹的祸。

1. firstly, secondly, thirdly, finally, to begin with, last but not least 最好不要使用，特别是放在段落的开头。

即便你真的要用，也要混合使用，譬如，第一个观点用“firstly”，第二个观点就不要用“secondly”或者“moreover”，你可以说“it may be also the case that”或者“another benefit/problem is that...”。

2. admittedly 严禁使用。

3. heated debate, provoked controversy 等，除非你确定这个话题是激烈争议的话题，否则不能使用。

4. 结尾段就用简单的 in conclusion, to summarise 这样的词就可以，切忌使用其他老师给的那些所谓高分套句。

5. there is no denying, it is undeniable that, there is no doubt 这些表达，除非你确定真的是无可置疑，否则不要使用。

为了方便读者查阅和复习，下表总结 41 个全文翻译练习的话题和页数。

话题	页数	话题	页数
1 环境保护的全球合作	62	5 英文的好处与坏处	80
2 进口商品的好处与坏处	66	6 公共设施和艺术投资	85
3 国际援助的范围	71	7 大学学费政府支付	89
4 国际旅游业的好处与坏处	75	8 健康的生活方式	93

续前表

第二章

雅思写作语法速成

提高语法改错能力是提高写作的重要一步。一般来说，一篇雅思作文如果保证不出现太多明显的语法错误，就可以保证得6分。在英文学习中，语法学习比增加词汇量要简单得多。很多考生比较喜欢将全部精力放在单词上，在写作中使用复杂的单词，这是一个误区。语法错误能暴露考生的基本功，对分数造成的损失并非复杂的单词可以弥补。大量的语法错误会在很大程度上影响考官阅读考生的考卷，分数也就会很不理想。

雅思的语法学习主要有两种方法：一是认识常见的语法错误，在写作中加以避免；二是理解句子成分和句子结构，从而写出正确的句子。本书总结中国考生在书面作文中所常犯的语法错误，并在之后的全文翻译练习中，提供给考生答案的语法改错解释，旨在提高考生的语法能力和对句子的认识。这无论对于目前的考试或者是长远的学习都是非常重要的。

作文中16个常见语法错误

- 动词或者句子不能充当主语或者宾语
- 主谓不一致
- 不及物动词和系动词没有被动语态
- 及物动词的使用错误
- 冠词的使用错误
- 数的不一致（名词的单复数问题）
- 介词的使用错误
- 情态动词的使用错误
- 助动词的使用错误
- 副词的使用错误
- 连词的使用错误
- 代词的使用错误
- 句子残缺
- 定语从句的使用错误
- 名词性从句的使用错误
- 平行结构和对称

动词或者句子不能充当主语或者宾语

1. 主语一般由名词，或者具备名词性质的短语、词语或者从句充当，而动词不可以充当主语。

例：Give children a comfortable home environment is parents' duty.

【分析】错误，give 是一个动词，不能充当句子的主语。

Parents' duty is to give children a comfortable home environment.

【分析】正确。父母的责任是给孩子一个舒适的家庭环境。

2. 一个完整的句子不能充当另外一个句子的主语。在这种情况下，需要将其中一个句子改成从句，或者使用形式主语“it”。

例 1：Students receive job training is important.

【分析】错误，students receive job training 是一个句子，不能充当另外一个句子的主语。

It is important for students to receive job training.

【分析】正确。学生接受工作训练是重要的。

例 2：Students receive job training can become competitive in the labour market.

【分析】错误，students receive job training 是一个句子，不能充当另外一个句子的主语。

Students can become competitive in the labour market if they receive job training.

【分析】正确。学生在劳动力市场上会非常有竞争力，如果他们接受工作培训的话。

3. 宾语一般由名词，或者具备名词性质的短语、词语或者从句充当，而动词不可以充当宾语。一些动词，如 continue, start, pretend, intend, attempt, decide, learn，后面经常加动词不定式作为宾语。

例：Many rural residents have decided move to cities.

【分析】错误，move 是动词，不能充当 decide 的宾语。

Many rural residents have decided to move to cities.

【分析】正确。很多农村的居民已经决定搬到城市。

主谓不一致

1. 动名词和不定式作主语的时候谓语动词一定是单数。

例 1：Raising standards of literacy are the government's priority.

〖分析〗错误，句子的主语是 raising standards，而不是 standards。

Raising standards of literacy is the government's priority.

〖分析〗正确。提高文化素质是政府的首要任务。

例 2：To rear a child alone are challenging to any parent.

〖分析〗错误。

To rear a child alone is challenging to any parent.

〖分析〗正确。独立抚养一个小孩对于任何父母亲都是有挑战性的。

2. 不可数名词作主语的时候谓语动词一定是单数；如果主语是“...of...”的词组，谓语的数需要和“of”之前的名词保持一致。

例：The adequacy of financial resources are crucial to the operation of a not-for-profit organisation.

〖分析〗错误。

The adequacy of financial resources is crucial to the operation of a not-for-profit organisation.

〖分析〗正确。资金的充足对于非营利机构的运作是至关重要的。

动词用单数的名词	the press, the public, news, the government, the police force, advertising
动词用复数的名词	authorities, people

3. 当主语后跟着“with, together with, coupled with, combined with, as well as, like”的时候，谓语动词跟随主语变化。

例：Overworking, coupled with poor diet, lead to physical degeneration.

〖分析〗错误。

Overworking, coupled with poor diet, leads to physical degeneration.

〖分析〗正确。工作过度，连同不好的饮食，会导致体质下降。

4. 有一些代词后面的谓语动词一定是单数（anybody, anything, everybody, everything, nobody, nothing, somebody, something, each, none）。

例：Even if somebody fall sick, everything go on as usual.

〖分析〗错误，somebody 和 everything 后的动词都应该用单数。

Even if somebody falls sick, everything goes on as usual.

〖分析〗正确。即便有人病了，一切还是照常进行。

5. “there be”句型中谓语动词的数随着其后面的名词改变。

例：There is a number of countries which perform poorly in containing pollution.

〖分析〗错误，主语是 countries，谓语动词应该用复数。

There are a number of countries which perform poorly in containing pollution.

〖分析〗正确。有不少国家在控制污染上表现很差。

6. 由"what, whether, how, that, where"引起的主语从句中，谓语动词常用单数。

例：How we cope with massive technological change in the 21st century are an interesting issue.

〖分析〗错误，how 引导的主语从句后的谓语动词用单数。

How we cope with massive technological change in the 21st century is an interesting issue.

〖分析〗正确。我们如何处理 21 世纪的大规模技术变化是一件有趣的事情。

不及物动词和系动词没有被动语态

1. 不及物动词后不能直接加任何名词或者名词性质的成分作宾语；如果要加宾语，则要加介词；不及物动词没有被动语态，比如"happen, appear, disappear, rise, emerge, occur, take place"等词都没有被动语态。

例 1：The accident was similar to the one that was happened last year.

〖分析〗错误，happen 是不及物动词，没有被动语态。

The accident was similar to the one that happened last year.

〖分析〗正确。这个事故和去年发生的那个类似。

例 2：I disagree many points made by the supporters of globalisation.

〖分析〗错误，disagree 是不及物动词，不能够直接加宾语 points。

I disagree with many points made by the supporters of globalisation.

〖分析〗正确。我不同意全球化支持者所提出的很多观点。

2. 有一些动词词组如"consist of, belong to, take place, benefit from"也没有被动语态。

例：The curriculum is consisted of core courses and optional courses.

〖分析〗错误，consist of 没有被动语态。

The curriculum consists of core courses and optional courses.

〖分析〗正确。教学大纲由主课和选修课组成。

3. 准系动词"seem, remain, prove, appear, look, smell, taste"等一般不用被动语态。

例 1：Most children are seemed to be better at remembering bad habits, instead of good ones.

〖分析〗错误，seem 是系动词，没有被动语态。

Most children seem to be better at remembering bad habits, instead of good ones.

〖分析〗正确。大部分的小孩看来都比较容易记得坏的习惯，而不是好习惯。

例 2：Teamwork has been proven effective in improving students' performance.

〖分析〗错误，prove 是系动词，没有被动语态。

Teamwork has proven effective in improving students' performance.

〖分析〗正确。团队工作在提高学生表现方面已经被证明是有效的。

及物动词的使用错误

1. 及物动词后一定要加名词或者名词性质的成分作宾语，构成主语 + 谓语动词 + 宾语的基本句型；否则就是错误的。

例 1：I will discuss in some detail.

〖分析〗错误，discuss 是及物动词，后面必须要有宾语，而 in some detail 只是状语。

I will discuss this topic in some detail.

〖分析〗正确。我会比较详细地讨论这个话题。

例 2：In many countries, salaries remain unchanged and even reduce.

〖分析〗错误，reduce 是及物动词。

In many countries, salaries remain unchanged and even drop.

〖分析〗正确。因为 drop 是不及物动词。在很多国家，收入一般不变，甚至下跌。

2. 有一些及物动词后面跟宾语和宾语补足语，构成主语 + 谓语动词 + 宾语 + 宾语补足语的基本句型，如"make, see, have, let"，这些词后面跟的动词常用不加"to"的动词不定式。

例 1：Education can let young people to find jobs easily after they finish their education.

〖分析〗错误，to 是多余的。

Education can let young people find jobs easily after they finish their education.

〖分析〗正确。教育能够让年轻人在完成学业后很容易找到工作。

例 2：Whether we like it or not, our families shape our lives and make us to be what we are.

〖分析〗错误，to 是多余的。

Whether we like it or not, our families shape our lives and make us what we are.

〖分析〗正确。不管我们是否喜欢，我们的家庭决定我们的生活，让我们成为不同的个人。

3. 有一些及物动词后面跟宾语和不定式，构成主语 + 谓语动词 + 宾语 + 宾语补足语的基本句型，如“enable, encourage, allow, prompt”。

例：Private sponsorship has allowed the academic community survive.

〖分析〗错误，allow somebody to do something 是固定表达。

Private sponsorship has allowed the academic community to survive.

〖分析〗正确。私人赞助让学术界得以生存下去。

4. 有一些及物动词同时也是不及物动词，注意在语境中确定其词性。

例：Consumer confidence should improve, as it is crucial to an economic recovery.

〖分析〗错误，消费者信心应该是被提高。

Consumer confidence should be improved, as it is crucial to an economic recovery.

〖分析〗正确，消费者信心将会被提高，这对经济复苏是至关重要的。

冠词的使用错误

冠词分为不定冠词（a 或者 an）和定冠词（the）。

1. 可数名词前一般要加定冠词或者不定冠词；可数名词如果使用定冠词，要么表示一类东西，要么表示特指。否则的话，要变成复数形式。另外一种可能性是使用所有格的形式。不可数名词则无此约束。它们意思的区别见下表。

可数名词加不定冠词	例：I need to read a book about how to combat crime. 世界上有很多关于如何打击犯罪的书，我需要看其中一本，随便哪一本都可以。
可数名词加定冠词	例：I need to read the book about how to combat crime. 我手中可能有好几本书，其中一本是关于如何打击犯罪的，我需要看这一本书，可能这本书以前就和人提起过。
可数名词加复数	例：I need to read books about how to combat crime. 我需要读关于打击犯罪的书，不止一本。
可数名词的复数加定冠词	例：The books about how to combat crime are among the best sellers of the bookshop. 书店有很多书，强调其中某种类型的书。

例 1：Computer is a machine for collecting, processing and presenting information.

〖分析〗错误，computer 是可数名词，要加冠词。

The computer is a machine for collecting, processing and presenting information.

〖分析〗正确。电脑是一台用来收集、处理和发布信息的机器。

例 2：Government should provide students from low-income families with more support.

〖分析〗错误，government 一般用作可数名词，要加冠词，或者用复数 governments。

The government should provide students from low-income families with more support.

〖分析〗正确。政府应该给低收入家庭的小孩提供更多帮助。

2. 不可数名词一般不用定冠词，除非特指。可数名词复数一般也不用定冠词，除非特指。

例 1：The education is important to one's job prospect.

〖分析〗错误，education 是不可数名词，如果出现冠词，表示特指。

Education is important to one's job prospect.

〖分析〗正确。教育对于一个人的工作前景是重要的。

例 2：The parents tend to prefer boarding schools to day schools.

〖分析〗错误，因为是泛指所有的父母，所以不应该加定冠词。

Parents tend to prefer boarding schools to day schools.

〖分析〗正确。父母倾向于喜欢寄宿学校，而不是走读学校。

3. 有一些形容词前面常加定冠词，比如“only, main, same, top”。

例：People with same experience should be paid same.

〖分析〗错误，same 前要加 the。

People with the same experience should be paid the same.

〖分析〗正确。经验相同的人应该工资相同。

4. 序数词和形容词最高级前要加定冠词。

例 1：Tourism has become the top earner of foreign currency for many countries since late twentieth century.

〖分析〗错误，twentieth 这个序数词前要用 the。

Tourism has become the top earner of foreign currency for many countries since the late twentieth century.

〖分析〗正确。旅游业从 20 世纪后期开始就已经成为很多国家赚取外汇的首要手段。

例 2：The cigarette is most common method of smoking tobacco.

〖分析〗错误。

The cigarette is the most common method of smoking tobacco.

〖分析〗正确。纸烟是吸食烟草的最普遍方式。

5. 有一些词虽然以常发元音的字母开始，却要用“a”。如“unique, university, union, European”，而有一些词虽然以常发辅音的字母开始，却要用“an”，如“hour, honour”。

例：An university is an institution where students study for degrees.

〖分析〗错误，university 前不能加 an。

The university is an institution where students study for degrees.

〖分析〗正确。大学是学生通过学习获得学位的地方。

数的不一致（名词的单复数问题）

1. 有一些词或者短语后面一般要加可数名词的复数，如“a few, few, a variety of, various, other, numerous, a number of, different, one of, many, several, these”。

例：Smoking cessation is one of the likely factor that contribute to the development of obesity.

〖分析〗错误，one of 的后面要加名词的复数。

Smoking cessation is one of the likely factors that contribute to the development of obesity.

〖分析〗正确。停止抽烟是可能导致肥胖症的一个因素。

2. 有一些词后面一般要加可数名词的单数，如“any other, another, each, neither, either”。

例：Many teenagers begin smoking habits due to peer pressure but not for any other reasons.

〖分析〗错误，any other 后不可以加名词的复数。

Many teenagers begin smoking habits due to peer pressure but not for any other reason.

〖分析〗正确。很多十几岁的年轻人出于同伴的压力而开始抽烟，而不是因为其他任何原因。

3. 有一些词或者短语后面一般要加不可数名词，如“a little, little, less, much, enormous, a large amount of”。

例：Little progresses have been made towards tackling poverty.

〖分析〗错误，little 后不能加可数名词的复数。

Little progress has been made towards tackling poverty.

〖分析〗正确。在解决贫困问题上，目前的进展甚微。

4. 不可数名词没有复数。如“information, knowledge, evidence, behaviour, news, research, waste, pollution”。

例：There are evidences that rules can lead to children's anti-social behaviour.

〖分析〗错误，evidence 是不可数名词。

There is evidence that rules can lead to children's anti-social behaviour.

〖分析〗正确。有证据表明规则会导致小孩的反社会行为。

5. 有些可数名词的复数形式不规则变化，而不是仅仅加 s 或者 es。

单数	复数	单数	复数	单数	复数
child	children	datum	data	phenomenon	phenomena
means	means	medium	media	species	species

例：The datas are a valuable asset to the company.

〖分析〗错误，data 本身已经是复数。

The data are a valuable asset to the company.

〖分析〗正确。数据对公司来说是个宝贵的财产。

6. 代词的数不一致，代词 “he, she, it, one, anybody, everybody, somebody, nobody” 都是单数，而代词 “they” 是复数。

例：Anybody who does not save money for their retirement will have to accept a lower standard of living in later years.

〖分析〗错误，anybody 是单数，而后面的代词是 their。

Anybody who does not save money for his/her retirement will have to accept a lower standard of living in later years.

〖分析〗正确。任何不能为退休提前存钱的人需要接受晚年比较差的生活标准。

介词的使用错误

1. 介词不是连词，一般后面只接名词或者具备名词性质的短语或者带连词的宾语从句，因此不能加句子。比较容易被当做连词的介词有 “despite, in spite of, during, because of, due to”，也不能加动词。

例 1：Many smokers are unwilling to cease smoking despite they have knowledge of ill health effects.

〖分析〗错误，despite 不是 although，不是连词。

Many smokers are unwilling to cease smoking despite their knowledge of ill health effects.

〖分析〗正确。很多抽烟者不愿意停止抽烟，尽管他们知道这有害健康。

例 2：Many children depend on their parents give support.

〖分析〗错误，on 是介词，后面不能加句子。

Many children depend on their parents' support.

〖分析〗正确。很多小孩依赖他们父母的支持。

2. “to” 在某些情况下（如词组 “give rise to, contribute to, pay attention to, conform to, lead to”）作介词，需要加名词或者具备名词性质的东西充当宾语，而不是加动词原形充当不定式。

例1：Public disorder can lead to damage a country's economy.

〖分析〗错误，to是介词，后面不能加动词。

Public disorder can lead to a country's economic crisis.

〖分析〗正确。社会的无秩序状态可能导致一个国家的经济灾难。

例2：There are many solutions to deal with the problem.

〖分析〗错误，to是介词，后面不能加动词。

There are many solutions to the problem.

〖分析〗正确。这个问题有很多解决方法。

3. 有一些词既可以作介词也可以作连词（跟句子），考生需根据语境进行判断，比如"for, since, after, before"。

例：Traditional buildings are desired sometimes, for the simple reason is that they are of commercial and cultural values.

〖分析〗错误，for在这里是介词，不是连词，后面不能加句子，that they are... 是同位语从句。

Traditional buildings are desired sometimes, for the simple reason that they are of commercial and cultural values.

〖分析〗正确。传统的建筑有时候是受人喜爱的，因为一个简单的原因——它们有经济和文化的价值。

4. 介词在很多情况下用法是固定的，在这种情况下，考生除了熟背之外，好像并无他法，譬如"aware of, damage to, preference for"。

例：People have different attitudes for life.

〖分析〗错误，attitude的介词一般是towards。

People have different attitudes towards life.

〖分析〗正确，人们对生活有不同的态度。

情态动词的使用错误

1. 使用情态动词（"can, could, must, need, may, might"等）的时候，需要注意它们在意义上的区别。

情态动词	一般意义	表示推测的意义
can/could	有能力（或者有可能）去做某事	可能会
should/ought to	一定要去做某事	必定会去做
must	必须要去做某事	必定会去做

续前表

情态动词	一般意义	表示推测的意义
will/would	有意愿去做某事	以后会去做
may/might	可以做某事	可能做的事情

例：Children's confidence should be shaken if they are not given adequate support.

〖分析〗错误，"小孩的信心"不是"一定"被动摇。

Children's confidence can be shaken if they are not given adequate support.

〖分析〗正确。小孩的信心可能被动摇，如果他们没有给予足够的支持。

2. 情态动词后面只加动词的原形。

例 1：This trend can persisted for years.

〖分析〗错误，情态动词，后面一般只加动词原形。

This trend can persist for years.

〖分析〗正确。这个潮流能持续很久。

例 2：Clothes for travel should was lightweight and practical.

〖分析〗错误，was 的原形应该是 be。

Clothes for travel should be lightweight and practical.

〖分析〗正确。旅游用的衣服应该轻便和实用。

3. 如果情态动词后是被动语态，动词应该是"be done"。

例：Environmental problems should be solve as soon as possible.

〖分析〗错误，被动语态应该是 should be solved。

Environmental problems should be solved as soon as possible.

〖分析〗正确。环境问题应该尽快解决。

助动词的使用错误

1. 助动词使用的时候需要符合下表的搭配。不难发现，当"be, been, being"出现的时候，后接的动词不是原形，而是动词的现在分词或者过去分词。

	一般时态	进行时态	完成时态	完成进行时态
现在	speak/speaks	am/are/is speaking	has/have spoken	has/have been speaking
过去	spoke	was/were speaking	had spoken	had been speaking
将来	shall/will speak	shall/will be speaking	shall/will have spoken	shall/will have been speaking
过去将来	should/would speak	should/would be speaking	should/would have spoken	should/would have been writing

例1：A country should be balance the budget each year.

〖分析〗错误，be动词后不可以加balance动词的原形。

A country should balance the budget each year.

〖分析〗正确。一个国家每一年都必须平衡开支。

例2：Teachers are always play an important role in formal education.

〖分析〗错误，be动词后不可以加play动词的原形。

Teachers always play an important role in formal education.

〖分析〗正确。老师总是要在正式教育中扮演一个重要的角色。

2. 初学者需要不断参考上面的表格，确保谓语动词完整。

例：One of the many benefits of travelling overseas learning how to cope with the unexpected.

〖分析〗错误，这句话并没有谓语动词，learning是现在分词，不能构成完整的谓语动词。

One of the many benefits of travelling overseas is learning how to cope with the unexpected.

〖分析〗正确。去外国旅行的众多好处中的一个，是学习如何处理突发事件。

3. 下面是几种常用时态的区别。在雅思大作文中，很少出现过去时态，主要是现在时态和将来时态。

	特点	说话时动作的情况	例句
现在进行时	正在进行，还没结束（暂时的情况）	说话的时候动作正在进行	The builders are building a house.
一般现在时	重复的动作，或者所有时候的动作（永久的情况）	说话的时候未必在进行这个动作	Builders build houses for others.
现在完成时	过去某个时间到现在所发生的动作（强调动作的结果）	说话的时候动作很有可能已经结束（甚至早已结束）	She has read this book.
现在完成进行时	强调一个与现在有密切联系的、不久前发生的动作（强调动作的本身）	说话的时候动作可能刚刚结束，甚至还没有结束	She has been reading this book.
一般过去时	强调过去发生的动作或行为；过去的动作和现在没联系	说话的时候动作已经结束，和现在没联系；而且这个动作是否现在还继续不得而知	She was a teacher ten years ago.（现在未必是老师）

例：This incident reflected the decline of team sports in today's universities.

〖分析〗错误，如果是一般过去时，和现在已经没有联系和影响。

This incident has reflected the decline of team sports in today's universities.

〖分析〗正确。这个事件反映了在当今大学里团体体育的衰落。

4. 很多充当时间状语的副词或者短语提示句子的时态。

例：During the last decade, there was much discussion and controversy over the impact of global economic integration.

〖分析〗错误，during the last decade，需要用现在完成时态。

During the last decade, there has been much discussion and controversy over the impact of global economic integration.

〖分析〗正确。在过去十年里，有很多讨论和争论是关于国际经济一体化的影响。

5. “has/have”有可能是助动词，用于完成时态；也可能是实义动词，表示“有”。

例：Obesity has a problem to many Americans for decades.

〖分析〗错误，has 在这里是“有”的意思，“肥胖有问题”，明显不恰当。

Obesity has been a problem to many Americans for decades.

〖分析〗正确。几十年来，肥胖对于很多美国人来说，都是一个问题。

副词的使用错误

1. 副词或者名词短语充当状语的时候，前面不能加介词。

例 1：Students are more likely to do homework on the computer in today.

〖分析〗错误，today 作状语的时候是一个副词，前面不能加介词。

Today, students are more likely to do homework on the computer.

〖分析〗正确。学生如今更有可能在电脑上做作业。

例 2：People can travel to and from duty in every day on foot or by bike.

〖分析〗错误，every day 作状语，前面不能加介词。

People can travel to and from duty every day on foot or by bike.

〖分析〗正确。人们可以每天通过步行或者自行车上下班。

2. 副词几乎可以修饰所有语法成分，但是不能修饰名词或者代词，形容词只可以修饰名词或者代词。

例 1：There are not easy answers to the problems facing this country.

〖分析〗错误，not 是副词，不能修饰名词 answers，应该用具备形容词性质的 no，等于 not any，not one 或者 not a。

There are no easy answers to the problems facing this country.

〖分析〗正确。解决这个国家的问题没什么简单的答案。

例 2：A balanced diet is an integral part of a healthily lifestyle.

〖分析〗错误，healthily 是副词，不能修饰名词。

A balanced diet is an integral part of a healthy lifestyle.

〖分析〗正确。饮食平衡是健康生活的重要部分。

3. 副词一般很少充当表语，而只有形容词才可以。

例 1：Young drivers are more possibly to have accidents than old drivers.

〖分析〗错误，possibly 是副词，不能作表语。

Young drivers are more likely to have accidents than old drivers.

〖分析〗正确。年轻的驾车者比年长的驾车者容易出车祸。

例 2：Cycling is beneficially to our health.

〖分析〗错误，beneficially 是副词，不能作表语。

Cycling is beneficial to our health.

〖分析〗正确。骑车对我们的健康是有益的。

4. 副词在“have/has been”这个结构中时一般出现在这两个词的中间。

例：The importance of education for one's success has been long recognised in society.

〖分析〗错误，这里的 long 是副词。

The importance of education for one's success has long been recognised in society.

〖分析〗正确。教育对一个人成功的重要性在社会上一直都被大家认同。

连词的使用错误

1. 一般来说，两个连词不能同时用在句子当中，典型的例子包括“because”和“so”，“although”和“but”。

例：Although the crime rate is falling in many parts of the world, but violent crimes are constantly rampant.

〖分析〗错误，although 和 but 不能连用。

Although the crime rate is falling in many parts of the world, violent crimes are constantly rampant.

〖分析〗正确。虽然在世界上很多地方，犯罪率在下降，暴力犯罪仍然是非常猖獗的。

2. 标点符号中，分号 semi-colon (;) 类似于连词，而逗号 comma (,) 不具备连词的功能。

例：Education has been made available to more people nowadays, however, many adults have some problems with literacy and numeracy.

〖分析〗错误，however 是个副词，不是连词，前后都是完整的句子，因此不能用逗号连接。

Education has been made available to more people nowadays; however, many adults have some problems with literacy and numeracy.

〖分析〗正确。如今，更多的人可以获得教育；然而，很多成年人仍然有读写和计算的问题。

3. 有一些副词，譬如"however, therefore, otherwise, thus, hence"，常被错误认为是连词，实际上这些词是不可以连接句子的。试看下面四个准确的句子。

句 1：He studied hard; therefore, he passed the test.（分号等于句号）

句 2：He studied hard. Therefore, he passed the test.（句号连接句子）

句 3：He studied hard, so he passed the test.（so 是连词）

句 4：He studied hard, and therefore, he passed the test.（and 是连词）

例：People like to think that being on a diet is healthy, however, there is considerable evidence to the contrary.

〖分析〗错误，however 是副词，不能连接两个句子。

People like to think that being on a diet is healthy; however, there is considerable evidence to the contrary.

〖分析〗正确。人们总是喜欢认为节食是健康的；然而，有大量的证据证明这是错误的。

4. 多于一个的名词、动词、形容词等出现的时候，需要使用并列连词"and, but"或者"or"。

例 1：Smoking, drinking are banned in many places of work.

〖分析〗错误，smoking 和 drinking 都是主语，要用连词。

Smoking and drinking are banned in many places of work.

〖分析〗正确。抽烟和喝酒在很多工作的地方都是被禁止的。

例 2：More people would prefer cycling, walking if conditions were right.

〖分析〗错误，cycling 和 walking 都是宾语，应该用连词。

More people would prefer cycling or walking if conditions were right.

〖分析〗正确。如果条件恰当的话，更多的人会喜欢骑自行车或者走路。

代词的使用错误

作主语的代词	作宾语的代词	形容词性物主代词	名词性物主代词
I	me	my	mine
you	you	your	yours
he	him	his	his
she	her	her	hers
it	it	its	its
we	us	our	ours
they	them	their	theirs

1. 代词的词性理解错误，初学者需要参照上面的表格，确保代词使用准确。

例：Many children have little knowledge of what their need and whether products meet theirs needs.

〖分析〗错误，their 改成 they，充当从句的主语；theirs 改成 their，充当 needs 的定语。

Many children have little knowledge of what they need and whether products meet their needs.

〖分析〗正确。很多小孩不怎么知道他们需要什么，产品是否满足他们的需要。

2. 代词使用的前后一致。

例：Consulting your family for advice is better than overcoming a problem ourselves.

〖分析〗错误，前面是 your family，后面是 ourselves。

Consulting your family for advice is better than overcoming a problem yourself.

〖分析〗正确。征求你家人的意见比你自己解决问题要好。

3. 代词指代不清，使用“they”的时候，需要留意前面是否出现两个名词的复数。

例：Employers permit employees to work at home, so they are able to finish their tasks more effectively.

〖分析〗错误，they 不知道是指代 employers 还是 employees。

Employees are now permitted to work at home, so they are able to finish their tasks more effectively.

〖分析〗正确。雇员现在允许在家里工作， 因此他们可以更加有效地完成任务。

句子残缺

1. 从属连词（“because, although, that”等）一定要连接两个句子。状语从句一般是以从属连词（“because, although, since, as ”等）连接两个单句。

例 1：Because it is not serious. Many countries do not take any real countermeasure.

〖**分析**〗错误，because 引导的是一个从句，缺一个主句。

Because it is not serious, many countries do not take any real countermeasure.

〖**分析**〗正确。因为这不是很严重，很多国家没有采取任何实质性的对策。

例 2：Some countries are not able to solve environmental problems. Although these countries have realised these problems' devastating effect.

〖**分析**〗错误，although 引导的是一个从句，缺一个主句。

Some countries are not able to solve environmental problems, although these countries have realised these problems' devastating effect.

〖**分析**〗正确。有一些国家不能解决环境问题，尽管这些国家意识到这些问题的影响。

2. 完整的句子一定要有谓语。

例：Tourism has instead of agriculture as the main industry in many places.

〖**分析**〗错误，instead of 是介词词组，不能充当谓语动词。

Tourism has replaced agriculture as the main industry in many places.

〖**分析**〗正确，主谓宾齐全。旅游业在很多地方已经代替农业成为支柱产业。

3. 完整的句子一定要有主语。

例：In China has more than 100 million subscribers to cable television.

〖**分析**〗错误，in China 介宾短语，不能充当主语。

China has more than 100 million subscribers to cable television.

〖**分析**〗正确。中国有超过一亿的有线电视观众。

定语从句的使用错误

定语从句一般是修饰一个名词（称为先行词）。

关系代词在从句当中充当的成分	限制性定语从句		非限制性定语从句	
	先行词是人	先行词是物	先行词是人	先行词是物
充当主语	who (or that)	which (or that)	who	which
充当宾语	whom (or that) （经常可以省略）	which (or that) （经常可以省略）	whom 不可以省略	which 不可以省略
充当定语	whose	whose	whose	whose

1. 初学者在选择关系代词或者关系副词的时候，需要参照上面的表格。

例：Unlike the Government, which advocates increasing the amount of money spent on public housing, the private sector considers it inconsistent with the market principles.

〖分析〗错误，政府在这里具备人的性质，应该用 who，而不是用 which。

Unlike the Government, who advocates increasing the amount of money spent on public housing, the private sector considers it inconsistent with the market principles.

〖分析〗正确。和支持增加公共房屋投资的政府不同，私人机构觉得这和自由市场的规律不符。

2. 定语从句缺乏谓语动词。

例：Those who overweight or indulge in unhealthy diets are candidates for heart attacks.

〖分析〗错误，从句的 overweight 是个形容词，前面缺一个系动词。

Those who are overweight or indulge in unhealthy diets are candidates for heart attacks.

〖分析〗正确。那些体重过高或者喜欢不健康饮食的人很有可能会变成心脏病发作者。

3. 如果先行词在从句当中充当主语的定语，那么要用“whose”，而不是“which”或者“who”。

例：Of those fast-growing countries, China, which economy has been growing at 9 per cent per year, is particularly successful.

〖分析〗错误，先行词 China 作从句主语 economy 的定语，不能用 which。

Of those fast-growing countries, China, whose economy has been growing at 9 per cent per year, is particularly successful.

〖分析〗正确。在那些快速发展的国家之中，中国经济每年增长 9%，尤其成功。

4. 关系代词如果是在介词后面，只能用 which 或者 whom，不能用 that。

例：There are plenty of natural resources in China, most of that are unused.

〖分析〗错误，of 是介词，后面不能加 that。

There are plenty of natural resources in China, most of which are unused.

〖分析〗正确。在中国有很多自然资源，大部分都还没被使用。

5. 定语从句中动词的数应该和先行词的人称保持一致。

例：The elderly, who is normally incapable of looking after themselves, need time and compassion from their family.

〖分析〗错误，先行词是 elderly，是复数名词，类似于 people。

The elderly, who are normally incapable of looking after themselves, need time and compassion from their family.

〖分析〗正确。老年人，通常没有能力照顾自己，需要他们家人的时间和宽容。

6. 关系代词“which, that, who, whom”后的句子不完整（缺主语或宾语）；而关系副词“where，when, why”后的句子必定完整。

例：People like shopping on the Boxing Day, when can buy very fashionable commodities at low cost.

〖分析〗错误，关系副词 when 后句子要完整。

People like shopping on the Boxing Day, when they can buy very fashionable commodities at low cost.

〖分析〗正确。人们喜欢在节礼日购物，那一天他们可以用低价买非常时尚的商品。

7. 限制性定语从句和非限制性定语从句的区别。

	标志	意义的区别
限制性定语从句	先行词后面没有逗号	特指所修饰名词（先行词）的某个部分
非限制性定语从句	先行词后面有逗号	对所修饰名词（先行词）不作任何限定

例 1：These courses are not appropriate for children, who have learning difficulties.

〖分析〗错误，如果是非限制性定语从句，意味着世界上的小孩都有学习困难。

These courses are not appropriate for children who have learning difficulties.

〖分析〗正确。这些课程不适合那些有学习困难的小孩。

例 2：International aid should target those impoverished countries which cannot afford any disaster relief.

〖分析〗错误，如果是限制性定语从句，意味着世界上的贫穷国家有两种：一种是不能解决自然灾害的贫穷国家，一种是可以解决自然灾害的贫穷国家。

International aid should target those impoverished countries, which cannot afford any disaster relief.

〖分析〗正确。国际援助应该针对那些贫穷国家，这些国家不能提供灾难救援。

8. 定语从句不能没有主句。

例：People who do not consider it necessary to reduce the use of disposable products.

〖分析〗错误，这句话是 who 引导的定语从句，缺乏主句。

There are many people who do not consider it necessary to reduce the use of disposable products.

〖分析〗正确。有很多人不觉得有必要去减少使用一次性的产品。

名词性从句的使用错误

1. “whether”和“that”不能同时连用。

例：The question remains whether that it was a serious love affair or a passing fancy.

〖**分析**〗错误，that 和 whether 不能同时使用。

The question remains whether it was a serious love affair or a passing fancy.

〖**分析**〗正确。这个问题仍然存在，这是严肃的感情，还是一时的好感。

2. 名词性从句可以用“how, what, why, when, where”等词引导，和“that”不能同时连用。

例：Many people do not realise that how serious environmental problems can be.

〖**分析**〗错误，“that”和“how”不能同时使用。

Many people do not realise how serious environmental problems can be.

〖**分析**〗正确。很多人意识不到环境问题能有多么严重。

3. “that”引导名词性从句的时候，从句一定是完整的句子，这和定语从句有显著的不同。

例：It is widely believed that people improving efficiency by using computers.

〖**分析**〗错误，improving 不是完整的谓语动词。

It is widely believed that people can improve efficiency by using computers.

〖**分析**〗正确。被广泛认可的事情是人们可以通过使用电脑提高效率。

4. 和状语从句、定语从句类似，名词性从句出现的时候，必须要有主句，否则句子不完整。

例：The fact that education is the key to a country's long-term success.

〖**分析**〗错误，the fact 引导同位语从句，并没有主句。

Government funding is supported by the fact that education is the key to a country's long-term success.

〖**分析**〗正确，政府的资助基于一个事实：教育是国家长期成功的关键。

平行结构和对称

1. “and”，“or”和“but”的平行结构：这些并列连词前后的结构，如名词、动词、动宾短语等要保持一致。

例：The process of education begins at birth and continuing throughout life.

〖**分析**〗错误，continuing 是现在分词，和 begins 这个谓语动词不能匹配。

The process of education begins at birth and continues throughout life.

〖分析〗正确，教育从人的出生开始，然后持续一辈子。

2. 使用词组“instead of, rather than, as well as, in addition to”时候的平行结构。

例：As well as causing housing shortage, overpopulation in cities is linked with pollution.

〖**分析**〗错误，causing housing shortage 和 pollution 结构不对称。

Overpopulation in cities is responsible for pollution as well as housing shortage.

〖**分析**〗正确。除了住房紧缺之外，城市人口过多也是造成污染的原因。

3. 使用连词“while, whereas”的时候，所连接的两个单句要结构对称。

例：The private sector is not interested in domestic movies, while foreign-made movies attract private investors.

〖**分析**〗错误，两个单句的结构不对称。

Domestic movies rely on public funds, while foreign-made movies attract private investors.

〖**分析**〗正确。国产电影依赖政府基金，而国外的电影吸引私人投资者。

4. 使用比较级的时候，需要注意所对比对象，如名词、主谓结构、动宾结构等的结构对称。

例 1：More people favour globalisation.

〖**分析**〗错误，在严肃的书面语中，最好要出现 than。

There are more people who favour globalisation than those who oppose it.

〖**分析**〗正确。喜欢全球化的人比反对的人要多。

例 2：The average woman possesses less physical strength than the average men.

〖**分析**〗错误，men 不能和 woman 对应，后面的分句加个助动词 does，从而和前面的 possesses 对称。

The average woman possesses less physical strength than the average man does.

〖**分析**〗正确。女性一般比男性的体力要低。

5. 使用“not only...but also...”的时候，两个并列的结构（如单句或者动宾结构）需要对称。

例：Education not only allows young people to improve job skills but also have more knowledge of ethical principles.

〖**分析**〗错误，not only...but also... 后面的结构不对称。

Education not only allows young people to improve job skills but also enables them to deepen their understanding of ethical principles.

〖**分析**〗正确。教育不仅让年轻人去提高工作技能，也让他们提高对道德标准的理解。

6. 使用词组“compared with, in contrast to, different from, as opposed to, similar to, as distinct from”比较的时候，对比的名词要一致。

例：In contrast to people in developing countries, natural disasters are less challenging for people in developed countries.

〖分析〗错误，people in developing countries 和 natural disasters 不能形成对比。

In contrast to people in developing countries, people in developed countries do not consider natural disasters as challenging issues.

〖分析〗正确。和发展中国家的人相比，发达国家的人不觉得自然灾害是有挑战性的事情。

语法错误总结

1. contribute to, lead to, result in, result from, arise from, consist of, account for 这些词没有被动式。

2. reason 一般就三种说法，reason for something, reason why..., the reason is that..., reason of, reasons lead to, reasons contribute to 都不恰当。

3. be benefit to 是错的，be beneficial to do something 也是错的；要么是 be beneficial to something/somebody，要么是 be of benefit to something/somebody 或者是 help somebody do something。

4. 副词一般不能作表语，所以说 it is clearly that, it is obviously that 都是错的；副词也不修饰名词，所以 an increasingly number of 或者 a slightly increase 都是错的；形容词只能修饰名词，不能修饰动词，所以说 finish the job easy 错的，应该是 finish the job easily。

5. help/make/let somebody do something, make 这个词是表示强迫某人做某事；enable/encourage/allow/prompt/cause/require/urge somebody to do something，不要忘记写 to do。

6. 使用 in order to, 或者 to 的时候，要注意逻辑主语的问题；使用 by doing 或者 through doing 的时候，要注意逻辑主语的问题。

7. due to, because of, in spite of, despite 都是介词，后面不能加句子；with 也是介词，后面也不能加句子，而 as 表示“因为”的时候，是连词，后面要加句子。

8. meanwhile, however, therefore, hence, thus, nevertheless, as a result, as a consequence, for example, then, even 都是副词，不能连接句子；两个完整的句子之间要用连词连接，或者用句号或分号连接。

9. while, because, as, so that, although, when, whereas, if 这些连词引导状语从句：(1) 从句必须要完整；(2) 必须要连接两个独立的句子；(3) 这些连词不能同时在一个句子里出现；很多考生经常把 as 看做介词，而 with看做连词，都是错的。

10. such as 不能放在句首，后面一般加名词或者动名词，不能加句子；for example, for instance 既可以放在句首，也可以放在句中。

11. 系动词（be, remain, feel, seem, become）没有被动语态，不及物动词（happen, appear, disappear, emerge, vanish）没有被动语态。

12. 及物动词一定要加宾语，后面也不能加介词（譬如 emphasise on, access to，damage to，contact with，harm to 都是错的）。

13. 可数名词要么前面加冠词，要么用复数 (the government or governments)。

14. one of, many, various, a variety of, different, a number of, other, numerous, these, both, a few, fewer, several 后面的可数名词要加复数，不能加不可数名词；this, every, each 一般后面加可数名词的单数；a large amount of, enormous, less, little 后面一般加不可数名词，不能加 people 这样的词。

15. 不可数名词不能加复数（work, equipment, information, knowledge, pollution, misbehaviour, evidence, education, research, architecture, violence, well-being, heritage, advice）。

16. It is difficult/important/easy for somebody to do something 而不是 people are easy/difficult/important to do something。

17. 介词 (in, of, about, for, with) 后面要加名词或者动名词；lead to, contribute to, result in, be beneficial/harmful/important/essential to 都是加名词；介词不能加副词，譬如 in sometimes, in today 都是错的。

18. 一个句子在没有连词的情况下一般不能有两个动词（最明显的例子是 there be 句子后再加一个动词是错的）。

19. 以 that, which, who 引导的定语从句，从句一定缺成分，不是主语就是宾语；以 where, why 引导的定语从句，从句一定完整；in which, by which, through which 后面也要加完整的句子。

20. 以 that 或者 whether 引导的名词性从句，从句必定是完整的句子。

21. 使用 and, or, but, rather than, instead of, not...but..., not only... but also..., 这些词的时候最好前后的句子、短语或者成分对称。

谓语动词常见的 5 个错误（谓语动词错误是最常见，也是最致命的语法错误）

22. 主谓不一致：动名词 (doing)、不定式 (to do)、不可数名词（譬如 wealth, happiness, poverty）作主语的时候，谓语动词都要用单数。

23. 被动语态要用分词（譬如，can be done, will be done, should be done）；不能忘记写 be 动词（譬如，the job is finished 里的 is 不能省略）。

24. may, will, can, should, must 后面动词都要用原形。譬如，can+does，should to do，will+did 都是错的。

25. be 动词后面不能加动词原形，is/are+do 也是错误的。

26. 大作文通常用一般现在时态和现在完成时态，图表作文通常用一般过去时态，流程图通常用一般现在时态，地图变迁题通常用一般过去时态和现在完成时态（大作文通常用一般现在时态和现在完成时态，图表作文通常用一般过去时态，流程图通常用现在时态，地图变迁题通常用过去时态（有时候可能用现在时态）。这几个时态的谓语形式一定要熟悉，不能出错。

因此，记住这么一些谓语动词变化基本就够用了。

一般现在时态：speak/speaks。

现在完成时态：has/have spoken。

一般过去时态：spoke。

一般将来时态：will speak。

过去完成时态：had spoken。

第三章

雅思大作文完整攻略

第1类 全球化及影响

全球化指的是世界各国之间的联系更加密切，相互往来增加。在全球化的过程中，各国会互换和流通产品、服务、人、技术、信息、金钱和知识。有关全球化的常考雅思题目主要集中在全球化对文化、经济、环境、语言和国家关系的影响。

全球化的起因

（1）经济上，各个国家希望扩大市场，将自己的产品推销到其他国家去。经济学家认为，国家的资源是有限的，只能专注于生产某种特定的产品，比如中国的纺织品、欧洲的机器、新西兰的农产品等，而这些产品通过贸易，可以给进口国和出口国都带来好处。

（2）技术上，互联网、媒体科技、交通工具的发展都为全球化提供了前提条件，国家之间更为熟悉、联系更为方便、来往更加迅速，经济和交流全球化也就成为可能。

（3）政治上和社会上，随着国家之间的接触增多，国家之间有必要签署一系列协议来保证商业在公平合理的环境下进行，因此全球化也包括了国家之间政治和社会上的交流。

（4）文化上，人们可以通过因互联网和旅游增加对外国文化的了解，而因为政治环境的宽松，去外国旅游或者定居的人不断增多，这也促进了国家之间文化的交流。

全球化的优点

（1）经济上，国家的收入增加，产品销量提高，人民生活水平提高；旅游产业的崛起为很多落后地区提供了就业机会和经济收入。

（2）技术上，落后国家因此可以学习发达国家的技术或者企业的管理方法等；而发达国家可以依靠技术移民来补充劳动力。

（3）政治上和社会上，国家之间的联系增多，有助于和平地协商处理问题；国家之间的经济相互依赖更大，因此发生军事冲突的可能性降低。

（4）文化上，人们更加了解相互的文化，消除误会，从而可以更融洽地相处；人们可以扩大知识面，从不同的角度看待事物；全球化同时促进语言的交流和学习，促使年轻学生到外国留学。

全球化的缺点

（1）经济上，发展中国家的劳动力被剥削，资源被取用，而产品却不能进入发达国家，国内产业受到外商和外企的冲击。

（2）社会上，外国的产品流入一个国家，会改变人们的生活习惯和购买习惯，从而改变他们的文化；年轻人比较喜欢外国产品和文化，如食品、衣服、电子产品和娱乐方式。

（3）文化上，本土文化会被削弱，本土语言会受到威胁，文化多样性会逐步丧失。

（4）环境上，工业化生产和交通量的加大会增加温室气体的排放；游人的增多会对自然环境构成威胁。

5 个典型话题

Environmental problems are so big that they cannot be solved by any person or country alone. Instead, it should be solved at international level. To what extent do you agree or disagree with this view?

◎ 解题（*Task Response*）

关键词："environmental problems"，"alone"，"at international level"

问题方式：观点类题目，建议使用两边讨论。观点类题目审题的时候，一般要注意紧挨着问题的那句话，譬如这里的"it should be solved at international level"，关键在于讨论"国际层面上环境问题的解决"是否必要。

◎ 结构和关键词（*Structures and Key Words*）

介绍段	
背景句	① 环境恶化（environmental degradation）已经被认为是一个我们在21世纪需要征服（overcome）的挑战。
改写题目	② 环境问题的快速恶化（deterioration）相信已经给我们的生存造成了严重的威胁。
阐述立场	③ 为了解决这个顾虑（concern），世界上的国家需要合力（join forces），而不是为了自己的目标而各自努力。
主体部分第一段	
中心句（经济：成本）	④ 人们支持国际合作出于两个原因，第一个观点是环境问题的影响往往是世界范围的（on a global scale）。
解释	⑤ 这是常识（it is common knowledge that）：我们拥有同一个生态圈，这个生态圈的元素（component）是相互关联的（interrelated）。
举例	⑥ 譬如，一个国家的河流可能会被它的邻国倾泻（dumped）的污水（sewage）污染。
结果	⑦ 换言之，一个国家努力去处理污染可能是没有用的（futile），如果其他国家没有参与在内。

附加观点	⑧ 还需要注意的（it should be noted that）是有些国家没有足够的资源（包括资金和技术）去减少污染，即便这些国家意识到环境保护的重要性。
结果	⑨ 这些国家可以通过和发达国家合作，引进技术和借鉴（draw on）经验，从而能够不断执行环保（environmentally friendly）政策。
主体部分第二段	
中心句	⑩ 尽管国际合作很重要，国家一定要主动（take the initiative）做出一些改变。
解释	⑪ 可以说（it is fair to say that）每个国家所面对的环境问题各有不同。
举例	⑫ 譬如，中国的温室气体主要是由电力行业产生，而美国的温室气体主要是归咎于（attributed to）汽车。
结果	⑬ 在国际上适用的（applicable）技术和方法未必在某些国家有效。
附加观点 + 结果	⑭ 此外，国家需要执行一些环境法律，提高公民的意识，才能很好地修复（restore）环境。
结论	
再次表明立场	⑮ 总而言之，国家需要一起付出努力，不仅因为生态系统是一个统一的（unified）系统，也是因为这能够充分利用（make optimal use of）财政和人力资源。
总结观点	⑯ 在国家或者地区的层面上，国家自己资源的投入（resource commitment）也是很重要的。

◎ 语言改进和语法知识（*Grammatical Range and Accuracy*）

句 *1:* Environment degradation has been recognised as one of the main challenge that we have to overcome in 21st century.

改：“one of”后面的名词要用复数；“21st”序数词要用定冠词。

正：Environmental degradation has been recognised as one of the main challenges that we have to overcome in the 21st century.

句 *2:* The rapid deterioration of environmental problems is believed that have posed a serious threat to our survive.

改：“believed to do/have done something”是常用表达；“survive”是动词，这里应该用名词。

正：The rapid deterioration of environmental problems is believed to have posed a serious threat to our survival.

句 *3:* To solve this concern, countries worldwide should join forces, instead of working individual for their own targets.

改：“address...concern”习惯搭配；“individual”是形容词，不能修饰动词。

正：**To address this concern, countries worldwide should join forces, instead of working individually for their own targets.**

句 *4:* People support international cooperation for two reasons. The first point is the impact of environmental problem is normally on a global scale.

改：“is”后面要加“that”，引导表语从句；“problem”是可数名词，要么加冠词，要么加复数。这里两句话可以写在一起，使用连词“and”；这样给考官一种你用了复杂结构的感觉，从而在句子结构那一项加分！

正：**People support international cooperation for two reasons and the first point is that the impact of environmental problems is normally on a global scale.**

句 *5:* It is common knowledge that we share the same biosphere, its components are interrelated.

改：“we share...”和“its components...”是两个独立的句子，没有连词。

正：**It is common knowledge that we share the same biosphere, whose components are interrelated.**

句 *6:* For example, a stream in one country can be polluted by the sewage dumping by the neighbour country.

改：“dump”应该用被动；“the”指代不了前面的“one country”；“neighbouring country”是习惯表达。

正：**For example, a stream in one country can be polluted by the sewage dumped by its neighbouring country.**

句 *7:* In other words, one country's effort can futile if other countries are not involved.

改：“can”是情态动词，“futile”是形容词，主句中没有动词。

正：**In other words, one country's effort to tackle pollution can be futile if other countries are not involved.**

句 *8:* It should also be noted that some countries do not have enough resources (including capital and technology) to reduce pollution, even though this country realises the importance of environmental protection.

改：“enough”不是非常正式，可以用“adequate”替代；“some countries”和“this country”的数不一致。

正：**It should also be noted that some countries do not have adequate resources (including capital and technology) to reduce pollution, even though these countries realise the**

importance of environmental protection.

句 *9:* These countries can cooperate developed countries, introduce technologies, draw on experience so as to implement environmentally friendly policies continuously.

改："cooperate"是不及物动词；"cooperate...introduce...draw on"是三个并列动词，应该有连词连接。

正：These countries can cooperate with developed countries, introduce technologies and draw on experience so as to implement environmentally friendly policies continuously.

句 *10:* Despite international cooperation is important, countries should be take the initiative to implement some changes.

改："despite"介词后面不能加句子；"should do"是习惯表达。

正：Despite the importance of international cooperation, countries should take the initiative to implement some changes.

句 *11:* It is fair to say that countries are confronted with different environmental problem.

改："different"后面的可数名词一般是复数。

正：It is fair to say that countries are confronted with different environmental problems.

句 *12:* For example, greenhouse gas in China is generally caused by electricity industry; however, greenhouse gas in America is attributed to automobiles.

改："industry"是可数名词，要么加冠词，要么用复数。

正：For instance, greenhouse gas emissions in China are mainly created by the electricity generation industry while those in the United States are primarily attributed to the increase in car use.

句 *13:* The technologies and methods that are international applicable may not effective in some countries.

改："international"是形容词，不能修饰形容词"applicable"；"may"是情态动词，谓语不完整，应该有动词"be"。

正：The technologies and methods that are globally applicable may not be effective in some countries.

句 *14:* In addition, country should enforce some environmental laws and raise citizens' awareness so as to can restore the environment.

改："country"是可数名词，要么用冠词，要么用复数；"so as to do something"是固定表达。

正：In addition, countries should enforce some environmental laws and raise citizens'

awareness so as to restore the environment.

句 *15:* To summarise, countries should make a join effort not only because the ecosystem is a unified mechanism but also because can make optimal use of financial and human resources.

改："join"是动词，表示"参与"的意思，不能修饰名词"effort"；"because"是连词，后面需要加完整的句子，而第二个句子没有主语。

正：To summarise, countries should make a joint effort not only because the ecosystem is a unified mechanism but also because it can make optimal use of financial and human resources.

句 *16:* Country's resources commitment is also important at regional or national level.

改："country"是可数名词，要么加冠词，要么用复数；"resource"作名词修饰名词的时候，不需要用复数。

正：Countries' resource commitment is also important at regional or national level.

◎ 论述的紧凑和连接（*Coherence and Cohesion*）

	所用连接词	功能
主体部分第一段	...and the first point is that...	引出第一个中心句
	It is common knowledge that...	陈述事实
	For example...	举例
	In other words...	解释或者引出看法
	It should also be noted that...	引出一个分论点
主体部分第二段	Despite the importance of...	转折，引出相反观点
	It is fair to say that...	陈述事实
	For instance...	举例
	In addition...	引出一个分论点

In some countries, it is now possible for people to buy products made in other countries. To what extent do the benefits of this development outweigh the problems?

◎ 解题（*Task Response*）

关键词："in other countries"，"buy products"

问题方式：观点类题目，建议使用两边讨论，"购买进口商品"的"利益和问题"都要涉及，而不是只谈一方面。

◎ 结构和关键词（*Structures and Key Words*）

介绍段	
背景句	① 随着世界越来越国际化（globalised），国家之间商品的流通（exchange）以惊人的速度（at an astounding rate）进行着。
改写题目	② 这已经激发（sparked）关于“进口商品的增加是否具有负面（adverse）影响”的争论（controversy）。
阐述立场	③ 在我看来（from my point of view），这一做法的优点多于缺点。
主体部分第一段	
中心句（经济：成本）	④ 进口商品有不少好处。第一个好处是虽然运输费用高，但是价格仍然很有竞争力。
解释	⑤ 主要的原因是出口这些商品的国家一般都有技术和专业知识去保证这些产品质量好，而且便宜（affordability）。
举例	⑥ 譬如，中国擅长(specialises in)生产纺织品，因此在世界上很多地方，中国的纺织品都比当地的同等货物（counterparts）便宜。
附加观点	⑦ 此外，进口商品挑战国内生产商的统治地位（dominance/monopoly），激化（intensified）竞争，从而引起商品价格的下跌。
结果	⑧ 这对于本国的消费者也是有益的，因为商品更便宜可以降低生活成本（cost of living）。
主体部分第二段	
中心句	⑨ 在另外一方面，进口商品的负面因素（downside of importing goods is that）是过分依赖进口商品可能会导致某些国内行业的发展不够。
举例	⑩ 譬如，很多国家进口电脑，导致本国制造商的破产（bankruptcy）。
结果	⑪ 这对于发展自给自足（self-contained）的经济是有害的，并且可能导致大量失业。
其他观点（社会：环境）	⑫ 另一个问题是，运输会造成比较严重的污染，特别当它涉及（involves）空运（air freight）的时候。
结果	⑬ 这会降低空气质量，也会导致一些其他的环境问题，譬如全球变暖。
结论段	
再次表明立场	⑭ 因此，我们可以理智地认为（it is therefore reasonable to think that）进口商品的优点需要有保留地（with caution）接受。
总结观点	⑮ 虽然消费者可以更便宜地（at lower cost）获得商品，但是国家也需要注意发展自己的相关行业。

◎ 语言改进和语法知识（*Grammatical Range and Accuracy*）

句 *1:* As world becomes increasingly globalised, the exchange of commodities among countries is going on at an astounding rate.

改：“world”是可数名词，需要用冠词；“going on”表达不够正式。

正：**As the world is increasingly globalised, the exchange of commodities across the border is proceeding at an astounding rate.**

句 *2:* It has sparked the controversy about whether the increasing imported goods have adverse effects.

改：从句的主语是增长（increase），而不是进口商品（imported goods）。

正：**It has sparked controversy over whether the increase in imports has adverse impacts.**

句 *3:* From my point of view, the advantage of this measure overweigh the disadvantage.

改： 主谓不一致。“overweigh”是“使……负担过重”的意思，应该是“outweigh”（……比……重要）。

正：**From my point of view, this practice's advantages outweigh its disadvantages.**

句 *4:* Importing goods can yield a number of benefits. The first benefit is that despite the cost of transportation is expensive, these goods are still highly competitive.

改：“despite” 是介词，后面不能跟句子，只能跟名词。

正：**Importing goods can yield a number of benefits. The first benefit is that despite the high cost of transportation, imports are competitively priced.**

句 *5:* The main reason is that the countries which export this goods own their technology and profession knowledge that support the well product quality and keep the prices cheaper.

改：“goods”是复数，应该用“these”；“well”是副词， 不能修饰名词。

正：**The main reason is that the countries that export these goods normally have technology and professional knowledge to ensure the goods' quality and affordability.**

句 *6:* For example, China is good at producing textile products, in many parts of the wold, Chinese textile products are cheaper than local counterparts.

改：两个独立的单句之间，应该有一个连词连接。

正：**For example, China specialises in the production of textile products so China-made textile products are cheaper than local counterparts in many parts of the world.**

句 *7:* Importing goods have challenged the dominance of domestic manufacturers and intensified competitions, which means that this phenomenon might cause the decreasing of the price.

改：如果动名词作主语（此处是"importing"），那么谓语动词要用单数"has"；"competition"从句后半句过于烦琐。

正：**Besides, imported goods have challenged domestic manufacturers' dominance and intensified competition, thereby prompting these manufacturers to lower product prices.**

句 *8:* It is beneficial to the domestic customers, because this is able to reduce the cost of living.

改："this"一般指代前面叙述的一个事物，在这里指代不清。这句话也略显单调，可以加个并列句。

正：**It is beneficial to domestic customers, because products are more affordable and the cost of living will decline.**

句 *9:* On the other hand, the downside of importing commodities is that excessive dependence on importing from overseas is possible to lead to the underdevelopment of some domestic industries.

改："is possible to"没有这种表达，改成"is likely to"。

正：**On the other hand, the downside of importing goods is that the excessive reliance on imports is likely to lead to the underdevelopment of some domestic industries.**

句 *10:* For example, many countries import computers from overseas, result in the bankruptcy of many domestic manufacturers.

改："result in"这个动词词组应该改成分词结构，充当结果状语，否则句子有两个动词。

正：**For instance, many countries import computers, resulting in domestic manufacturers' bankruptcy.**

句 *11:* This is harmful/detrimental to develop a self-contained economy.

改："essential/harmful/detrimental/vital"这些词后面的"to"都是介词，需要加名词。而且这个句子稍显单调，可以加个并列句，譬如"导致大量失业"。

正：**This is harmful/detrimental to the development of a self-contained economy, and also likely to trigger massive job cuts.**

句 *12:* In addition, transportations are more likely to cause a considerable number of pollution, especially when it involves air freight.

改："transportation"是不可数名词；"a considerable number of"修饰可数名词复数，而"pollution"是不可数名词。这里可以将"in addition"换个表达，这样可增加点连接词的新意。

正：**Another problem is that transportation may create considerable pollution, especially when it involves air freight.**

句 *13:* It will degrades air quality, also lead to others environmental issues, such as global warming.

改：“will, should, must”这些词后面都要加动词原形；“also”不是连词，而是副词；“others”应该是“other”，才可以修饰名词。

正：**It will degrade air quality and also lead to other environmental issues, such as global warming.**

句 *14:* Hence, it is reasonable to think that the advantage of imported commodities should be accepted with caution.

改：“imported commodities”（指“进口的商品”）改成“importing commodities”（指“进口商品”这种行为）。

正：**It is therefore reasonable to think that the advantages of importing commodities should be accepted with caution.**

句 *15:* Though customers are able to buy the commodities at lower cost, countries also need to pay attention to the development of their own relevance businesses.

改：“although”在书面中更加常用；“relevance”是个名词，应该使用形容词“respective”（相应的）。

正：**Although customers are able to acquire commodities at lower cost, countries also need to pay attention to the development of their respective industries.**

◎ 论述的紧凑和连接（*Coherence and Cohesion*）

所用连接词		功能
主体部分第一段	The first benefit is that...	解释中心句
	For example...	举例
	Besides...	引出一个分论点
主体部分第二段	On the other hand, the downside of... is that...	转折，引出相反观点
	For instance ...	举例
	Another problem is that...	引出一个分论点

Some people believe that charities should give aid to those who need the aid most, wherever they live. Some people believe that charity organisations would better concentrate on people in their own countries instead. Discuss both views and give your own opinion.

◎ 解题（*Task Response*）

关键词："aid"，"wherever they live"，"in their own countries"

问题方式：论述类题目，必须两边讨论，"援助本国的人"和"援助外国的人"都要涉及，而不是只谈一方面。结论一定要表明个人立场。

◎ 结构和关键词（*Structures and Key Words*）

介绍段	
背景句	① 对人道主义援助（humanitarian assistance）的关注近年已经提升（heightened）。
改写题目或引出话题	② 尽管国际援助体现了人类的道德理想（moral ideal），很多持有相反看法（opposing view）的人仍觉得本国人（fellow citizens）的福利才是重点（priority）。
阐述立场	③ 国际援助有它的不足（weaknesses），但是它的重要性不应该被否认。
主体部分第一段（为什么要国际援助？）	
中心句（经济：资源）	④ 国际捐献机构（international donation agencies）需要从全球角度（from a global perspective）去考虑国际援助的主要原因是它们所提供的资金可以帮助那些被捐赠国（recipient countries）的人民去对抗（combat）贫穷、疾病和不平等。
解释	⑤ 我们需要认同一点：发展中国家的人们急需（in desperate need of）救助，因为他们很容易受到（susceptible to）自然或者人为灾害（man-made disasters）（如战争）的影响。
举例	⑥ 在那些饱受战火和贫穷摧残的（war-torn or poverty-stricken）国家，资源非常缺乏（scanty/scarce），对于食物（food）、医药、帐篷和避难所（shelter）有很高的需求（demand）。
主体部分第二段（为什么要帮助本国人？）	
中心句	⑦ 尽管国际援助很重要，帮助自己的同胞（fellow citizens）也是合理的。
解释	⑧ 即便在最富裕的国家，也有人很贫穷，连基本的需要也不能满足。
解释	⑨ 如果我们能够解决家门口（on our doorstep）的问题，低收入人士能够有基本的生活水准（basic living standards），这有利于社会的稳定（social stability）。

主体部分第三段（给出个人看法）	
观点 （个人：权利）	⑩ 在我个人看来，人道主义行动（humanitarian action）可以恢复（restore）他们在被捐赠国中的某些基本权利，如接受教育的权利。
结果	⑪ 这也符合（consistent with）帮助弱势群体（vulnerable populations）的普世价值观（universal principle）。
举例	⑫ 那些不能提供经济帮助的人可以作为志愿工作者并将服务（如培训和医疗服务）带给（deliver）那些有需要的人。
结论段	
再次表明立场	⑬ 综上所述，我们需要意识到国际援助对那些受到灾难、贫困和其他不幸（misfortune）影响的人们的意义（implications）。
总结观点	⑭ 我们可以通过给其他国家提供帮助来展现同情心，尽管帮助本国人也是重要的。

◎ 语言改进和语法知识（*Grammatical Range and Accuracy*）

句 *1:* Concerns about humanitarian assistance has been heightened in recent years.

改：主谓不一致。

正：Concern about humanitarian assistance has been heightened in recent years.

句 *2:* Although international reflects human's moral ideals, many people who have opposing view think that the fellow citizens' welfare is priority.

改："view"和" priority"是可数名词，要么加冠词，要么用复数。

正：Although international aid illustrates a moral ideal of mankind, many people who hold opposing views think that the welfare of fellow citizens is the priority.

句 *3:* International aid has their weaknesses, but their importance should not be denied.

改："aid"在这里是不可数名词，代词"their"使用错误，应该用"its"。

正：International aid has its weaknesses but its importance should not be denied.

句 *4:* The main reason why international donation agencies should view international aid from a global perspective is that it provides adequate capitals help those people who live in recipient countries to combat poverty, diseases and inequality.

改："it"指代不了资金；从句里有"provide"和"help"两个动词。

正：The main reason why international donation agencies should view international aid from a global perspective is that their funds can help the citizens of those recipient countries to combat poverty, disease and inequality.

句 *5:* We should first recognised that citizens of developing countries are in desperate need of aid, because they are susceptible to natural or man-made disaster such as war.

改：“should”后面的动词应该用原形；“disaster”和“war”是可数名词，这里用复数。“first”应该去掉，因为这段话只有一个观点。

正：We should recognise that citizens of developing countries are in desperate need of aid, because they are susceptible to natural or man-made disasters such as wars.

句 *6:* In those war-torn or poverty-stricken countries, resources are extremely scarce, which have high demand of provision to food, medicine, tent and shelter.

改：不清楚定语从句所修饰的是什么。

正：In those war-torn or poverty-stricken countries, where resources are scanty, there is a high demand for food, medicine, tents and shelters.

句 *7:* Despite helping those beyond our national borders is important, it is reasonable to help our fellow citizen.

改：“Despite”是介词，只能加名词；“citizen”是可数名词，要用复数；“help”有点重复，可以换个表达。

正：Despite the importance of helping those beyond our national borders, it is reasonable to lend a hand to our fellow citizens.

句 *8:* Even though in the richest countries, there are some poor people whose needs for daily necessities are not met.

改：“Even though”是连词，后面要加独立的句子，而“in the richest countries”是介宾短语；“poor people”略显普通，可以用“disadvantaged/deprived people”来代替。

正：Even in the richest countries, there are some disadvantaged people whose needs for daily necessities are not met.

句 *9:* If we can be solve problems on our doorstep, low income people can have basic living standards, then it is benefit to social stability.

改：“be+do/does”永远是错的；“then”不是连词，而是副词；“it is beneficial”或者“it is of benefit”是对的。

正：If we can solve problems on our doorstep, low income people can have basic living standards and this is beneficial to social stability.

句 *10:* From my personal perspective, humanitarian action can restore some of their basic rights, such as the right of accepting education.

改：接受教育是“receive education”。作为段落中心句，最好出现关键词，譬如“recipient

countries”。

正：**From my personal perspective, humanitarian action can restore some of their basic rights, such as the right to receive education, in <u>recipient countries</u>.**

句 *11:* This is also consistent with the universal principle that people should give their hands to the vulnerable populations.

改：“give their hands to”太过口语化；“people ”和 “populations”同时使用，似乎在暗示世界上有个群体是“people”，有个群体是“populations”。“also”有点多余，因为不是并列的观点。

正：**This is consistent with the universal principle of supporting <u>vulnerable populations</u>.**

句 *12:* Those people who are not able to provide economic assistance can work as volunteer to deliver services to those who need help, such as training or medical services.

改：“volunteer”是可数名词，要么加冠词，要么用复数；而“training or medical services”放在句末可能指代不清楚。

正：**Those who cannot provide financial support can work as <u>aid workers</u> and deliver services (e.g., training and medical service) to those <u>needy people</u>.**

句 *13:* In conclusion, we need to recognise the implications of international aid to those people suffer disasters, poverty and misfortunes.

改：句中有两个动词“need to recognise”和“suffer”。

正：**To summarise, we should realise the implications of international aid to those who are affected by disasters, poverty and misfortunes.**

句 *14:* We can deliver aid to other country to show compassion, although helping local beneficiaries are important.

改：“other”后面出现可数名词，应该加名词的复数；“helping” 动名词作主语，谓语动词应该用单数。

正：**We can deliver aid to other countries to show compassion, although helping local beneficiaries is important.**

◎ 论述的紧凑和连接（*Coherence and Cohesion*）

	所用连接词	功能
主体部分第一段	The main reason why...is that...	解释中心句
	We should recognise that...	引出原因
主体部分第二段	Despite...	引出相反的论点
	From my personal perspective...	自己的看法

Societies benefit from international tourism and business. To what extent do you agree or disagree?

◎ 解题（*Task Response*）

关键词："international tourism"

问题方式：观点类题目，建议使用两边讨论，也就是旅游业产生的"利益和问题"都要讨论。

◎ 结构和关键词（*Structures and Key Words*）

介绍段	
背景句	① 旅游业（tourism industry/tourist sector）最近几十年已经成为一个重要的行业，为很多国家带来一些前所未有的（unprecedented）机会。
改写题目或引出话题	② 然而，旅游业对这些国家的影响仍然是一个持续争论的话题（a source of constant debate）。
阐述立场	③ 这篇文章会详细描述（elaborate on）旅游业的正面和负面影响。
主体部分第一段	
中心句（经济：收入）	④ 旅游业对某些国家的意义有两点。首先，需要被认可的是，旅游业的发展刺激（stimulate）经济发展，通过产生大量的就业机会和增加外汇收入（foreign exchange/currency earnings）。
解释	⑤ 这个好处对于那些贫穷的国家特别有价值，那里的居民没有工作（jobless）、营养不良（malnourished）并且住房条件不好（ill-housed）。
举例	⑥ 旅游业也是很多行业发展的动力（driving force），如酒店、交通、通讯、零售和生产，这些行业都需要巨大的资金投入（capital investments）。
结果	⑦ 没有旅游业提供的收入，这些行业不可能发展并且经济增长将变缓慢。
附加观点（社会：文化）	⑧ 再者，旅游业为文化保护（preservation）提供了经济的刺激（incentives），因为一些有文化重要性的地方（places of cultural importance），如历史遗址，一直都是最为热门的去处（destinations）。
对比	⑨ 那些关注旅游业负面影响的人还要认识到旅游收入可以用来保护文化或者历史遗产（heritage），还有当地的景观（landscape）。
主体部分第二段	
中心句（社会：环境保护）	⑩ 不好的一方面是（on the negative side），环境的破坏是国际旅游业发展所产生（arise from）的一个问题。

解释	⑪ 建造基础设施（infrastructure）和旅游设施（tourism facilities），包括机场、道路、酒店和度假胜地 （resorts） 会破坏环境资源。
附加观点	⑫ 另外一个和旅游业有关联（associated with）的问题是它可能危及当地的文化。
解释	⑬ 游客的到来也会扰乱（disrupt）当地人的生活方式，他们放弃传统的生计（livelihoods）而从事旅游业工作。
第三个观点	⑭ 事实上，在很多地方，当地人并不是没有保留地接受旅游业（embrace…with open arms）。
结果	⑮ 因为缺乏对当地习俗的了解，游客可能会表现一些不礼貌的甚至是冒犯的（offensive）行为，这些行为会导致当地人的反感（unhappiness）甚至是敌意（hostility）。
结论段	
再次表明立场	⑯ 基于（in the light of）这些事实，我们可以得出一个结论：旅游业可以帮助一些国家获得经济的利益，尽管这些国家可能需要承担社会和环境的代价。
总结观点	⑰ 这些国家需要推广文化方面恰当的（culturally appropriate）活动，要求游客尊重当地的生活、传统和自然景观。

◎ 语言改进和语法知识（*Grammatical Range and Accuracy*）

句 *1:* In recent decades, tourism has became a important industry and has brought unprecedented opportunities to these countries.

改："become"的过去分词是它的原形；"important"前应该使用不定冠词"an"；后面的"has"可以省略。

正：In recent decades, tourism has become an important industry and brought unprecedented opportunities to these countries.

句 *2:* However, the influence of tourism to these countries is still a source of constant debate.

改：常与"influence"搭配的介词是"on"。

正：However, the impact of tourism on these countries remains a source of constant debate.

句 *3:* This article will elaborate on the positive and negative impacts of tourism.

改："article"一般指的是篇幅比较长的文章。

正：The essay will elaborate on both positive and negative effects of tourism.

句 *4:* The implications of tourism for some countries are twofold. Initially, it stimulate economic growth by generating enormous employment opportunities and increase foreign exchange earnings.

改：主谓不一致，“tourism”是单数；“increase”应该用动名词，和“generating”对称；“initially”常有“最开始”的意思，不是议论文的连接词。

正：The implications of tourism for some countries are two fold. First of all, it should be recognised that the development of tourism stimulates economic growth by generating enormous employment opportunities and increasing foreign exchange earnings.

句 *5:* This benefit is particularly valuable to those impoverished countries, which citizens have jobless, malnourished and ill-housed.

改：“which”使用错误，因为先行词“countries”在从句中充当主语“citizens”的定语；“jobless, malnourished”和“ill-housed”是形容词，因此应该使用系动词。

正：This benefit is particularly valuable to those impoverished countries, whose citizens are jobless, malnourished and ill-housed.

句 *6:* Tourism also provides a driving force for the development of various industries such as hospitality, transportation, communications, retail sales and manufacture, which requires large capital investments.

改：从句的主谓不一致，先行词是“industries”，可数名词的复数。“also”多余，因为这里不是新的观点。

正：Tourism provides a driving force for the development of various industries such as hospitality, transportation, communications, retail sales and manufacture, which require substantial capital investments.

句 *7:* Without the income is created by tourism, these businesses will not likely to develop.

改：“Without”是介词，后面不能加句子；谓语不完整，“be likely to”才是正确的表达。这个句子稍微有点简单，可以用个并列句拓展。

正：Without the revenues created by tourism, these industries are not likely to develop and the economic growth will be sluggish.

句 *8:* Tourism provides economic incentives for cultural preservation, because some place of cultural importance, for example, historic ruins are the most popular destinations.

改：主谓不一致，主语应该是“places”，可数名词的复数。

正：Furthermore, tourism provides economic incentives for cultural preservation,

because some places of cultural importance, e.g., historical sites, remain the most popular destinations.

句 *9:* People pay attention to disadvantages of tourism should know about that tourism can protect cultural heritage and landscape.

改：句中有两个动词，"pay attention to"和"know about"。

正：Those who express concerns about the negative effect of tourism should realise that tourism revenues can be used to protect cultural or historical heritage and also the local landscape.

句 *10:* On the negative side, destruction of the environment is one problem that arose from international tourism.

改：时态错误，不应该使用过去时"arose from"。

正：On the negative side, environmental desctruction is one problem that arises from international tourism.

句 *11:* The construction of infrastructure and tourism facilities (include airports, roads, hotels and resorts) will destroy environmental resources.

改："include"是个动词，应该改成"including"。

正：The construction of infrastructure and tourism facilities (including airports, roads, hotels and resorts) will destroy environmental resources.

句 *12:* Another problem that links with tourism is that it may threaten to the conservation of the cultural resources.

改："link"一般情况下是及物动词，应该改成"linked with"，和"associated with"的使用方法类似；"threaten"是及物动词。

正：Another problem associated with tourism is that it can threaten the local culture.

句 *13:* The inflow of tourists disrupts the lifestyle of local people, making them give up their traditional livelihoods and work in tourism industry.

改："industry"是可数名词，应该使用冠词。

正：The arrival of tourists can disrupt the life of local people, who abandon their traditional livelihoods and start to work in the tourism industry.

句 *14:* The fact that in many places, the local people do not embrace tourism with open arms.

改："The fact that"引导的是名词性从句，因此没有主句；"local people"是可数名词的复数，

这里不需要用定冠词特指。

正：It is also true that in many places, local people do not embrace tourism with open arms.

句 *15:* While lacking of understanding to the local culture, tourists may become impolite or offensive, and their behaviours can lead to local people's unhappiness or even hostility.

改：“While”是连词，一般引导从句，而这里没有从句；“behaviour”是不可数名词。

正：Due to a lack of understanding of local customs, tourists might display some impolite or even offensive behaviour, which can lead to local people's unhappiness or hostility.

句 *16:* In the light of these facts, we can come to the conclusion that tourism can help some countries reap benefit of economy, although these countries should accept social and environmental costs.

改：“of economy”改成“economic”；“should”表示“一定要”，而事实上未必，应该用“may”。

正：In the light of these facts, we can come to the conclusion that tourism can help some countries reap economic benefits although these countries may have to accept social and environmental costs.

句 *17:* These countries should promote culturally appropriate activities and require tourists show respect for the local life, traditions and natural scenery.

改：“require”这个词和“prompt, encourage, drive, educate, inspire, enable”这些词差不多，需要加“somebody to do something”。

正：These countries should promote culturally appropriate activities and require tourists to show respect for the local life, traditions and natural scenery.

◎ 论述的紧凑和连接（*Coherence and Cohesion*）

	所用连接词	功能
主体部分第一段	Firs of all, it should be recognised that...	引出第一个分论点
	Furthermore...	引出第二个分论点
主体部分第二段	On the negative side...	转折，引出一个相反观点
	Another problem associated with... is that...	引出第二个分论点
	It is also true that...	引出第三个分论点

English has become a universal language. Do you think that the positive effects of this trend outweigh negative effects?

◎ 解题（*Task Response*）

关键词：“English”，“universal language”

问题方式：观点类题目，两边讨论，“英文全球化”的“积极或者负面的影响”都要涉及，而不能只谈一方面。结论一定要表明个人立场。

◎ 结构和关键词（*Structures and Key Words*）

介绍段	
背景句	① 目前，英文作为世界语言的地位是无可比拟的（indispensable/irreplaceable）。
改写题目或引出话题	② 值得一提的是（it is worth mentioning that），英文的普及可能也有它的负面影响。
阐述立场	③ 在我看来，英文的领导地位（dominance）应该用积极的眼光（in a positive light）去看待。
主体部分第一段	
中心句（经济：资源）	④ 毫无疑问的是（it is unquestionable that），英文的广泛使用促进全球合作，因为语言的差异是人们在国际环境下（in the global setting）交流的最大障碍。
举例	⑤ 譬如，如果一个公司的财务报告是用英文写成的，那么任何懂英文的投资者都可以阅读这个公司的资料和了解这个公司的运作（operation），不管他们的母语（first language）是不是英文。
解释	⑥ 这就是英文已经被很多国际性会议和科研机构（academic groups）确定为主要的语言的原因。
解释	⑦ 世界上大概 80% 的网站是通过英文发布信息的。
结果	⑧ 毫不夸张地说 （It would be no exaggeration to say that），人们很难在这个全球化社会里生存，如果他们不懂得说英文。
对比	⑨ 反之，那些能够熟练说两种语言 （母语和英语）的人可以很容易找到工作、收集信息和在世界各地旅行。
主体部分第二段	
中心句（社会：传统）	⑩ 尽管英文对于全球化有巨大的贡献，但是它被认为是语言多元化消失的罪魁祸首（culprit）。
解释	⑪ 这个看法主要基于一个事实（the idea lies in the fact that）：很多学习英文的人，譬如移民到英文国家的人们，说母语会越来越少。
解释	⑫ 同样应该注意的是（it should also be noted that）英文作为国际媒体的主要语言，会将英文国家的生活方式、价值观和信仰传输到世界不同的地方。

结果	⑬ 这有可能会影响世界的文化多元化（cultural diversity）。
转折	⑭ 尽管这样，我深信（I am convinced that），英文可以消除语言障碍（bridge the language gap），将一些弱势文化（minority culture）介绍给全世界，从而很好地保护这种文化。
结论段	
再次表明立场	⑮ 综上所述，英文在来自不同国家的人们的交流和合作中扮演着至关重要的角色。
总结观点	⑯ 尽管有人怀疑（suspect）英文会危及一些小语种（minority language），但是这种怀疑并没有根据。而事实是（the reality is that）英文有时候可以帮助我们去保护文化遗产。

◎ 语言改进和语法知识（*Grammatical Range and Accuracy*）

句 *1:* Present day, the role of English as a worldwide language is indispensable.

改：没有“Present day”和“worldwide language”这两种说法。

正：Today/At the present time, the role of English as a global language is indispensable.

句 *2:* It is worth noting that English might has its negative effect.

改：“might”后要加动词原形。

正：It is worth mentioning that the prevalence of English worldwide might have its negative effect.

注：希望拿高分的考生，可以将句子 1 和句子 2 连在一起，这样在句子变化上可以加点分。Today, the role of English as a global language is indispensable, but it is worth mentioning that the prevalence of English worldwide might have its negative effect.

句 *3:* In my opinion, English's dominance can view in a positive light.

改：“view” 应该用被动语态。

正：In my opinion, English's dominance can be viewed in a positive light.

句 *4:* It is unquestionable that the extensive use of English worldwide promotes international cooperate, as different languages is the biggest barrier between people's communication in the global setting.

改：“cooperate” 是动词，不能充当“promotes” 的宾语；介词使用错误，“barrier/obstacle”后面的介词是“to”。

正：It is unquestionable that the extensive use of English worldwide helps promote international cooperation, as language constitutes the biggest barrier to people's communication in the global setting.

句 *5:* For instance, if the financial report of a company is written in English, any investors who have a good command of English can read materials related to this company and know about its operation regardless of their native language.

改：“any”这个词后面一般是可数名词单数；“know about”不是很正式。

正：For example, if a company's financial statements are written in English, any investor who has a good command of English is able to read this company's documents and understand this company's operation, whether or not English is their first language.

句 *6:* That's why English had been recognised as the first language by many international conferences and academic groups.

改：时态错误，应该使用现在完成时态。

正：That's why English has been identified/regarded/recognised/acknowledged as the main language by many international conferences and academic groups.

句 *7:* Using English to publish information accounts for 80% of the websites in the world.

改：使用“account for”的时候，主语一般不是动名词。

正：Around 80 per cent of websites in the world present their information in English.

注：希望拿高分的考生，可以将句子 6 和句子 7 连在一起，这样在句子变化上可以加点分。That's why English has been identified as the main language by many international conferences and academic groups and also by 80 per cent of websites in the world when presenting information.

句 *8:* It would be no exaggeration to say that people are difficult to survive if do not speak English.

改：“difficult”不能修饰“people”；“if”后面应该是完整的句子，而这句话缺少主语。

正：It would be no exaggeration to say that those who do not speak English find it difficult to survive in the global community.

句 *9:* By contrast, those people speak two languages (native language and English) fluently are easy to find jobs, collect informations and travel overseas.

改：“easy”不能修饰“people”；“informations”是不可数名词。

正：By contrast, people who have proficiency in two languages (English plus their native language) can easily find jobs, collect information and travel overseas.

句 *10:* Although English has made remarkable contribution to globalisation, but it is considered the culprit of language diversity disappears.

改：“Although”和“but”不能连用；“of”这个介词后面不能出现句子，而“disappears”是个动词。

正：**Despite the contribution of the English language to globalisation, it is considered the main culprit of the loss of language diversity.**

句 *11:* This argument is based on the fact that many English learners, such as those who move to a English-speaking country are likely to forget their native language.

改：“English-speaking”是元音开头的单词，冠词用“an”。

正：**The idea lies in the fact that many English learners, such as those who move to English-speaking countries, speak their native language less frequently.**

句 *12:* It should also be noted that English, as the favourite language for international mediums, conveys English-speaking countries' lifestyles, values and beliefs to throughout the world.

改：“mediums”应该是“media”；“to”在这里是介词，后面不能加另外一个介词“throughout”。

正：**It should also be noted that English, as the favourite language for international media, conveys English-speaking countries' lifestyles, values and beliefs to different parts of the world.**

句 *13:* It might be affect the world's cultural diversification.

改：“be”多余，去掉。

正：**It might affect the world's cultural diversity.**

句 *14:* However, it is worth emphasising that English bridges language gaps, introduces some weak cultures to the world, protects these cultures well.

改：“bridge”和“introduce”是并列的关系，而“protect”是结果。在这里，使用“however”使连接不够通顺。

正：**In spite of this, I am convinced that English is able to bridge the language gap and introduce minority cultures to the world, thereby protecting these cultures.**

句 *15:* In conclusion, English plays a vital role to communicate and cooperate.

改：“play a vital role”后面一般加介词“in”。

正：**In conclusion, English plays a vital role in communication and cooperation among people from different countries.**

句 *16:* Despite people claim that English threats some minority languages, this claim is not supported with evidence. But the reality is that English sometimes assists us to protect cultural heritage.

改：“Despite”是介词，后面不能加句子；“but”一般不放在句首；“assist somebody in doing something”是固定的用法。

正：**Although some people suspect that English will endanger some minority languages, this claim is not supported with evidence. The reality is that English sometimes assists us protecting cultural heritage.**

◎ 论述的紧凑和连接（*Coherence and Cohesion*）

	所用连接词	功能
主体部分第一段	It is unquestionable that...	引出论点
	For example...	举例
	That's why...	引出结果或者总结
	It would be no exaggeration to say that ...	引出结果或者肯定之前的观点
	By contrast...	对比
主体部分第二段	Despite...	转折，引出相反观点
	The idea lies in the fact that...	引出原因
	It should also be noted that...	引出第二个分论点
	In spite of this, I am convinced that...	折中段段末的转折

第2类　政府

概述

政府的投资主要有以下用途：

（1）国防（defense），保护一个国家免受攻击或者其他威胁（protect a country against attack or other threats）。

（2）法律和公共秩序的实施（enforcement of law and public order），还有政府的运作（operation of government）。

（3）社会保障（social security），医疗保健系统（health care systems）。

（4）福利（welfare），为那些不能够自给自足的人（people who are unable to support themselves alone）提供经济援助（financial assistance），比如有工作的母亲（working mother）和想读大学的学生（students to attain tertiary education）；政府援助在这一方面是重要的，可以帮助有需要的人获得高一点儿的收入（gain more income），最终可以不依靠福利（eventually get out of welfare）。退休和残疾人的福利（retirement and disability benefits），失业工人的福利（unemployment benefits）。

（5）公共交通（public transportation），公共服务（public services）。

政府的资金主要来自税收（taxes）、借款（government borrowing）或者国际援助。

和政府投资相关的争执主要集中在关键行业 (essential sectors) 和非关键行业 (non-essential sectors)，前者是为了公众的方便，可以带来直接和明显的好处（immediate and tangible benefits），包括教育和医疗保健；而后者所带来的好处是精神上的（spiritual needs），包括娱乐，可以给人们带来情感上的快乐（emotional wellbeing）。

政府类题目主要是关注政府政策对公民的影响。

6 个典型话题

Many countries spend a lot of money in art. Some people think investment in art is necessary, but others say money is better spent public services and facilities. Discuss both these views and give your own opinion.

◎ 解题（*Task Response*）

关键词："public services and facilities"，"investment in art"

问题方式：论述类题目，必须两边讨论，"公共设施"和"艺术项目"都要涉及。结论一定要表明个人立场。

◎ 结构和关键词（*Structures and Key Words*）

介绍段	
背景句	① 政府对艺术的赞助（government sponsorship）是一个有争议的话题，特别在国家遇到预算问题的时候。
改写题目	② 反对（object to）资助艺术的人认为钱应该花在公共设施的修建上。
阐述立场	③ 我觉得（I am of the opinion that）政府需要考虑公民的利益，然后调整在艺术或者公共设施的花费。
主体部分第一段	
中心句（社会：文化）	④ 意识到这么一点是重要的（it is important to realise that）：艺术是文化遗产（legacy）的一个重要组成部分，因此，艺术的保护和发展对于文化多样性（cultural diversity）有着重要的意义。
举例	⑤ 譬如，就绘画而言，不同的文化有不同的方式、流派（genres）、工具和材料。
结果	⑥ 如果不加以保护，一种艺术形式（art form）可能因此消失。
主体部分第二段	
相反的观点	⑦ 虽然艺术如此重要，公共设施很多时候比艺术更应该获得（deserve）政府的资助。
解释	⑧ 普通公民对公共设施（如水电供应、学校、图书馆、道路）更感兴趣，这些设施对他们日常生活有直接的影响。
对比	⑨ 相比之下，对于大部分人来说，雕塑、绘画或者歌剧是奢侈品（luxury items），不可能给他们带来什么实际的（tangible）好处。

总结	⑩ 因此，没有太多理由（it is pointless to）支持将公共资金用于这个用途，如果基础设施资金不够（underfunded）。
主体部分第三段	
自己的观点	⑪ 我个人觉得艺术还是应该得到公共资金，因为它提高了建成环境的吸引力，体现在建筑和园林设计（landscaping）的多样性上。
原因	⑫ 如果我们每天生活接触美丽的（visually attractive）东西，那么我们会享有平静的心态 (peace of mind)，对生活的满意度也更高。
结果	⑬ 人们也因此会少点攻击性的行为还有反社会行为，对于社区的凝聚力（community cohesion）也是有帮助的。
结论段	
再次表明立场	⑭ 根据上面所陈述的事实，政府投资在艺术上对于文化多元性和建成环境的视觉吸引力很重要。
总结观点	⑮ 然而，对于一些基础设施还不够完备的（inadequate）国家，艺术的花费可能是合理的。

◎ 语言改进和语法知识（*Grammatical Range and Accuracy*）

句 *1:* The government sponsorship for art is a controversial issue, especially when they encounter the budget problem.

改：“they”指代不清。

正：Government sponsorship for arts is a controversial issue, especially when the state is confronted with budget problems.

句 *2:* However, some people oppose funding art argue that the government should spend money on construction of public facilities.

改：句中有“oppose”和“argue”两个谓语动词。

正：Those who object to public funds for arts believe that money should be diverted to the construction of public facilities.

句 *3:* I am of the opinion that the government should take citizens' benefits into consideration and change the cost of spending on art or infrastructures.

改：“cost of”多余。

正：I am of the opinion that the government should take citizens' benefits into consideration and adjust the spending on art or infrastructures accordingly.

句 *4:* It is important to realise that art is the key part of cultural legacy; therefore, it is meaningful to conserve the art for the cultural diversity.

改："art"和"cultural diversity"一般不需要加定冠词。

正：It is important to realise that art is an essential component of cultural legacy, so the protection and development of art has important implications to cultural diversity.

句 *5:* For example, painting in different culture have a range of styles, genres, tools and materials.

改："different"后面的可数名词一般用复数；"differ from culture to culture"的表达更为常见。

正：In terms of painting, for example, styles, genres, tools and materials differ from culture to culture.

句 *6:* If we did not protect it, a form of art would be disappeared.

改："it"指代不清；"disappear"是不及物动词，没有被动语态。

正：An art form is likely to disappear, if it is not well protected.

注：这句话稍显简单，可以加个并列句。If not well protected, an art form is likely to disappear and we would live in a mundane world.

句 *7:* Although arts are very important, but we observe public facilities should get more subsidy than arts from governments.

改："Although"和"but"不能同时使用；"subsidy"是可数名词，要么用复数，要么加冠词；要么是"the arts"，要么是"art"。

正：Despite the importance of art, public facilities deserve more of government spending than art.

句 *8:* Citizens are more interested in the availability of public facilities, such as, water and electricity supply, schools, libraries and roads, these facilities have a direct impact on their daily lives.

改："such as"后面一般不需要加逗号；"citizens are..."和"facilities have..."这两个独立的单句之间没有连词。

正：Citizens are interested in the availability of public facilities, such as water and electricity supply, schools, libraries and roads, which have a direct impact on their daily lives.

句 *9:* By contrast, for most people, sculptures, paintings or operas are luxury items, which cannot bring any tangible benefits to them.

改："any"后一般加名词单数。

正：By contrast, for most people, sculptures, paintings or operas are luxury items, which cannot bring any tangible benefit to them.

句 *10:* Hence, it is pointless to support public funds to be used in this project, if the budget of infrastructure is underfunded.

改：“support”的宾语是“使用”而不是“公共资金”；“the budget of”多余。后面的从句有点单调，可以加个并列句拓展。

正：**Therefore, it is pointless to support the use of public funds for this purpose, if basic facilities are underfunded and ill-equipped to meet public needs.**

句 *11:* I personally think that arts also improved the environment attractive, which is reflected in architecture and gardening design.

改：“improved”是一般过去时，应该用一般现在时；“attractive”是形容词，不能作动词“improve”的宾语。这是中心句，最好出现题目的关键词，譬如“investment”还有“spend”，或者这些关键词的近义词，譬如“get public money”。

正：**I personally think that the arts should get public money, because it boosts the appeal of the built environment, reflected in the diversity of architecture and landscaping.**

句 *12:* If we contact visually attractive things everyday, we can enjoy peace of mind and feel an increased level of satisfactory with life.

改：“contact”中国式英文；“things”口语化，换个表达；“everyday”是个形容词，不能修饰句子；“of”是介词，后面要加名词，而“satisfactory”是形容词。

正：**If we are exposed to visually attractive objects every day, we can enjoy peace of mind and feel an increased level of satisfaction with life.**

句 *13:* People will be less likely to commit violent or anti-social behaviours, and this is beneficial to community cohesion.

改：“behaviour”是不可数名词，前面不需要加定冠词，不需要特指。

正：**People will be less likely to commit violent or anti-social acts, and this is beneficial to community cohesion.**

句 *14:* According to the above statements, government invests in arts which helps to protect cultural asset and environment attractions.

改：原句的重心是“投资对……重要”，而不是“投资”；“statements”是言论或者讲话的意思，在这里不恰当，这里是强调观点。

正：**In the light of the facts outlined above, government investment in the arts is essential to cultural diversity and the visual appeal of the built environment.**

句 *15:* However, in those countries which infrastructure is inadequate, government funding for the arts may have to be reduced.

改：“which”使用不当，在这里应该用“whose”，因为先行词“countries”充当从句主语“infrastructure”的定语。

正：**However, in those countries whose infrastructure is inadequate, spending cuts on the arts are justifiable.**

◎ 论述的紧凑和连接（*Coherence and Cohesion*）

	所用连接词	功能
主体部分第一段	It is important to realise that ...	引出论点
	...for example...	举例
主体部分第二段	Despite...	转折，引出相反观点
	By contrast...	对比
	Therefore...	表示结果
主体部分第三段	I personally think that...	引出个人观点

Instead of asking the government to bear the cost of higher education, students should pay tuition fees themselves. Do you agree or disagree with this statement?

◎ 解题（*Task Response*）

关键词："government"，"tuition fees"，"students"

问题方式：观点类题目，建议使用两边讨论；"政府投资"或者"学生付学费"都需要讨论。

◎ 结构和关键词（*Structures and Key Words*）

介绍段	
背景句	① 政府长期以来都是大学教育的主要赞助人（funder）。
改写题目	② 那些支持政府投资教育的人认为有一些学生因为学费高昂而不能入学。
阐述立场	③ 我的个人看法（my view is that）是在政府考虑是否提供免费教育之前，需要考虑学生的个人处境。
主体部分第一段	
中心句（社会发展）	④ 值得一提的是（it is worth noting that）大学教育是解决收入差距的关键。
解释	⑤ 有很多学生，特别是来自低收入家庭的学生，很难支付学费。
举例	⑥ 譬如，想读法学或者医学的学生可能要花好几年在大学上，换句话说，这对于他们来说是一个昂贵的选择。
结果	⑦ 因为资金不足（financial constraints），家庭背景不好的人（of low socio-economic status）在教育机会和职业发展上会吃亏（at a disadvantage）。
结果	⑧ 如果政府提供免费的教育，来自贫穷家庭的小孩就能够进入大学，并且在未来能够找到合适的工作。

结果	⑨ 这样就可以缩小社会分化（social divide），产生一个富裕的国家。
主体部分第二段	
中心句 （个人局限）	⑩ 虽然政府资助可以鼓励人们接受高等教育，但是也可能造成公共资源的浪费。
解释	⑪ 免费的教育可能是很多学生不想尽早（at the earliest date）完成课程和就业的一个原因。
结果	⑫ 这不仅增加国家的负担，也会影响国家在其他项目（如小学和中学教育）上的花费。
其他结果	⑬ 另一个问题是，因为经费的压力，大学不能够提高设施和聘请好的讲师，这对学生的学术成就也会有负面影响。
结论段	
再次表明立场	⑭ 综上所述，政府应该根据学生的需要提供资助（financial support），以确保他们有接受教育的机会（access to education）。
总结观点	⑮ 然而，收取学费应该适用于大部分学生，特别是来自中高收入家庭的学生，因为这有助于维持高等教育的质量。

◎ 语言改进和语法知识（*Grammatical Range and Accuracy*）

句 *1:* The government are the sponsor of university education for a long time.

改：“for a long time”这样的时间状语出现的时候，时态是现在完成时。

正：The government has long been the major funder of university education.

句 *2:* These people who support the government increases college education investment think that the high tuition fee is the reason why some students cannot go to university.

改：动词“support”后只能加名词作宾语，而不可能加句子“the government increases...”。

正：Those people who support government spending on education think that some students do not enrol because of learning costs.

句 *3:* Students' scenarios should be considered before the government decides if free education should be provided.

改：“if”在引导宾语从句的时候表示“是否”的含义，需要使用“whether”。

正：My view is that students' personal situations should be considered, before the government decides whether to offer free education.

句 *4:* It is worth noting that university education is the key to solve income gaps.

改：“the key to”的“to”是介词，后面应该加名词或者动名词；“solve income gap”不是一个习惯搭配。

正：It is worth noting that university education is the key to closing/bridging the income gap.

句 *5:* There was a lot of students, especially those came from a low income family, suffered from paying the tuition fee.

改：时态错误，应该使用现在时态；句中有“was”和“suffered”两个动词。

正：There are numerous students, especially those from low income families, who cannot afford educational expenses.

句 *6:* For example, a student who wants to study law or medical science may spend many years in the university, which is an expensive choice for them.

改：“a student”和“them”不一致；定语从句“which is an expensive choice”没有清晰的先行词。

正：For example, students who study law or medical science may spend many years in the university, and in other words, university education is an expensive option to them.

句 *7:* People of low socio-economic status may at a disadvantage in education and occupation due to the financial constraints.

改：“the”多余，因为这里不需要特指。

正：Because of financial constraints, people of low socio-economic status are at a disadvantage in terms of educational opportunities and career development.

句 *8:* If the government provides a free access to education, children from disadvantaged backgrounds can receive education and find decent jobs.

改：“receive education”和前面的表达略显重复；“access”是不可数名词。

正：If the government provides free access to education, children from disadvantaged backgrounds can get into the college and find decent jobs in future.

句 *9:* This can close the income gap between rich and poor and create a rich country.

改：“close the income gap between rich and poor”前面已经用过，可以换个表达；“rich”稍显普通，可以换个表达；“income gap”是固定搭配。

正：This can close the social divide and create a prosperous country.

句 *10:* Even though the government's support can inspire people to receive tertiary education, but it can also cause the waste of public resources.

改：“Even though”和“but”两个连词不能在一个句子里同时出现。

正：Even though government sponsorship can inspire people to receive tertiary education, it can also cause the waste of public resources.

注：题目问的是学生是不是自付学费，因此在这里要出现类似的字眼，否则会在"task response"上失去分数，所以上面一句话可以改成：On the other hand, it can cause the waste of public resources, if university students are exempt from charges.

句 *11:* Free education is likely to become a reason for many students are unwilling to finish their courses and find a job.

改："for"是一个介词，不能加从句，应该改成"why"。

正：Free education may be a reason why many students are reluctant to complete their courses and enter the workforce at the earliest date.

句 *12:* It is not only adding an extra burden on the government but also affecting the government spending on primary and secondary schools' education.

改：不应该使用现在进行时（强调一个正在发生的事情），而应该使用一般现在时（强调一个事实）。

正：It not only adds/imposes a burden on the country but also affects state funding for other sectors (e.g., primary and secondary education).

句 *13:* Because have financial pressures, universities can not upgrade facilities and recruit well-qualified lecturers, which can have a negative impact on students' academic achievement.

改："because"是个连词，应该改成"because of"，后面要加名词；"can not"应该是一个单词"cannot"；这个句子事实上是另外一个结果，可以加个连接结构。

正：Another problem is that, because of financial pressures, universities cannot upgrade facilities and recruit well-qualified lecturers, which can have a negative impact on students' academic achievement.

句 *14:* To conclude, government should give support to students based on their own financial situations, so that everyone has a chance to receive education.

改："government"是可数名词，前面要加定冠词；"own"这个形容词多余。

正：To summarise, the government should provide financial support according to students' needs to ensure that they have access to education.

句 *15:* However, it seems ok to charge tuition fees to a majority of students, especially those who come from medium and high income families, as it helps maintain the education qualities.

改："it seems ok"过于口语化；"medium and high income families"表达不正确。

正：**However, tuition fees are applicable to most students, especially those from middle to high income families, as it helps maintain the quality of tertiary education.**

◎ 论述的紧凑和连接（*Coherence and Cohesion*）

	所用连接词	功能
主体部分第一段	It is worth noting that...	引出论点
	For example...	举例
主体部分第二段	On the other hand...	转折，引出相反观点
	...may be a reason why...	解释原因
	Another problem is that...	引出第二个分论点

Some people say that the government should ensure that people lead a healthy life, while others believe that individuals should have their own choices. Discuss both views and give your opinion.

◎ 解题（*Task Response*）

关键词："government"，"healthy life"，"individuals"，"own"

问题方式：论述类题目，必须两边讨论，"政府决定人的生活方式"的"公民自己决定"都要涉及，而不是只谈一方面。结论一定要表明个人立场。

◎ 结构和关键词（*Structures and Key Words*）

介绍段	
背景句	① 引领一种健康的生活方式之所以重要，因为它和人们的尊严（dignity）和幸福有很大的关系。
改写题目	② 有人认为（it is suggested that）人们不大可能采纳健康的生活方式，除非政府采取一些行动。
阐述立场	③ 我的看法是虽然政府的指引和影响（intervention）非常重要，生活方式还是应该由人们自己决定。
主体部分第一段	
中心句 （社会：价值）	④ 有理由认为，如果人们可以自由地选择自己的生活方式，这体现了尊重人的基本权利。
解释和举例	⑤ 如果一个人总要想着（obsessed with）如何遵循政府规定，那么他们会生活在很大的压力之下。

结果	⑥ 虽然鼓励人们吃蔬菜和平衡饮食，但是这不代表着（it does not mean that）法律要规定蔬菜在饮食中（in diet）的比重。 ⑦ 这不仅对他们的健康有害，也会引起他们对政府的反感。
主体部分第二段	
中心句（个人行为）	⑧ 在另一方面，政府在某些行为上施加约束是非常重要的， 特别是那些被公认为不健康的行为。
解释	⑨ 这是由于选择一个事实：很多人很难约束自己并且不能克服许多不健康的习惯。
举例	⑩ 譬如，抽烟有害健康一直广为人知，但是很多人还是戒烟困难。
结果	⑪ 结果就是(the consequence is that)他们的行为不仅伤害自己的健康，也会危及身边的人。 ⑫ 他们对医疗系统的依赖会造成资源滥用（overconsumption）和对纳税人的金钱有更高的需求，这对于其他那些注意健康生活习惯的人是不公平的。
结论段	
再次表明立场	⑬ 总的来说，我认为一个人选择生活方式的自由需要被保护，只要这不影响（interfere with）其他人。
总结观点	⑭ 政府的主要角色是提供信息，而不是限制公民的行为。

◎ 语言改进和语法知识（*Grammatical Range and Accuracy*）

句 *1:* Healthy lifestyle is very important because it relevant to dignity and happiness.

改：“lifestyle”是可数名词，应该有冠词；“relevant”是形容词，因此从句缺乏谓语动词。

正：<u>Leading a healthy lifestyle</u> is important because it is closely correlated with one's dignity and wellbeing.

句 *2:* It is suggested that people are unlikely to adapt to healthy lifestyle, only if the government take some effective measures.

改：“adapt to”意思是“适应”，应该改成“adopt”（采纳）；“only if”不恰当，改成“unless”；“government”是可数名词单数，主谓不一致。

正：It is suggested that people are unlikely to adopt healthy lifestyles, unless the government takes some actions.

句 *3:* However, the lifestyle ought to be decided by people, the government's guidance and intervention is very important though.

改：“though”一般在口语中才会出现在句子的末尾。

正：**My view is that the lifestyle should be decided by people themselves, despite the importance of the government's guidance and intervention.**

句 *4:* Some people think that people can choose their lifestyles freely reflects the respect for basic human rights.

改：“people can choose their lifestyles freely”是一个句子，不能充当另外一个句子的主语；句子里两个“people”，产生歧义。

正：**It is reasonable to argue that if people can choose their lifestyles freely, it reflects the respect for basic human rights.**

句 *5:* If people always need to be obsessed with how to behave under the government policy, they will live in large pressure.

改：“under”改成“follow”或者“comply with”，表示“遵守”；“pressure”一般和介词“under”连用；这句话也是用“if”，和上面一句话重复，可以修改。

正：**People who are obsessed with how to comply with government regulations will live under tremendous pressure.**

句 *6:* Although people are encouraged to eat vegetable, it does not mean that laws should be specify the proportion of vegetable in diet.

改：“vegetable”是可数名词，在这里应该用复数；“be”多余；这句话在“eat vegetables”后面加个词伙，加点词汇分。

正：**Although people are encouraged to eat vegetables and adopt a balanced diet, it does not mean that laws should specify the proportion of vegetables in diet.**

句 *7:* It is not only harmful to their healthy, but also cause their resentment against the government.

改：“not only...but also...”的句子结构要对称；“it...cause”主谓不一致；“healthy”是形容词，要改成名词。

正：**It not only poses a threat to their health, but also causes their resentment against the government.**

句 *8:* On the other hand, the government imposes restriction on some behaviours is very important.

改：“the government imposes...”是个句子，不能充当另外一个句子“...is very important”的主语；不应该用“imposes”，意指这个事情正在发生，而事实上想说的是一个建议，所以是“should”；“behaviour”很多时候不是可数名词；这个句子稍显单调，可以加个定语从句。

正：**On the other hand, it is important for the government to impose restrictions on some habits, especially those that are widely believed to be damaging.**

句 *9:* There is no denying that most of people cannot control their behaviours.

改：“most of people”没有这个说法；“cannot”表示“不能”，而原文表示“很难”； 这句话和前面一句话联系不密切，可以将“there is no denying that”去掉。

正：This is due to the fact that most people have difficulty in disciplining themselves and cannot refrain from some unhealthy habits.

句 *10:* For example, it is a common knowledge smoking is harmful to people's health but there still have many people smoking.

改：“it is common knowledge (that)”是习惯表达；没有“there have”这种表达。

正：For example, it is common knowledge smoking is harmful to people's health but many people have problems ceasing smoking.

句 *11:* The consequence is that their behaviours not only hurt themselves but have a side effect on others.

改：“not only...but also”是固定搭配，表示“不仅，而且”；behaviour 是个不可数名词。

正：The consequence is that their behaviour not only damages their own health but also has an adverse effect on others.

句 *12:* They depend on the medical system will cause the overconsumption of resources, which is unfair to those who pay attention to the healthy lifestyle.

改：主句中有“depend on”和 “cause”两个动词；定语从句里最好不要再出现定语从句，而“which”和“who”引导了两个嵌套的定语从句。

正：Their reliance on medical care leads to overconsumption of resources and a higher demand for the use of taxpayers' money; this is unfair to those who follow healthy habits.

句 *13:* Generally speaking, the right of a person choosing lifestyle need to be protected, as long as it does not interfere with others.

改：“the right to do something”是固定搭配；“right”是名词单数，主谓不一致；在“discuss both views and give your opinion”题目中，结论要表达自己个人看法。

正：Overall, I believe that one's freedom to choose lifestyles should be protected provided that it does not interfere with other people.

句 *14:* The main role of the government is to offer information rather than confining people's behaviours.

改：“confining people's behaviours”（动名词 + 宾语结构）和“to offer information”（不定式结构）不对称；“confine”表示“禁锢”的意思，用词不当。

正：The primary role of the government is to provide information rather than to regulate citizens' behaviour.

注：如果学生担心主体部分字数不够，那么可以在结论稍微延长一下段落。The primary role of the government is to provide information rather than to regulate citizens' behaviour. This is important especially when citizens do not realise the health consequences of their habits and their problems can put pressure on the health service.

◎ 论述的紧凑和连接（*Coherence and Cohesion*）

	所用连接词	功能
主体部分第一段	It is reasonable to argue that...	引出论点
主体部分第二段	On the other hand...	转折，引出相反观点
	This is due to the fact that...	解释原因
	For example...	举例
	The consequence is that...	结果

The society is based on rules and laws. The society would not function well if individuals were free to do whatever they want. To what extent do you agree or disagree?

◎ 解题（*Task Response*）

关键词："society"，"function"，"rules and laws"，"free"

问题方式：观点类题目，建议使用两边讨论，"法律可以促进社会运转"和"法律可以阻碍社会运转"都要涉及，而不是只谈一方面。此题很多考生的常犯错误是忽略"社会运转"这个关键词，论述中最后只是讨论法律的优劣，导致偏题。

◎ 结构和关键词（*Structures and Key Words*）

介绍段	
背景句	① 法律指的是那些实施（imposed on）在人们身上的规则。
改写题目	② 虽然法律在规范（regulating）人们行为上非常重要，但是很多人认为它约束（restricts）了个人的自由。
阐述立场	③ 我觉得有必要全面地（comprehensive）了解法律在社会里的作用和其弊端。
主体部分第一段	
中心句 （社会：关系）	④ 无可辩驳的一个事实是（It is an undeniable fact that）：法律让社会成员知道（inform somebody of something）整个社会所认可（recognise）的规则。

解释	⑤ 制定（formulating）法律的关键点（essential point of ...is that）是法律会防止人们去做一些伤害别人的事情。
解释	⑥ 任何不遵守（comply with）法律的人都会受到惩罚，因此法律有助于建立和谐社会（harmonious society）。
举例	⑦ 譬如，人们会因为嫉妒、贪婪或者怨恨（hatred）而去抢劫和杀人。
对比	⑧ 如果这些行为因为个人自由（on the grounds of personal choice）而被接受的话，那么会损害别人的利益。
额外的观点	⑨ 很多道德准则的存在，譬如，那些强调诚实、忠诚和慈悲心（compassion）的准则，可以增强社会的凝聚力（social cohesion）。
主体部分第二段	
中心句（个人：福利）	⑩ 然而，有时候，法律无可避免地会侵犯（infringe upon）个人自由，甚至会阻碍（hamper）社会的发展。
举例	⑪ 譬如，一个国家如果对商业实施很多的限制，那么商业活动将会不够活跃。
举例	⑫ 高收入人群（high income earners）要交（subject to）很高的收入税，他们可能就没有动力（motivation）去付出更多的努力，提高他们的收入。
举例	⑬ 此外，在社会中某些个人自由如言论自由（freedom of speech）受限制则不能允许听到不同的声音，也不能迅速地解决社会问题。
结论段	
再次表明立场	⑭ 认为社会没有了法律和制度就不能够很好地运转是合理的（it is reasonable to conclude that）。
总结观点	⑮ 虽然法律不能让人的行为随心所欲（act at will），其主要目的是为了创造一个大家可以和谐生活的社会。

◎ 语言改进和语法知识（*Grammatical Range and Accuracy*）

句 *1:* Law is that the rule imposed on human beings.

改：“law”和“rule”指具体的法律条文和规则时为可数名词，要么用复数，要么加定冠词“the”。

正：Laws refer to the rules imposed on human beings.

句 *2:* Although the law is very important to regulate the human's behaviour, many think it restricts individual's freedom.

改：“important”这个词后面的“to”是介词，不能加动词原形；“think”后接宾语从句，需要加“that”。

正：Although the law is important in regulating people's behaviour, many people argue that it restricts individuals' freedom.

句 *3:* I think it is necessary for us to understand the functions of law in society and its disadvantages.

改："think"后接宾语从句，需要加"that"。

正：**I think that it is necessary to gain a comprehensive understanding of the functions of law in society and its demerits.**

句 *4:* It is an undeniable fact that the law informs citizens of the recognized rules.

改："recognize"是美国式拼写；"recognised"最好改成一个定语从句。

正：**It is an undeniable fact that the law informs citizens of the rules that are recognised by the whole society.**

句 *5:* The essential point of formulating law is that it can prevent people from using it do harm to others.

改："it"指代不清楚；从句中有"prevent"和"do"两个动词。

正：**The essential point of formulating laws is that laws can prevent one from engaging in actions that are harmful to other people.**

句 *6:* Anyone will get punished, if they do not conform with the laws. Therefore, it is helpful to establish the harmonious society.

改：" conform to"和" comply with"是固定搭配；"anyone"和"they"不一致。

正：**Anybody who fails to comply with laws will be punished/sanctioned, so the law helps establish a harmonious society.**

注：在这句话里，可以加上一些题目关键词的近义词，从而让段落和题目联系更近。Anybody who fails to comply with laws will be punished/sanctioned, so the law helps establish a harmonious society, in which individuals fulfil their roles as responsible members of society.

句 *7:* For example, people may plunder and murder because of jealous, greedy and hatred.

改："犯……错"用"commit"；"抢劫"用"commit robbery"；"greedy"是形容词，它的名词是"greed"。

正：**For example, people may commit robberies and murders because of jealousy, greed and hatred.**

句 *8:* If those actions can be defined as freedom, it will destroy others interest.

改："others"是名词性的代词，不能修饰"interest"。

正：**If these actions were accepted/permitted on the grounds of personal choice, it would be detrimental to other people's interest.**

句 *9:* However, there are many ethical standards, such as emphasise honest, loyalty and compassion, which are propitious to the social cohesion.

改：“However”错误，这里并没有转折的意思；“such as”这个词后面只能加名词（在某些时候，可以加动名词）。

正：It is also true that many ethical standards, such as those standards that emphasise honesty, loyalty and compassion, enhance/improve/increase social cohesion.

句 *10:* Nevertheless, laws sometimes are inevitable to restrain human's freedom, even to obstruct the development of society.

改：副词“inevitably”修饰动词“restrain”，如果使用形容词“inevitable”，修饰的是“laws”，很明显不恰当。

正：Nevertheless, laws sometimes inevitably infringe upon human's freedom and even hamper/hinder/obstruct social development.

句 *11:* For instance, if one country has many limits on the business activities so that the business market cannot be active.

改：“if”和“so that”两个连词不应该出现在同一句子；“cannot”（表示“不能够”）应该改成“will not”（表示“不会”）。

正：For instance, if one country has many restrictions on the business world, the business activity will not be active/brisk.

句 *12:* If high income earners have to pay a large amount of income tax, they are unlikely to have motivation to work harder and raise income.

改：“raise”表示“提升”，一般加“price/rate/money”这样的词；这句话的结构和上面一句话很类似，可以换一下，增加句子变换性。

正：High income earners who are subject to high income tax rates may lack motivation to make greater efforts to increase their income.

句 *13:* In addition to, laws should protect some personal freedoms, such as the freedom of speech, therefore, the society can have different voices heard and solve problems more efficiently.

改：“In addition to”介词词组，后面需要加名词；“therefore”副词，不能连接两个独立单句；这句话在逻辑和连贯性上和上面一句话不是很连接，因为上面说的都是问题。

正：It is also the case that in a society where personal freedoms, such as the freedom of speech, are limited, it is impossible to have different voices heard and solve

problems efficiently.

句 *14:* It is reasonable to conclude that society cannot operate well without the laws and rules.

改："society"可数名词，要加冠词；"laws"这里没有特指，所以不需要加"the"。

正：It is reasonable to conclude that the society cannot operate well without laws and rules.

句 *15:* Even though the law does not allow people to act at will, the main purpose is to create a harmonious society for everyone.

改：原文说的是"可以和谐生活的社会"，应该用定语从句表达。

正：Even though the law does not allow people to act at will, the main purpose is to create a society where people can live in harmony.

◎ 论述的紧凑和连接（*Coherence and Cohesion*）

	所用连接词	功能
主体部分第一段	It is an undeniable fact that ...	引出论点
	The essential point of ... is that...	解释
	For example...	举例
	It is also true that...	引出第二个分论点
主体部分第二段	Nevertheless...	转折，引出相反观点
	For instance...	举例
	It is also the case that...	引出第二个分论点

Economic progress is one way to measure the success of one country, while some people think that there are other factors. What other factors should be considered? Among these factors, do you think that any factor is more important than the others?

◎ 解题（*Task Response*）

关键词："Economic progress"，"success of a country"，"other factors"

问题方式：报告类和观点类的题目，主体部分可以分两段，第一段回答第一个问题"什么因素决定了国家的成功"；第二段回答第二个问题"哪个因素更为重要"，考生不能忽略任何一个问题。

◎ 结构和关键词（*Structures and Key Words*）

介绍段	
背景句	① 近年来，新兴经济（emerging economies）的快速发展激发起（fuelled）关于"如何定义成功国家"的争议（controversy）。
	② 关于成功国家的显著（distinguishing）特点，人们可能有一些共同的观点，但是他们却不能获得共识（agreement）。
阐述立场	③ 我觉得除了经济发展之外，其他因素也要考虑在内。
主体部分第一段	
中心句（社会：福利）	④ 首先社会福利是一个重要因素，这个因素关系到人们对生活的满意程度。
解释	⑤ 有很多证据证明（there is ample evidence that）在很多发展中国家，贫穷的人不能够从经济发展中获得什么好处，体现在（reflected in）贫富差距不断加大。
举例	⑥ 国家财富（national wealth）没有分配均匀，而医疗系统和教育的资金不足（underfunded）。
结果	⑦ 因为不断提高的（ever-increasing）生活成本，人们不满意他们的生活标准，而不断上升（escalating）的阶级矛盾（class conflict）会影响社会团结（social cohesion）。
附加观点	⑧ 此外，我们需要意识到（it is important to realise that）某些国家的经济发展是以牺牲环境为代价而获得的（at environment's expense）。
举例	⑨ 工业化导致自然资源被开采，破坏了自然环境，造成了严重污染。
主体部分第二段	
中心句（社会和个人福利）	⑩ 考虑到（in view of/considering）这些因素，经济增长不能作为衡量国家成功的首要标准（criterion）。
解释	⑪ 人们越来越认同（there is a growing recognition that）一个成功的国家应该能够确保社会财富的公平分配，满足公民的需要。
举例	⑫ 人们可以在生活中很便宜地（at affordable prices）获得一些重要的东西（necessities），如食物、住房、教育、医疗服务。
附加观点（社会：环境）	⑬ 在决定一个国家是否宜居（liveable）的时候，考虑空气的质量、干净的水源（access to clean water）、垃圾处理、污水系统和交通网络（transport infrastructures）也是重要的。

附加观点（社会：环境）	⑭ 此外，我们必须考虑（we must take into account the issue of ）到国家的经济发展是否可持续（sustainable），换句话说，就是国家是否能够保证有足够的资源满足后人（future generations）的需要。
结论段	
再次表明立场	⑮ 简而言之，将财富等同于（equate）成功是不成熟的看法（it is premature to）。
总结观点	⑯ 公民的生活标准和可持续发展是那些可以用来评断国家成功的因素。

◎ 语言改进和语法知识（*Grammatical Range and Accuracy*）

句 *1:* In recent years, the development of emerging economies fuelled the controversy of how to define successful countries.

改：使用"In recent years"这一时间状语，应该用现在完成时态；与"controversy"搭配的介词一般是"over"。

正：The rapid growth of emerging economies has fuelled controversy over how to define successful countries.

句 *2:* The distinguishing features of successful countries, people could have some similar opinions, but they do not gain any consensus.

改：" The distinguishing features of successful countries"是名词，在此句中不能充当任何句子成分，可以加上介词"regarding"（"关于"的意思），充当状语。

正：Regarding the distinguishing features of successful countries, people might have some shared opinions but they do not reach any agreement.

句 *3:* I think beside economical development, other factors also should pay attention to.

改：宾语从句缺少"that"引导；"pay attention to"一般使用主动态，所以表达不恰当；"economical"是"节约，节俭"的意思，"economic"是"经济"的意思。

正：I think that besides economic development, other factors should be taken into consideration.

句 *4:* Firstly, the social welfare is an important factor which relevant the living satisfied degree of people.

改：定冠词"the"多余，不需要特指；"which"引导的定语从句没有动词，"relevant"是个形容词。

正：Firstly, social welfare is a significant factor, which has relevance to people's satisfaction with life.

句 *5:* There is ample evidence that in many developing countries, poor people cannot be benefit from economic development, which is reflected in the gap between wealthy and poor is increasing.

改：“benefit from”没有被动语态。

正：There is ample evidence that in many developing countries, poor people do not benefit from economic growth, which is reflected in the widening gap between haves and have-nots.

句 *6:* Social wealth has not been distributed evenly; meanwhile, medical and educational system are underfunded.

改：“meanwhile”和“on the other hand”相仿，对比两个相反的叙述对象；“system”是可数名词，应该加冠词。

正：National wealth is not distributed evenly, and the health service and the education system are underfunded.

句 *7:* Because the ever-increase cost of living, people are not satisfied with his living standards, while the the escalating class conflict can threatened social cohesion.

改：“because”是连词，一定要加句子，否则就用“because of”；“his”指代不了“people”；“can”后面只能加动词原形，而“threatened”是过去时。

正：Because of the ever-increase cost of living, people are not satisfied with their living standards, while the the escalating class conflict can threaten social cohesion.

句 *8:* Furthermore, it is important to realise that some countries' economic development are at environment's expense.

改：从句的主谓不一致，主语“development”是不可数名词；“furthermore”中国学生用的有点多，可以用“also”替代。

正：It is also important to realise that the economic progress of some countries is achieved at environment's expense.

句 *9:* Industrialisation leads to exploit natural resources, destroys the environment and causes severe pollutions.

改：“leads to”后面只能加名词；“pollution”不可数名词；后面两个动词最好用分词，充当结果状语，作为“开发资源”的结果。

正：Industrialisation leads to exploitation of natural resources, destroying the environment and causing severe pollution.

句 *10:* Considering these factors, the economy is not to regard as the top criterion which can judge the success of a country.

改：“regard”在这里应该使用被动语态，“be regarded”（被认为）；没有“top factor”这种用法；“the criterion for doing something”是常见的表达。

正：**Considering these factors, economic growth should not be regarded as the main criterion for measuring a country's success.**

句 *11:* There is a growing recognition that a successful country should be able to assure people that wealth is divide fairly.

改：“divide”在这里应该使用过去分词“divided”，表示被动语态。

正：**There is a growing recognition that a successful country should ensure the fair distribution of wealth so citizens' needs can be satisfied.**

句 *12:* People are able to acquire some important things. For example, food, houses, education and medical care.

改：“thing”过于口语化；“for example”后面应该跟完整的句子。

正：**People are able to acquire necessities such as food, housing, education, medical care and so forth at affordable prices.**

句 *13:* In deciding whether a country is liveable, consider air quality, access to clean water, waste disposal, sewage management and transport infrastructures is important.

改：“consider”是动词，不能充当主语；因为这是新的观点，最好出现连接词，譬如“also”。

正：**In deciding whether a country is liveable, it is also important to consider air quality, access to clean water, waste disposal, sewage management and transport infrastructures.**

句 *14:* In addition, we must take into account the issue of whether or not the economic development of country is sustainable. In other words, whether the country can provide adequate resources which feed future generations.

改：后半句“whether the country...”是一个从句，缺乏主句。

正：**In addition, we must take into account the issue of whether or not the economic development is sustainable, namely, whether the country can conserve resources for future generations.**

句 *15:* In brief, it is immature to equate wealth to success.

改：“immature”改成“premature”；“equate something with something”是常用搭配。

正：**In brief, it is premature to equate wealth with success.**

句 *16:* There are numerous factors contributing to the success of a country, e.g., citizens' living standard and sustainable development.

改：这些因素并不是“contribute to”（造成）国家的成功；“citizens' living standard”是

“factors”的同位语，但是距离太远。

正：**Living standards and sustainable development are among those factors that can be taken into consideration when a country's success is evaluated.**

◎ 论述的紧凑和连接（*Coherence and Cohesion*）

	所用连接词	功能
主体部分第一段	Firstly...	引出论点
	There is ample evidence that...	解释
	It is also important to realise that...	引出第二个分论点
主体部分第二段	Considering these factors...	衔接上面一段的内容
	There is a growing recognition that...	引出论点
	...also...	引出第二个分论点
	In addition...	引出第三个分论点

Some people believe that they should be able to keep all the money they earn and should not pay any tax to the state. To what extent do you agree or disagree?

◎ 解题（*Task Response*）

关键词：“pay tax”，“keep the money they earn”

问题方式：观点类题目，可以单边或者两边讨论；范文采用的是单边讨论。很多人认为“to what extent do you agree or disagree”只能双边讨论，但是从《剑 9》的范文来看，考官不认为单边讨论有什么问题。我自己比较喜欢双边，不过也提供一篇单边讨论的范文。

◎ 结构和关键词（*Structures and Key Words*）

介绍段	
背景句	① 税一直是一个争论的话题，特别是人们为经济不稳定和生活成本增加而奋斗（struggle）的时候。
改写题目	② 很多人可能抱怨税是一个沉重的负担，特别是税影响了他们的消费力（buying power）的时候。
阐述立场	③ 我觉得我们是税收的受益人（beneficiaries），而不是税收的受害人。

主体部分第一段	
中心句 （经济资源）	④ 征税的原因有很多（manifold）。有了税收，政府可以资助（pump money in）公共设施项目，包括道路、水坝、港口、桥梁和飞机场的建设，这些对公共福祉至关重要。
解释	⑤ 公共行业（public sector），一般是由政府资助（state-funded），在垃圾处理、污水处理和公共交通等服务上扮演着不可或缺的（integral）角色，而私人企业不可能低价提供这种服务。
附加观点 （社会稳定）	⑥ 公共安全（public security）是另外一个人们通过交税获得的好处。
解释	⑦ 执法机关（law enforcement）、消防部门（fire department）还有国防（national defence）的花销都是用向纳税人征收的税收来支付。
附加观点 （个人福利）	⑧ 我们也需要意识到：政府通过税收可以达到财富再分配（income redistribution）和缩小贫富差距的目的。
解释	⑨ 例如在很多国家，高收入的人一般要交更高的税，而低收入群体会得到国家的资助。
主体部分第二段	
中心句 （经济发展）	⑩ 税收也是调节经济的主要手段之一。
解释	⑪ 例如，当一个国家遇到经济下滑（downturn）的时候，政府需要减轻税收而鼓励消费和商业投资。
结果	⑫ 对比而言，政府会增加税收来抑制消费从而防止经济过热（economic overheating）。
附加观点	⑬ 税收的另外一个功能是规范人的行为。
举例	⑭ 譬如，香烟和酒的重税可以鼓励人们减少在这些方面的消费并且克服不健康的习惯。
结论段	
再次表明立场	⑮ 我深信（I am convinced that）如果人们对税收有全面的（comprehensive）理解，没有人会将税务看做是一个负担，不会对他们有任何的好处。
总结观点	⑯ 事实是（the truth is that），如果没有税收，国家不会很好地运转，而很多公共服务不再广泛提供。

◎ 语言改进和语法知识（*Grammatical Range and Accuracy*）

句 *1:* Tax has long been a dispute issue, especially when people are struggle with economic uncertainties and higher costs of living.

改：“dispute”是名词或者动词，都不能修饰名词“issue”；“be+动词原形”不符合语法。

正：Tax has long been a disputable issue, especially when people struggle with economic uncertainties and higher costs of living.

句 *2:* Some may complain that paying tax is a heavy load when it greatly restricts the buying power.

改：“load”一般指具体的负载，如车的负载，而“burden”可以是无形的负担；“the”指代不了主语“some people”。

正：Some people might complain that tax is a heavy burden especially when it undermines their buying power significantly.

句 *3:* I am of the opinion that we are beneficiary rather than victim of taxation.

改：“beneficiary”和主语“we”数不一致。

正：I am of the opinion that we are beneficiaries rather than victims of taxation.

句 *4:* The reasons for levying tax are manifold. With tax revenues, the government could subsidise the public facilities projects, including the establishment of roads, dams, ports, bridges and airports.

改：“could”比“can”具有更高的不确定性，在这里不适合；“facilities”修饰名词的时候，一般不用复数；因为两句话都是单句，可以考虑将这个句子变成从句，思考其影响。

正：The reasons for levying tax are manifold. With tax revenues, the government can pump money in public facilities, including roads, dams, ports, bridges and airports, which are essential to the public well-being.

句 *5:* In addition, the public sector, which are normally state-funded, plays an integral role in services such as waste management, sewage treatment, public transport while private enterprises are not likely to deliver these services cheap.

改：定语从句主谓不一致；“such as”后面加一连串的名词，记得在最后两个之间加“and”；“cheap”是形容词，不能够修饰句子；“in addition”稍微显得有点儿单调。

正：The public sector, which is normally state-funded, also plays an integral role in services such as waste management, sewage treatment and public transport while private enterprises are not likely to deliver these services at low cost.

句 *6:* Public security is the other benefit that people obtained from tax-paying.

改：“the other”一般用于两者之中的另外一个，而“benefit”很明显不止两个；“obtained”过去时不恰当。

正：**Public security is another benefit that people can obtain from tax-paying.**

句 *7:* The expenses of law enforcement, fire department and national defence all have paid by the taxes impose on taxpayers.

改："paid"在这里应该是被动语态；同理，"impose"也应该是被动语态，使用过去分词，也可以理解成一个省略的定语从句"taxes that have been imposed on taxpayers"。

正：**The expenses of law enforcement, fire department and national defence all have been paid by the taxes imposed on taxpayers.**

句 *8:* Last, we should recognize that government can achieve the goal of the income redistribution via the revenue.

改："recognize"是美式拼写；"government"没加定冠词；"via"后面接工具、人或者地方，用在这里不恰当，用 by 就可以；可以在从句里使用并列句，这样让句子丰富点。

正：**We should also recognise that the government can achieve the goal of income redistribution and bridge the gap between rich and poor by taxation.**

句 *9:* For example, in many countries, the group of high income people need to pay high tax, on the contrary, the group of low income people can get assistance from the government.

改："on the contrary"是副词短语，不能连接两个独立的句子；"the group need"主谓不一致。

正：**For example, in many countries, the high income group needs to pay high tax, while the low income group can get assistance from the government.**

句 *10:* Paying tax is also one of the important means for the government to adjust the economy.

改："paying tax"不恰当，因为"government"不可能交税；" adjust"（调整）用在这里不合适。

正：**Taxation is also one of the important approaches/instruments to intervene in the economy.**

句 *11:* For instance, when one country's economy shows a downturn trend, the government needs to alleviate the revenue for encouraging the consumption.

改：只有"downward trend"这个说法；"alleviate"是缓解的意思。

正：**For instance, when one country's economy experiences a downturn, the government needs to reduce the tax to encourage public consumption and business investment.**

句 *12:* On the contrary, the government may increase the revenue to curb consumption in order to avoid the economic overheating.

改：“increase the revenue”是一个结果，而不是手段；“on the contrary”一般用于否定前面的话，引出你认为准确的观点或者事实应该用“in contrast”。

正：**In contrast, the government may levy higher taxes to curb consumption in order to avoid economic overheating.**

句 *13:* Besides, tax collection sometimes which could be used to regulate human's behaviour.

改：“which”引导定语从句，主句成分残缺；“human”泛指人类。

正：**Another function of tax collection is to regulate citizens' behaviour.**

句 *14:* For instance, the heavy tax of the cigarette and alcohol greatly decrease people's consumption.

改：“tax...decrease”主谓不一致；“for instance”之前已经使用，重复；从句中可以加一个并列句，使之更加丰富。

正：**One example is that the heavy tax on cigarette and alcohol discourages people from spending on these items and from developing unhealthy habits.**

句 *15:* I am convinced that nobody would perceive tax as a burden which does not create any benefit, if they have comprehensive understanding of taxation.

改：“nobody”和后面的“they”数不一致；“understanding”此处作可数名词，应该使用不定冠词。

正：**I am convinced that nobody would perceive tax as a burden which does not create any benefit, if he or she has a comprehensive understanding of taxation.**

句 *16:* The truth is that without tax revenues, the country is not able to be functioned well while many public services are not existed any more.

改：“function”和“exist”都是不及物动词，没有被动语态。

正：**The truth is that without tax revenues, the country would not function well while many public services are no longer widely available.**

◎ 论述的紧凑和连接（*Coherence and Cohesion*）

	所用连接词	功能
主体部分第一段	...also...	引出第二个分论点
	...is another benefit that...	引出第三个分论点
	We should also recognise that...	引出第四个分论点
	For example...	举例

主体部分第二段	...also...	引出中心句
	For instance...	举例
	In contrast...	对比和比较
	Another...	引出第二个分论点
	One example is that...	举例

第3类 科技的影响

关于科技发展的题目主要考查现代科技对人们生活习惯和生活方式产生的影响。

现代科技主要包括互联网、电脑、手机和各种小电器，当然，汽车和飞机的广泛使用也经常被认为是近代主要的科技发展。主要的考题包括：

（1）科技发展的影响是正面还是负面的？

（2）科技发展是让我们工作效率更高还是更低，空闲时间更多还是更少？

（3）科技发展对我们的文化、思想、观念、生活方式和社区有什么影响？

科技的发展正负影响都有，没有必然的结论；当科技发展让我们的生活质量大大提高的同时，它可能也会导致我们养成不好的生活方式和习惯，对我们的健康有不好的影响；考生在考试当中主要是注重论述的质量，至于是否真的倾向某个方面未必一定重要。

常见观点如下。

科技发展的正面影响

（1）生产速度加快、效率更高，人们可以在更短时间内完成工作，因此可以有更多的休闲时间。

（2）人们可以通过网络做很多事情，比如购物和处理个人财务，不用花太多时间在通勤（commutes）上。

（3）科技可能减少碳排放（carbon emissions），如无纸办公室（paperless offices）的产生。

（4）人们联系更加方便，即便行动不方便的人也可以通过网络联系家人和扩大朋友圈。

（5）人们获得信息的渠道更多，对产品的价格和功能更为清楚，因此促使制造商更注重质量。

科技发展的负面影响

（1）因为竞争激烈，人们需要接受在职培训和教育，工作节奏加快，压力更大，和家人交流的机会更少。

（2）因为通讯发达，人们在下班之后也能被同事和上司联系，在家里查阅工作上的电子邮件，因此工作时间实际加长；通讯的发达同时推动全球化，工作的性质也趋向于全球化，人们工作时间可能要加长。

（3）人们喜欢网络娱乐和其他媒体所提供的娱乐，因此忽视和家人交流。

（4）人们喜欢上网，不愿意出外，性格变得孤僻，和社区的联系减少。

（5）科技让人们对各种消费品的需求增加，可能导致污染。

6个典型话题

Nowadays, distance-learning programs have gained in popularity (those teaching programmes that involve the use of written materials, video, television and the Internet), but some people argue that courses can never be taken as good as those by attending a college or university in person. To what extent do you agree or disagree?

◎ 解题（*Task Response*）

关键词："distance-learning"，"attending a college or university in person"

问题方式：观点类题目，建议使用两边讨论；对比和比较两种教育方式的利弊。

◎ 结构和关键词（*Structures and Key Words*）

介绍段	
背景句	① 因特网的到来已经改变了人们工作模式和生活方式。
改写题目	② 越来越多的人现在在考虑远程教育，这种教育系统可以让他们在家里完成一个学位。
阐述立场	③ 尽管远程教育有别于传统大学教育（college education），远程教育在某些方面还是有明显的优势的。
主体部分第一段	
中心句（科技发展）	④ 比起传统教育，远程教育灵活，从而使人们克服教育的障碍成为可能。
举例	⑤ 在线教育适合于已经工作的人，需要照顾孩子的父母以及有财政困难的人。
结果	⑥ 学生可以在任何能上网（Internet access）的地方上课。

附加观点	⑦ 尤其值得强调的是，虚拟课程每天 24 小时，每星期 7 天都开放，因此对于那些生活方式很忙的人非常理想。
解释	⑧ 学生可以在方便的时候回顾一个课程，思考（reflect on）课程资料，然后在理解关键的信息后，决定是否继续进行。
结果	⑨ 这尤其如此（this is particularly the case），当学生所感兴趣的大学在另外一个城市。
主体部分第二段	
中心句（学习能力）	⑩ 远程教育的一个主要的缺陷是学生和老师之间没有互动（interaction），有时候可能导致一种隔阂感（a feeling of isolation）。
结果	⑪ 学生可能不能像在传统教室环境里那样获得同样的信息。
结果	⑫ 这就是为什么（this is the reason why）远程教育是值得怀疑的，人们普遍认为它不是为它主流学生（mainstream students）提供的。
附加观点（学习能力）	⑬ 学生被要求自己去计划时间，因此他们应该非常积极和自律（well-motivated and self-disciplined）。
结果	⑭ 因此，远程教育并不适合那些需要老师的监督才能学习的学生。
结论段	
再次表明立场	⑮ 总之，远程教育让大学教育更加的普及（accessible），因为其灵活性。
总结观点	⑯ 然而，它也有一些缺点，如缺乏互动，所以它不能够像传统大学教育那样产生同等的学习效果（learning outcomes）。

◎ 语言改进和语法知识（*Grammatical Range and Accuracy*）

句 *1:* The advent of the Internet has already changed people's workstyle and lifestyle.

改：没有“workstyle”这个名词；“lifestyle”可数名词，这里使用复数。

正：The advent of the Internet has already changed people's work patterns and lifestyles.

注：想拿 7 分的考生可以将这个句子的结构改一下：The advent of the Internet has already changed the ways in which people work and lead their lives.

句 *2:* A growing number of people are now consider distance education, which allow them to study a subject at home.

改：“are considering”现在进行时；“education”不可数名词，“allow”动词的复数，主谓不一致。

正：A growing number of people are now considering distance education, which allows

them to complete a degree at home.

句 *3:* Even though distance learning has difference from traditional college education, distance learning has some advantages in some aspects.

改："has difference from"不是习惯表达，习惯的表达是"be different from"和"differ from"。

正：Even though distance learning is different from traditional college education, distance learning has some distinct advantages.

句 *4:* Contrast with traditional education, distance learning is flexible, thus making possible to more people to receive education.

改："in contrast with"是习惯搭配；"make it possible for somebody to do something"是习惯搭配，"it"是形式宾语。

正：In contrast with conventional education, distance learning is flexible, thereby making it possible for people to overcome barriers to education.

句 *5:* The distance learning programmes is suited to the people who has been working, the parents who have to take care of their children and the people who are financially stressed.

改："programs is"主谓不一致；"people who has been working"主谓不一致。

正：Online learning is suitable for those who are already in the workforce, parents who have childcare responsibilities and those who are financially stressed.

句 *6:* Students can attend class anyplace where has Internet.

改："class"可数名词，在这里应该用复数；"anyplace"是副词，不能成为定语从句的先行词。

正：Students can attend classes wherever they have Internet access.

句 *7:* Virtual classes are open 24 hours per day and 7 days a week, so it is very ideal to people who has a busy lifestyle.

改："ideal"和"perfect"差不多，一般没有最高级或者程度副词（如"very"）；"people who has"主谓不一致；这是新的观点，可以加个连接词。

正：It is also worth emphasising that virtual classes are open 24 hours a day, seven days a week, so they are ideal for those with a busy lifestyle.

句 *8:* Students can read a course when they have free time and reflect on course materials and decide whether or not continue after understand the main points.

改："whether or not"后面要么加一个完整的句子，要么加不定式；"after"或者是连词，后面加句子，或者是介词，后面加名词或者动名词。

正：Students can review a lecture when it is convenient to them, reflect on course materials

and decide whether to proceed after grabbing key information.

句 *9:* This is particular the case when universities fascinated by students are in another city.

改：应该是“particularly”，修饰整个句子；“somebody is fascinated by something”是习惯表达，而这句话刚好相反。

正：This is particularly the case when the university that is of interest to students is located in another city.

句 *10:* A main defect of distance-learning which is sometimes it may lead to a feeling of isolation because of there has no interaction between students and teachers.

改：“drawback is that...”习惯表达；“because of”是介词词组，后面不能加句子。

正：One main drawback of distance learning is that lecturers have no interaction with students, leading to a feeling of isolation in some cases.

句 *11:* Possibly students cannot acquire the same information as that when they are in the traditional classroom settings.

改：“somebody does the same thing as somebody does”是习惯的表达。

正：Students are not likely to receive the same information as they do in the traditional classroom setting.

句 *12:* People also tend to think about the quality of distance education is relatively low, because it is not for mainstream students.

改：“about”是介词，后面不能加句子。

正：This is the reason why the quality of distance learning is questionable, and a widely held notion is that it is not intended for mainstream students.

句 *13:* Students are requested to plan the time by themselves, so they need more well-motivated and self-disciplined.

改：“request”（请求），而“require”（要求）更准确；“need”谓语不完整，应该是“need to be”；额外的观点最好用“also”这样的连接词引导出来。

正：Students are also required to plan their time by themselves, so they should be well-motivated and self-disciplined.

句 *14:* Therefore, distance education is not suitable for the students who need to be supervised by the teacher for study.

改：“for study”表达不恰当，意思是“为了学习而需要被老师监督”。

正：Therefore, distance learning is not appropriate for those students who cannot study without teachers' supervision.

句 *15:* Distance education could make university education more pervasive because of their flexibility.

改：“could”强调可能性；“their”代词使用错误，指代不了前面的“education”；因为是结尾，可以用一些连接词，譬如“to summarise”。

正：To summarise, distance learning has made university education more accessible, because of its flexibility.

句 *16:* However, it has some drawbacks, such as, lack of interaction, so it is not able to achieve a same learning outcomes as traditional college education.

改：“such as”后面一般不用加逗号；“the same”是习惯表达。

正：However, it has some drawbacks, such as the lack of interaction, so it is not able to achieve the same learning outcomes as traditional college education.

◎ 论述的紧凑和连接（*Coherence and Cohesion*）

	所用连接词	功能
主体部分第一段	In contrast with...	对比
	It is also worth emphasising that...	解释
	This is particularly the case when...	举例
主体部分第二段	One main drawback of... is that...	引出中心句
	This is the reason why...	表示结果
	...also...	引出第二个观点
	Therefore...	结果

People can perform everyday tasks, such as shopping and banking as well as business transactions, without meeting each other face-to-face. What are the effects on an individual and the society?

◎ 解题（*Task Response*）

关键词：“everyday tasks”，“face-to-face”

问题方式：报告类的文章，建议“面对面交流减少”的正负影响都要讨论；注意这个题目也要求你讨论对“society”的影响，而不只是对个人的影响。

◎ 结构和关键词（*Structures and Key Words*）

介绍段	
背景句	① 可能没有什么东西能够比电讯科技（包括因特网）对我们日常生活产生（exert）更大的影响（impact）。
改写题目	② 通过使用电脑、传真机、电话等交流工具，人们可以在家里处理各种事情。
阐述立场	③ 这种改变的总体影响是积极的，尽管面对面交流的减少可能会带来一些问题。
主体部分第一段	
中心句（社会发展）	④ 首先，这些科技的广泛应用可以提高效率，让人们可以随时随地地交换信息和文件。
举例	⑤ 很多上班族（working people）得益于这个技术革新（technological innovation），因为家庭办公取代了通勤（commutes）。
举例	⑥ 一个国际企业（multinational enterprises）的主管不需要走访不同的分公司（一般来说，位于不同国家），也能够协调（coordinate）它们的工作。
附加的观点	⑦ 我们也需要记得（it is worth remembering that），污染可以减轻，如果人们待在家里并且减少对交通工具的依赖。
主体部分第二段	
解释	⑧ 在家里工作的人不需要上下班，那么他们出行 (commuting) 对环境的影响就会减少。
结果	⑨ 城市的交通堵塞也会减少，而政府不需要花很多钱在道路设施上。
中心句（社会关系）	⑩ 尽管这些科技是有利的（advantageous），人们担心的事情（what worries people is that）是交流的减少会产生一种疏远感（a sense of alienation）。
举例	⑪ 现在不难发现（it is not surprising that）很多人在不同城市或者国家工作，通过电话和电子邮件和家人联系。
结果	⑫ 久而久之(with the passage of time),他们之间的情感联系(emotional bond）会减弱。
结果	⑬ 这对于社会凝聚力（social cohesion）是有害的。
结论段	
再次表明立场和总结主体段的论述	⑭ 简而言之，科技让我们提高效率，减少我们活动对环境产生的影响。然而，我们可能不得不接受越来越脆弱（vulnerable）和短暂（short-lived）的社会关系。

◎ 语言改进和语法知识（*Grammatical Range and Accuracy*）

句 *1:* There is nothing can exert more profound impact on our daily lives than telecommunications technology, including the Internet.

改：句中有“is”和“can exert”两个动词。

正：Perhaps nothing has been able to exert a greater impact on our daily lives than telecommunications technology (including the Internet).

句 *2:* By using computers, fax machines, telephones and other device for communication, people can handle different matter at home.

改：“other”后面如果是可数名词一般要加复数；“different”后面一般加名词复数。

正：By using computers, fax machines, telephones and other devices for communication, people can handle different matters at home.

句 *3:* This kind of change has a positive effect, although the decrease of face-to-face communication may cause some problems.

改：“this kind of”后面如果加可数名词，一般来说名词要用复数；“decrease”后面的介词一般是“in”。

正：The overall effect of this change is positive, although the diminishing face-to-face communication may bring about some problems.

句 *4:* The use of technology is capable of increasing efficiency; as a result people can exchange information and documents without time and geographical limitations.

改：“capable of”主语一般是一个具体的事物或者是人；“without”（没有）应该改成“regardless of”（不管）。

正：First of all, the widespread application of these technologies can improve efficiency, allowing people to exchange information and documents regardless of time and geographical limitations.

句 *5:* Numerous working people benefit from this technological innovation, because household office has replaced the commutes.

改：“office”是可数名词，这里需要加复数；去掉“the”，没必要特指。

正：Many working people benefit from this technological innovation, as home offices replace commutes.

句 *6:* A leader of a multi-national enterprise does not need to visit other companies which locates in different area and can also coordinate the work effectively.

改：“be located in”是正确的用法；“different”后面要加名词的复数。

正：The directors of multinational enterprises can coordinate different subsidiaries (which

are normally located in different countries) without having to visit these subsidiaries individually.

句 *7:* It is worth remembering that pollution can be alleviated by reducing the dependence on traffic tools.

改：“pollution”（污染）不可能去“reduce the dependence on traffic tools”（减少对交通工具的依赖）；这是中心句，最好出现关键词；这是新的观点，但是没有连接词。

正：It is also worth remembering that pollution can be mitigated if people stay home and lessen the reliance on various forms of transport.

句 *8:* Because some people choose to work in family, so their commuting can reduce the environmental effect.

改：“because”和“so”不能连用；“travel to and from work”是固定的表达；后半句翻译不恰当，应该是“commuting”的环境影响。

正：Some people do not have to travel to and from work, so the environmental impact of commuting can be reduced.

句 *9:* The urban traffic congestions will decrease, and government has no need to spend a lot on road facilities.

改：“congestion”是不可数名词；“government”是可数名词，要加冠词或者用复数；“has no need to”表达很别扭；“congestion will decrease”搭配不好。

正：The urban traffic congestion will be relieved, and the government does not have to spend enormous money to the road network.

句 *10:* Although these technologies are advantageous, but what worries people is that the decrease of communication will brings about a sense of alienation.

改：“although”和“but”不能连用；“will”后面要加动词原形。

正：Although these technologies are advantageous, what worries people is that the decrease in communication may provoke a sense of alienation.

句 *11:* It is not surprising that many people work in different city or countries keep in contact with their family via email and by making phone calls.

改：“work”和“keep in contact with”是从句里的两个谓语；“different”后面加名词复数。

正：It is not surprising that many people who work in different cities or countries keep in contact with their family via email and by making phone calls.

句 *12:* With the passage of time, their emotional bond should be undermined.

改：“should”意思是“必须”，不可能有人觉得情感联系“必须”被削弱，不合常理。

正：With the passage of time, their emotional bond will be undermined.

句 *13:* This is harmful to enhance social cohesion.

改：“to”是介词，后面应该是名词。

正：This is harmful/detrimental to social cohesion.

注：想拿7分的考生可以把句12和句13放在一起。With the passage of time, their emotional bond will be undermined and this is harmful/detrimental to social cohesion.

句 *14:* In short, technology improves our efficiency and alleviates the effect that humans' activities have exerted to the environment; however, we are likely to accept the increasingly vulnerable and short-lived social relationships.

改：前半句的定语从句有点累赘；“are likely to”是“可能”的意思，没有表示出“不得不”的意思，所以应该用“have to”代替。

正：To summarise, technology enables us to improve efficiency and minimise the environmental impact of our activity. However, we may have to accept the increasingly vulnerable and short-lived social relationships.

◎ 论述的紧凑和连接（*Coherence and Cohesion*）

	所用连接词	功能
主体部分第一段	First of all...	引出第一个分论点
	It is also worth remembering that...	引出第二个分论点
主体部分第二段	Although...are advantageous, what worries people is that...	转折，引出相反观点
	It is not surprising that...	解释
	With the passage of time...	结果

Some people support the developments in agriculture such as factory farming and the creation of new types of fruits and vegetables, while others oppose this view. Discuss both views and give your opinion.

◎ 解题（*Task Response*）

关键词：“developments in agriculture”

解释：论述类题目，必须两边讨论，也就是农业科技发展的积极和消极的影响；结论一定要表明立场；注意此题出现了一些例子，如“factory farming”，论述中最好使用这些例子。

◎ 结构和关键词（*Structures and Key Words*）

介绍段	
背景句	① 现代农业科技的广泛应用一直被广泛认为是一个积极的发展。
改写题目	② 然而，农业科技的进一步推广并非没有受到争议。
阐述立场	③ 我觉得任何科技都有其不足（drawbacks/weaknesses/deficiencies），最重要的事情（priority）是改进（make improvements）并充分利用（take full advantage of）它们。
主体部分第一段	
中心句（社会：福利）	④ 农业技术因为各种原因受到批评。与这些技术相关的主要问题是食品的营养价值可能会受到破坏。
解释	⑤ 工业化农业（industrial agriculture）和高密度种植（intensive farming）减少农作物（crop）的品种，限制了消费者每天从食品中获得的营养。
附加的观点	⑥ 基因食品的大量出现（proliferation）也被认为是另外一种潜在的威胁。
解释	⑦ 有很多争议关于基因食品对人体产生的影响，譬如那些可以对抗虫害的品种（anti-pest plants）。
主体部分第二段	
中心句（科技：发展）	⑧ 如果这些问题都得到解决，农业技术的贡献是需要得到认同的。
解释	⑨ 食品短缺（shortage）是一个困扰（afflict）人类多年的问题。
解释	⑩ 这个问题在一些落后的国家尤其严重，在这些国家，营养不良（malnutrition）影响着贫困人口的健康和快乐（wellbeing）。
举例	⑪ 先进科技，尤其是那些促进农作物生长和提高生产力（productivity）的科技，譬如机械的使用，有助于解决这个问题。
结果	⑫ 在必需品（necessities）上减少花费的家庭可以增加其他的费用，譬如教育和休闲。
主体部分第三段	
自己的观点	⑬ 在我看来，人们应该关注化学品在农业中的使用，这被认为会增加食品中毒（food poisoning）的危险。
解释	⑭ 这就是为什么很多农药（fertilisers）目前已经被禁止使用（been forbidden）。
解释	⑮ 农药的流出物（fertiliser run-off）也有可能污染水源，不仅威胁人们的健康，也会伤害野生动物。
结论段	
再次表明立场	⑯ 总而言之，农业科技有其缺陷（譬如对人健康的负面影响），也有很大的发展空间，尽管我们需要认同它在解决食品短缺上的重要角色。

◎ 语言改进和语法知识（*Grammatical Range and Accuracy*）

句 *1:* The widely use of the modern farming technology was considered as an affirmative development.

改：“widely”是副词，这里需要使用形容词；“was”时态错误，应该用一般现在时。

正：The extensive use of modern farming technology is widely recognised as a positive development.

句 *2:* However, there is no argument about promoting these technologies.

改：“there is no argument”意思是“没有争议”，和原文意思相反；第一句话的“technology”是单数，这里是复数，不一致。

正：However, the promotion of farming techniques is not without its criticism.

改：想拿7分的考生可以考虑将这两句话合并，因为都是单句，而且比较短：The extensive use of modern farming technology is widely recognised as a positive development, but the promotion of farming techniques is not without its criticism.

句 *3:* I think every technology has it's adverse, the importance is that how to consummate these technologies, to use them perfectly.

改：需要加“that”引导宾语从句；第三人称名词性物主代词应该用“its”；“adverse”是形容词，这里需要的是名词；加“that”后面的句子就不完整了；两个句子中间没有连词连接；“them”指代不了前面的“every technology”。

正：I think that every technology has its drawbacks, but the priority is to make improvements and take full advantage of it.

句 *4:* Farming technologies attract criticism for various reasons. The main problem associated with some farming technologies is that these technologies might affect the nutritional of food.

改：“of”前后都应该是名词或者代词；“technologies”出现多次，可以考虑用代词。

正：Farming technologies attract criticism for various reasons. The main problem associated with these technologies is that the nutritional value of food can be undermined.

句 *5:* Industrial agriculture and intensive farming reduce the variety of crops, limiting consumers gain nutrition from the food everyday.

改：“limit”的宾语应该是“nutrition”而不是后面加的一句话；“everyday”是形容词，在这里应该用“every day”，充当状语。

正：Industrial agriculture and intensive farming reduce crop varieties, limiting the nutrition (that) consumers can gain from food every day.

句 *6:* Plenty of GE food appearing is considered as another danger by people.

改：主语是"出现"而不是"基因食品"，最好不要使用"名词 + doing"的方式充当主语。

正：The proliferation of GE food is considered as another potential threat.

句 *7:* There are many arguments about the gene food affect people's health, such as those categories which can resist pest disease.

改：句中有"are"和"affect"两个动词。

正：There has been considerable controversy about the effect of GE foods (such as those anti-pest plants) on people's health.

句 *8:* The affect of farming technology needs to be considered if these problems can be solved.

改："affect"是动词，不能充当主语。

正：If these problems are solved, the contribution of farming technology needs to be recognised.

句 *9:* Food shortage is a problem afflicted mankind for many centuries.

改：句中有"is"和"afflicted"两个动词；"afflicted"是一般过去时，时态不当。

正：Food shortage is a problem that has afflicted mankind for many centuries.

句 *10:* This problem is more serious in some underdeveloped countries, malnutrition affect health and happiness of poor people.

改：两个完整的句子，没有连词；"malnutrition"不可数名词单数，主谓不一致；一般有"more"的情况下，必定有"than"。

正：The problem is particularly serious in some underdeveloped countries, where malnutrition affects disadvantaged people's wellbeing.

句 *11:* Those advanced technology, especially which can promote crop growth and increase output, such as use machine, have helped solve the problem.

改："which"引导的定语从句没有先行词；"such as"后跟名词或名词性短语，而"use"在这里更像是动词；"technology"是单数，主谓不一致。

正：Advanced technologies, especially those technologies that facilitate crop growth and boost productivity, such as the use of machinery, help solve this problem.

句 *12:* Families which reduce expenses on necessities are able to add expenses on other items, such as education and recreation.

改："which"应该改成"who"，因为先行词是"families"；"items"一般指实际的、具象的物体，而"education"和"recreation"都是无形的。

正：Those families that manage to spend less on daily necessities are able to increase spending on education and leisure.

句 *13:* People focus on how to use chemicals in farming, this is considered increase the risk of food poisoning.

改：两个完整的句子，却没有连词连接；第二个句子有 “is considered” 和 “increase” 两个动词；注意连接词的使用，引出自己的看法。

正：In my opinion, it is also important to focus on the use of chemicals in farming, which is believed to increase the risk of food poisoning.

句 *14:* That is the reason why lots of fertilisers have been now forbidden.

改：“lots of” 是口语表达；“now” 副词一般放在 “have been” 的中间。

正：That is the reason why a considerable number of fertilisers have now been forbidden.

句 *15:* Fertiliser run-off maybe pollute the source of water, not only influence people's health but also hurt wild animals.

改：“run-off” 不可数名词，主谓不一致；“influence” 和 “hurt” 两个动词应该改成现在分词，成为结果状语。

正：Fertiliser run-off may cause water pollution, not only posing a threat to people's health but also hurting wild animals.

句 *16:* In conclusion, even though farming technology has it's disadvantages and plenty of room to develop, we should recognise it's role in solving poverty.

改：“it's” 是 “it is” 的缩写，应该改成 “its”；“poverty” 前面的常用动词是 “alleviate” 或者 “relieve”；题目里没有讨论 “poverty” 的问题；从主体部分的讨论来看，作者主要是反对，而不是支持，所以 “although” 用的位置不恰当。

正：In conclusion, farming technology has its disadvantages (such as the negative impact on consumers' health) and has plenty of room for development, although we should recognise its important role in tackling the food shortage.

◎ 论述的紧凑和连接（*Coherence and Cohesion*）

	所用连接词	功能
主体部分第一段	The main problem associated with ...is that...	引出第一个分论点
	...is considered as another...	引出第二个分论点
主体部分第二段	If these problems are solved, the contribution of...needs to be recognised.	转折，引出相反观点
	...a problem that has afflicted/affected...	引出论点
主体部分第三段	In my opinion...	引出自己的看法
	That is the reason why...	结果

Technology and science's influence on our lives is widely acknowledged. But some people think we should also think highly of artists. To what extent do you agree or disagree?

◎ 解题（*Task Response*）

关键词："technology and science"，"think highly of artists"

问题方式：观点类话题，建议使用两边讨论；这篇范文的作者采用的是单边讨论，并且用了三段论述的方法，只是作为一个范例。

◎ 结构和关键词（*Structures and Key Words*）

介绍段	
背景句	① 艺术虽然无处不在，但是很多时候我们将艺术看做是奢侈品，而不是必需品。
改写题目	② 然而，有趣的是（it is interesting to note that），即便在当今社会，人们非常看重科学和技术，艺术仍然没有失去其魅力。
阐述立场	③ 下面会具体说明（spell out）艺术相对于科学而言的一些独特的（distinct）优势。
主体部分第一段	
中心句（个人能力）	④ 艺术家的重要性基于（lies in）一个事实：艺术家引导我们去用不同的角度去观察和诠释事物。
对比	⑤ 艺术家可以激发我们的想象，而科学家很多时候只会限制我们的思考。
解释	⑥ 原因是科学家告诉我们什么是正确的，通过制定定律和公式。
举例	⑦ 譬如，在数学上，一个问题可能只有一个解决方法，而在绘画上，每个人对相同的物体有不同的画法 。
主体部分第二段	
中心句（情感健康）	⑧ 其次，通过艺术作品，艺术家让人们意识到自我表达（self-expression）的重要性。
解释	⑨ 可以说（it is fair to say that）科学的发展是我们这个世界看起来更加单调的主要原因。
举例	⑩ 汽车工程师可能只在乎汽车是否是四轮（four-wheeled）和省油，而不在乎它的外表设计。
对比	⑪ 相比之下，艺术启发人们去改变和选择不同的建筑方式、园艺设计、服装和家庭装饰，来表现人们的情感和个人喜好。

主体部分第三段	
中心句（情感健康）	⑫ 另一个主要的不同是，艺术满足我们的精神需要，而科学很多时候只是满足我们物质的需要。
解释	⑬ 无可否认的是，科学的发展让我们吃更好的食物，延长我们的寿命和享受更加舒适的生活。
转折	⑭ 然而，科学同时让我们生活更加繁忙（hectic），而不是懂得放松。
对比	⑮ 相比之下，艺术可以丰富我们的文化生活 (cultural life)，填补我们内心的空虚 (emptiness)，也可以提升我们的心境 (mood)。
结论段	
再次表明立场	⑯ 根据这些事实， 我们可以看到科学不会动摇（undermine）艺术的地位。
总结观点	⑰ 艺术可以改变环境，表现人与人的不同，解放他们的思想和让文化繁荣。

◎ 语言改进和语法知识（*Grammatical Range and Accuracy*）

句 *1:* Although fine art is in anywhere, we, sometimes, seem define art as a luxury in life instead of a necessity.

改：“anywhere”是副词，前面不应该有介词；“seem to do something”习惯搭配。

正：Although art appears to be ever-present, we often perceive art as a luxury rather than a necessity.

句 *2:* However, it is interesting to note that even in present society that people are thinking highly of science and technology, art still haven't lost its glamour.

改：因为“people are thinking highly of science and technology ”是完整的句子，定语从句只有“where”才可以引导完整的句子。

正：However, it is interesting to note that even in modern society, where people think highly of science and technology, art has not yet lost its glamour.

句 *3:* Below will spell out art's distinct advantage compared with science.

改：“below”是副词，不能充当主语；“advantage”应该用复数，因为不止一个。

正：The distinct advantages of art in comparison with science will be briefly spelled out below.

句 *4:* The importance of artists lie in the fact that artists can instruct us to observe and interpret the objective with various points of view.

改：“importance lie”主谓不一致；“objective”（目标），而“object”（物体）；

"from...perspectives/points of view"是习惯表达。

正：**The importance of artists lies in the fact that artists can instruct us to observe and interpret the object from different perspectives.**

句 *5:* Artists can lead us to think and imagine, but many times scientists will only limit our thought.

改：没有"many times"这个表达；"while"常用于两者相比的时候。

正：**Artists can stimulate our imagination while scientists, more often than not, restrict our thinking.**

句 *6:* The reason is that science informs us of what is right by establish principles and formula.

改："by"是介词，后面应该加动名词；"formula"是可数名词，应该用复数，和前面的名词复数对称。

正：**The reason is that science informs us of what is right by establishing principles and formulas.**

句 *7:* For example, one question may has only one solution in maths but everybody paint the same object in different ways in painting.

改："may"后面的动词一般是原形；"everybody paint"主谓不一致。

正：**For example, one question may have one solution only in maths but everybody can paint the same object in different ways in painting.**

句 *8:* Through artworks, artists remind people about important of self-expression.

改："about"介词后面一般接名词；"of"前后一般也要加名词。

正：**Moreover, through artworks, artists remind people about the importance of self-expression.**

句 *9:* It is fair to say that scientific development is the main reason that the world appears to be increasingly mundane.

改："development"是可数名词，要么加冠词，要么用复数；"the reason why...."和"the reason is that..."是习惯搭配。

正：**It is fair to say that the scientific development is the main reason why the world appears to be increasingly mundane.**

句 *10:* Automobile designers may care about if cars are four-wheeled and fuel-efficient, rather than the exterior design.

改："care about"过于口语化；"if"在正式英文中一般不用来表示"是否"。

正：**Automobile engineers may be concerned with whether motor vehicles are four-wheeled and fuel-efficient, rather than the exterior design.**

注：想拿七分的考生可以设法把“rather than”后面变成名词性从句，既做到句式变化，又可做到对称：Automobile designers may be concerned with whether motor vehicles are four-wheeled and fuel-efficient, rather than whether these vehicles are visually attractive.

句 *11:* Art inspires people to change and chose different architectural styles, gardening designs, outfits and interior designs to express our feelings and preferences.

改：“chose”是“choose”的过去时；“people”和“our”不一致；两句话有对比的关系，要用连接词“in contrast”。

正：**In contrast, art inspires people to change and choose different architectural styles, gardening designs, outfits and interior designs to express their feelings and preferences.**

句 *12:* Furthermore, art is satisfactory our spiritual needs while science serves our material needs.

改：“satisfactory”是形容词，意思是“令人满意的”，在这里不恰当，因为后面不可能加一个名词；“furthermore”略显俗套，可以换种连接方法。

正：**Another major difference is that art satisfies our spiritual needs while science fill our need for material wealth.**

句 *13:* There is no denying that the advance in science makes us to eat better food, extend our life expectancy and enjoy more comfortable life.

改：“make somebody do something”是习惯表达，而且有“强迫某人做某事”之意；后一个“life”在这里作可数名词。

正：**There is no denying that the advances in science allow us to eat wholesome food, extend our life expectancy and enjoy a more comfortable life.**

句 *14:* However, science has made our life hectic rather than relaxed.

改：“relaxed”一般修饰人。

正：**However, science has made our life hectic rather than relaxing.**

句 *15:* The arts has an important part to play in enriching our cultural life, fulfilling inside emptiness and enhancing our mood.

改：主谓不一致；“fulfill”的意思是达到，这里应该是“fill”；“enhance mood”不是词伙。

正：**In contrast, artists have an important role to play in enriching our cultural life, filling the emptiness we feel inside and lifting our moods.**

句 *16:* In light of these factors, we can conclude that science is not likely to undermine the role of arts.

改：“in light of”是美国式表达；“arts”经常会加定冠词。

正：In the light of these factors, we can conclude that science is not likely to undermine the role of art.

句 *17:* Art can change the environment and present the differences between individuals, which liberates their mind and promotes their cultures.

改：定语从句修饰的先行词是“individuals”，明显不能充当从句的主语。

正：Art can remodel the environment, uncover differences between people, unfreeze their minds and make the culture flourish.

◎ 论述的紧凑和连接（*Coherence and Cohesion*）

	所用连接词	功能
主体部分第一段	The importance of...lies in the fact that...	引出第一个论点
	The reason is that...	解释原因
	For example...	举例
主体部分第二段	Moreover...	引出第二个论点
	It is fair to say that...	解释原因
	In contrast...	说出相反观点
主体部分第三段	Another major difference is that...	引出第三个论点
	There is no denying that...	解释原因
	However...	转折
	In contrast...	对比

There are various problems associated with the use of mobile phones. In what forms do these problems appear? Do problems of using mobile phones outweigh benefits?

◎ 解题（*Task Response*）

关键词：“problems”，“mobile phone”

问题方式：报告类题目和观点类题目，主体部分可以分两段，第一段回答第一个问题：“手机使用一般有什么问题”；第二段回答第二个问题：“手机的优缺点”；考生不能忽略任何一个问题。

◎ 结构和关键词（*Structures and Key Words*）

介绍段	
背景句	① 在过去十年里，可以看到（it has been observed that）手机已经取代电话成为主要的电子交流工具。
改写题目	② 随着这个技术变得无处不在（rife），它的问题（downside）已经成为关注的事情（matter of concern）。
阐述立场	③ 它的缺陷值得（deserve/merit）我们的关注，但是我们需要认同的是：使用手机已经是我们日常生活的一个不可分割的（integral）部分。
主体部分第一段	
中心句（生活方式）	④ 手机和因特网被认为是导致人们面对面交流（face-to-face communication）减少的两个主要因素。
解释	⑤ 可以理解的是 （it is understandable that）人们很少走访对方，因为手机可以让他们随时交流。
结果	⑥ 人们的交流技能下降，而他们对别人的情感诉求（emotional needs）也不敏感。
附加的观点（技术局限）	⑦ 有人也怀疑（it is also suspected that）使用手机有可能最终增加患癌症的危险。
其他观点（社会文化）	⑧ 人们花很多时间在发信息（text messaging）上，而不是写信，他们变得不再注意语法和拼写错误。
结果	⑨ 这就是为什么很多老师担心手机交流会影响小孩的读写能力（literacy skills）。
主体部分第二段	
中心句（社会文化）	⑩ 然而，有很多手机使用者却认为和普遍观念不同的是（contract to popular belief），手机增强了人们的社交网络，而不是分隔（isolate）他们。
举例	⑪ 譬如，商业人士可以将客户和合作伙伴的联系信息储存在他们的手机上，而不需要担心他们记不住所有人的信息，当他们社交网络变大的时候。
附加观点	⑫ 另外一个值得注意的观点（another point to note is that）是，有了网络连接（Internet access），手机使用者可以阅读新闻、浏览广告、收集商业信息和查看天气预报。
附加观点	⑬ 他们可以对信息迅速做出反应（react/respond to），做出合理的（well-informed）决定，譬如关于购物和选择住处的决定。
结论段	
再次表明立场	⑭ 正如上面所提出的（as suggested above），手机如果使用不当的话，会带来很多的问题，对社会生活也会有影响 。
总结	⑮ 然而，这些问题不能挑战（challenge）手机在当代社会中的角色。

◎ 语言改进和语法知识（*Grammatical Range and Accuracy*）

句 *1:* Over the past decade, it has been observed that mobile phone has taken the place of telephone, becoming the main means of electronic communication.

改："mobile phone"和"telephone"是可数名词， 要不加冠词，要不用复数；现在分词"becoming"略显多余，毕竟"取代电话"和"成为主要交流手段"是两个并列的事情。

正：Over the past decade, it has been observed that the mobile phone has taken the place of the telephone and become a major <u>electronic telecommunications device</u>.

句 *2:* Along with technology is rife, it downside has became a matter of concern.

改："along with"（="together with"）使用不恰当，而且介词词组后面加名词；"it"是名词性物主代词，需要使用形容词性物主代词"its"；"become"过去分词是它原形。

正：As the technology is increasingly rife, its downside has become a matter of concern.

句 *3:* Although its drawbacks deserve our concerns, we have to acknowledge that mobile phones have become an integral part of our daily life.

改："deserve/merit one's attention"是固定表达。

正：Its drawbacks may deserve our attention, but we should acknowledge that mobile phone use has become an integral part of our daily lives.

句 *4:* Cell phone and Internet were deemed as two factors contributing to why people are diminishing face-to-face communication.

改：时态错误，应该使用现在时态；"contribute to"一般后面跟名词，不跟从句。

正：The cell phone and Internet are regarded as two factors contributing to people's diminishing face-to-face communication.

句 *5:* It is understandable that as cell phone can let people communicate whenever they want, people rarely visit others.

改："others"（其他人）应该改成"each other"（相互之间）。

正：It is understandable that people are less likely to visit each other, as the cell phone allows them to communicate whenever they want.

句 *6:* People's communication skills decline, while they are not sensitive for other's emotional needs.

改："sensitive for" 搭配不对，使用"responsive to"更为恰当；"other"是个形容词，不能充当所有格；"while"常用于对比，这里改成"and"比较合适。

正：People's communication skills decline, and they are not responsive to others' emotional needs.

句 *7:* It is suspected that the using of cell phone could increase the risk of suffering cancers.

改：“use”本来就是名词，表示使用。

正：It is also suspected that the use of mobile phones can eventually increase the risk of developing cancers.

句 *8:* People spend amount of time on texting messages by portable devices rather than writing letters, so they do not need to place emphasis on grammer and spelling mistakes.

改：“amount”是可数名词，要有冠词，或者用复数；“by portable devices”不恰当，意指通过手机“spend time”；“place emphasis on”是“强调”的意思，在这里不恰当；“so”在这里不恰当，因为没有直接的逻辑关系，难道打字多了，就必定不注意语法错误？

正：People spend a large amount of time on text messaging, rather than writing letters, and they tend to overlook grammatical and spelling errors.

句 *9:* That is why lots of teachers concern about mobiles can impact on children's literacy skills.

改：“be concerned about”是固定的表达；“about”是介词，后面不能加句子。

正：That is why lots of teachers worry that mobile communications can impact negatively on children's literacy skills.

句 *10:* Contrary to popular belief, numerous cell phone users think that the use of mobile phone enhance their social network rather than isolating them.

改：“use”是不可数名词，主谓不一致。

正：Numerous cell phone users, however, think that contrary to popular belief, the use of mobile phone has enhanced their social networks rather than isolating them.

句 *11:* For instance, businessmen can store the contact details of their customers and business partners in their mobile phone, without worrying that they cannot remember all the information, when their social network is enlarging.

改：“businessmen”最好改成“businesspeople”，因为世界上还有“businesswomen”；“mobile phones”可以用“mobile devices”替换。

正：For instance, businesspeople can store their customers and business partners' contact details in their mobile devices without having to fear that they cannot remember all the information when their social networks are enlarging.

句 *12:* Another point to note is that having Internet access, mobile phone users are able to read the news, browse the advertisement, collect the commercial information and check the weather forecast.

改：“having”现在分词放在句首，可能产生进行时态的错觉；后面的名词词组改成复数，

不需要使用定冠词特指。

正：Another point to note is that with Internet access, mobile phone users are able to read news, browse advertisements, collect business information and check weather forecasts.

句 *13:* They can swiftly respond to the information and make well-informed decisions with regard to the choices of shopping and accommodation.

改："swiftly"这种情况下往往放在介词"to"的前面。

正：They respond promptly to the information and make well-informed decisions, such as those about shopping and accommodation.

句 *14:* As suggested above, the telephone can bring some problems and some adverse effects to one's social life, if it is not used appropriately.

改："if"出现的时候，如果从句的主语和主句的主语一致，往往从句的主语可以省略；"bring effects"不是词伙。

正：As suggested above, the mobile phone can bring some problems and have its adverse effects on one's social life if not used appropriately.

句 *15:* However, all those problems cannot undermine the importance of the mobile phone in the modern society.

改：指代上句所述内容的时候，一般用"these"；"in modern society"常用表达。

正：However, all these problems cannot challenge the role of the mobile phone in modern society.

◎ 论述的紧凑和连接（*Coherence and Cohesion*）

	所用连接词	功能
主体部分第一段	...are regarded as two factors contributing to...	引出中心句
	It is understandable that...	解释
	It is also suspected that...	引出第二个论点
	That is why...	引出结果
主体部分第二段	...however...	转折和引出相反观点
	For instance...	举例
	Another point to note is that...	引出第二个论点

Public museums are no longer important because people can see the historical objects and artworks on the computer. To what extent do you agree or disagree?

◎ 解题（*Task Response*）

关键词："public museums"，"on the computer"

问题方式：观点类题目，建议使用两边讨论："公立博物馆存在"的"必要性和不必要性"都要讨论。

◎ 结构和关键词（*Structures and Key Words*）

介绍段	
背景句	① 知道虚拟（virtual）博物馆的访客（visitors）人数超过（outnumber）真实博物馆的访客是有趣的（it is interesting to know that）。
改写题目	② 这一趋势鼓励人们去讨论是否有必要保留博物馆。
阐述立场	③ 我觉得在以后，真实博物馆的地位可能被虚拟博物馆削弱（undermine），但是不可能被取代。
主体部分第一段	
中心句（生活方式）	④ 网络（online）博物馆因为一些原因吸引人们。一个优点是网络博物馆 24 小时开放，而且提供免费入场（free admission）。
拓展	⑤ 游客可以很容易获得大量关于陈列品（exhibit）的信息，这是真实博物馆所不能提供的服务。
解释	⑥ 主要的原因是真实博物馆比较拥挤，游客的行程比较短，导致他们不能花很长时间了解每个陈列品。
附加的观点（技术：局限）	⑦ 很多物品是如此的小以至于游客不能看得很清楚。
对比	⑧ 然而，虚拟博物馆却可以突破这个限制（constraint），因为游客可以随意地（as they please）通过放大镜（magnifying lenses）去观看物品。
其他观点（技术：局限）	⑨ 毫无疑问的是（not surprisingly），博物馆在让人们了解陈列品的同时，也不会担心游客会不慎破坏这些物品。
主体部分第二段	
中心句（社会：文化）	⑩ 真实博物馆的重要性体现在这么一个事实上（is manifested in the fact that）：它们提醒人们保护自己的文化遗产（cultural heritage）。
解释	⑪ 展览品现在在世界上很多虚拟博物馆都有（available），人们最终会忽视这些展览品的起源（origin）和文化意义（implications）。

解释	⑫ 一旦真实博物馆被拆除（demolish），当地人的文化认同感（cultural identity）迟早会被减弱（be eroded）。
其他观点（社会；文化）	⑬ 更何况很多真实博物馆是其所在城市的标志（landmark），譬如北京的故宫博物院（the Palace Museum）。
结果	⑭ 这就解释了为什么（offers an explanation of why）很多博物馆是一个国家旅游行业的精华（centrepiece），每年吸引上千万的来自国内外的游客。
对比	⑮ 这是任何虚拟博物馆都不能执行（be fulfilled）的一个功能。
结论段	
再次表明立场	⑯ 总结一句，虚拟博物馆是真实博物馆的重要补充（complement），让人们更加容易了解历史文物（historical relics）。
总结	⑰ 然而，真实博物馆在保护文化特性（cultural identity）方面是不可取代的（indispensable）。

◎ 语言改进和语法知识（*Grammatical Range and Accuracy*）

句 *1:* It is interesting to know that visitors in virtual museum outnumber the visitors in real museum.

改：与“visitors”搭配的介词一般是“to”；“museum”是可数名词，此处应该是复数。

正：It is interesting to know that visitors to virtual museums have outnumbered visitors to real museums.

句 *2:* This trend encouraged people discuss whether it is necessary to keep the real museum.

改：“encouraged”一般过去时，时态不当；“encourage somebody to do something”是固定搭配。

正：This trend has encouraged people to discuss whether it is necessary to keep the real museum.

句 *3:* I think that real museums will be possible undermined but not instead of by virtual museums in future.

改：“possible”是形容词，此处需要使用副词；“instead of”是介词短语，此处需要一个动词，如“replace”。

正：I think that the position of real museums will be possibly undermined but cannot be replaced by virtual museums in future.

句 *4:* Online museums attract visitors for various reasons. The first advantage is open for 24 hours and also provides free admission.

改：“museum”是可数名词，要么用复数，要么加冠词；“优点”不能“开放24小时”。

正：Online museums attract visitors for various reasons. One advantage of the online museum is that it is open for 24 hours and provides free admission.

句 *5:* Visitors can easily obtain the information of exhibits which cannot be provided by the real museum.

改：与“information”搭配的介词一般是“about”；定语从句产生错觉，似乎是在修饰“exhibits”，和原意不符。

正：Visitors can easily gain access to information about exhibits, a service which is not provided by the real museum.

句 *6:* The main reason is that the real museum is more crowded, the journey is shorter, which make tourists cannot spend much time on every exhibit.

改：“the real museum...”和“the journey...”是两个并列句，中间应该有连词；“make somebody do”是固定的说法。

正：The main reason is that the real museum is more crowded and the journey is shorter, making it impossible for tourists to spend considerable time on every exhibit.

句 *7:* Many objects are too small for visitors to see clear.

改：“clear”是形容词，应该用副词，修饰动词“see”。

正：Many objects are so small that visitors cannot see them clearly.

句 *8:* But the virtual museum can break through this constraint, because visitors can look on objects as they please through magnifying lenses.

改：书面语中，“but”一般不在句首出现；“break through”和“look on”都是不恰当和口语化的表达。

正：However, the virtual museum can overcome this constraint, because visitors can observe objects as they please with magnifying lenses.

句 *9:* At the same time the museum let people know the exhibits, they do not need to worry about tourists could break those objects.

改：“let”不是正式的表达，而且没有保持主谓一致；“they”指代不了“museum”；“about”是介词，不可能加句子。

正：Not surprisingly, the museum allows people to get an understanding of exhibits without having to worry that visitors accidentally break those objects.

句 *10:* The importance of the real museum is manifested in the fact that it reminds people caring about their cultural heritage.

改：“remind somebody to do something”固定搭配；“care about”口语化。

正：The importance of the real museum is manifested in the fact that it reminds people to protect their cultural heritage.

句 *11:* Because there are exhibits available in many virtual museums in the world, finally, people will neglect the origin and implication of those exhibits.

改：“finally”的位置要么在“will”的后面，要么在句末。

正：As exhibits are now available in many virtual museums around the world, people will eventually ignore these exhibits' origin and cultural implications.

句 *12:* Once the real museum has been demolished, local residences' cultural identity would be eroded sooner or later.

改：“has been demolished”改用一般现在时，描述条件；“residence”的意思是“住处”。

正：Once real museums are demolished, the cultural identity of local people will be eroded sooner or later.

句 *13:* Let alone many real museum is the landmark of city, such as the Palace Museum in Beijing.

改：“many”和“museum”以及“is”的数不一致；“let alone”很少放在句首。

正：Many real museums are also the landmark of the city where they are located/situated, such as the Palace Museum of Beijing.

句 *14:* This offers an explanation of why numerous museums are the main component of the tourism of a country, attracting millions of tourists from home and abroad.

改：“the main component”中定冠词使用不对，意指是旅游业“唯一的”重要因素；这里用“these museums”更好，指代前面的“museums”。

正：This offers an explanation of why these museums are the centrepiece of a country's tourist industry, attracting millions of tourists from abroad as well as locally every year.

句 *15:* This is a function cannot be fulfilled by any virtual museum.

改：句中有“is”和“cannot be fulfilled”两个动词。

正：This is a function that cannot be fulfilled by any virtual museum.

句 *16:* In conclusion, the virtual museum serve as a complement to the real museum, which lets people to know the historical relics easily.

改：“museum serve”主谓不一致；“let somebody do”是固定表达；定语从句修饰的成分不明确。

正：In conclusion, the virtual museum serves as an important complement to the real

museum, allowing people to gain an understanding of historical relics easily.

句 *17:* However, the real museum is indispensable to protect cultural identity.

改：“indispensable in doing something”是固定的表达。

正：However, the real museum is indispensable in protecting cultural identity.

◎ 论述的紧凑和连接（*Coherence and Cohesion*）

	所用连接词	功能
主体部分第一段	One advantage of...is that...	引出中心句
	The main reason is that...	解释
	However...	转折，引出相反观点
	Not surprisingly...	结果
主体部分第二段	The importance of...is manifested in the fact that...	引出中心句
	...also...	引出第二个论点
	This offers an explanation of why...	解释

第4类　环境保护和破坏

环境问题是雅思每年必考的题目，最近几年更是常考题目。环境问题是目前世界范围内的一个热门话题，人们现在越来越注意环境恶化（environmental degradation）对地球产生的影响。一般来说，环境问题有以下一些：

（1）全球变暖，冰川融化，海平面上升（sea level rise），淡水减少，汽车尾气排放。

（2）污染物增加（包括反射物的污染处理，radioactive waste disposal），垃圾增多，废水增多，生活环境恶化（deteriorating environment）。

（3）水资源减少，干旱、水灾、雷暴（droughts, floods and violent storms）增加。

（4）能源供应不足，可替代资源缺乏（alternative energy）。

（5）食品供应不足（food supply problem）导致饥荒，土地生产力下降（lower fertility）。

（6）森林减少（deforestation），过度放牧（overgrazing）。

解决环境问题需要采取以下一些步骤：

（1）全球合作，制定环境保护的标准和协定。

（2）提高公众的意识（awareness）。

（3）政府投资，采用对环境有利的科技（environmentally friendly technology）。

2个典型话题

Some people think cheap air travel brings us benefits while others believe that non-essential flights should be cut in order to reduce environmental problems caused by cheap air travel. Discuss both views and give your own opinion.

◎ 解题（*Task Response*）

关键词："cheap air travel"，"non-essential flights"，"environmental problems"

问题方式：论述类题目，必须两边讨论，既要讨论"飞机旅行"的"必要性"，也要讨论是不是应该"减少飞行以避免环境问题"，结论一定要表明立场。

◎ 结构和关键词（*Structures and Key Words*）

介绍段	
背景句	① 空航彻底改变了我们的交通方式，让我们能够跨越国界（across boundaries）旅行。
改写题目	② 然而，考虑到空航所带来的一些问题，人们建议我们减少不必要的旅行，包括那些去海外的旅行。
阐述立场	③ 我们可以通过列举（spelling out）一些空航的好处来否定（refute）这个看法。
主体部分第一段	
中心句（社会关系）	④ 无可置疑的是（it is undeniable that），空航提供一种便利的旅行方式（means mode/form of travel），通过这种方式，我们可以去世界上不同的地方出差、观光（sightseeing）和探望朋友。
观点	⑤ 航空业的快速发展为全球化，特别是跨国企业（multinational enterprises）之间的国际化合作，打下了坚实的基础。
解释	⑥ 商人们可以在不同的国家考察商业环境，从而给这些国家带来产品、服务和就业机会。
主体部分第二段	
中心句（经济：效率）	⑦ 尽管有这些好处，有人认为我们应该减少不必要的旅行，避免环境问题。
附加观点（社会、环境）	⑧ 无可否认的是，空航产生空气污染，在某种程度上对全球气候变化（global climate changes）负有责任。
观点（社会、环境）	⑨ 其他和空航相关的问题包括噪音污染、修建机场以及相关的设施所造成的环境破坏（environmental destruction）。

对比	⑩ 这些问题不能够得到解决，除非政府可以限制空航，譬如加税(imposing tax penalties)。
主体部分第三段	
观点	⑪ 我认为不应该限制空航，因为人们可以通过航空旅行去不同的国家旅游，增加不同文化的经历，开阔视野，因此可以用不同的角度去观察生活。
对比	⑫ 如果人们只能在本国旅行，虽然不同地区的景观有不同，但是他们接触的文化和生活方式大致一样。
结果	⑬ 后果就是（the consequence is that）他们很难去和不同文化背景的人交流，接受他们的观念和传统。
结论段	
总结观点	⑭ 总的来说，我的观点是（my view is that）限制空航并不合理，考虑到（in view of）空航对经济发展和文化交流（cultural exchange）的贡献。
总结观点	⑮ 为了减少对环境的压力（strain on environment），我们可以鼓励航空公司更好地利用每个航班的产能。

◎ 语言改进和语法知识（*Grammatical Range and Accuracy*）

句 *1:* Air travel had complete changed our means of transport, allowed us to travel abroad.

改：时态错误，应该用现在时；应该用副词“completely”修饰动词“change”；“allowed”应该改成现在分词，表示结果。

正：Air travel has fundamentally changed/transformed/altered our <u>means of transport</u>, allowing us to travel <u>across boundaries</u>.

句 *2:* However, considering a number of problems caused by air travel, some people suggest that reduce non-essential travels, including travelling abroad.

改：“that”引导的宾语从句中没有主语；“including”后面应该加名词。

正：However, considering a number of problems caused by air travel, some people suggest that we reduce non-essential trips, including those to foreign destinations.

句 *3:* We can deny this view by spelling out some benefits of aircrafts.

改：“deny”是否认的意思，而“否定”可以用“refute”或者“disprove”。

正：We can refute this view by spelling out/outlining some benefits of air travel.

句 *4:* Aircraft provides a convenient mode of travel, which can let us go to other place for business trip, travel and visiting friends.

改：“aircraft”和“trip”是可数名词，要么加冠词，要么用复数；“other”后面的可数名词

一般用复数。

正：**It is undeniable that air travel offers a convenient means of travel, by which we can travel to different places in the world for business trips, sightseeing and visiting friends.**

句 *5:* The fast development pace of airline industry, especially the international cooperation between multinational enterprises, lay a solid foundation for the globalisation.

改："development"是主语，动词要用单数；"industry"是可数名词，要加定冠词。

正：**The fast development of the airline industry has laid a solid foundation for globalisation, especially the international cooperation between multinational enterprises.**

句 *6:* The businessmen are able to investigate marketing environment under different markets, in order to bring products, services and job opportunities to those markets.

改："businessmen"是名词复数，不需要加"the"特指；"environment"是可数名词，应该有冠词，除非有所有格形式的词修饰；"in order to"不恰当，因为这里是表示结果，而不是目的。

正：**Businesspeople are able to investigate different countries' business environment so they can bring products, services and job opportunities to these countries.**

句 *7:* Despite of these benefits, some people argue that we should reduce non-essential travel, avoid environmental woes.

改："despite of"没有这个表达；"some people"和"we"人称不一致；从句的两个分句之间没有连词。

正：**Despite these benefits, it is argued that we should reduce non-essential travel and avoid environmental woes.**

句 *8:* There is no denying that air pollution from aircrafts is responsibility to some degree to the climate change.

改："be responsible for"意思是"导致……"，"take responsibility for"意思是"对……承担责任"；"climate change"一般不用加定冠词，或者使用复数。

正：**There is no denying that air travel generates air pollution, which is to some extent responsible for global climate changes.**

句 *9:* Other problems associated with air travel including noise pollution as well as the environmental destruction which caused by the construction of airports and relevant facilities.

改："including"是介词；"which caused"不完整，应该改成"which is caused"。

正：**Other problems associated with air travel include noise pollution as well as the environmental destruction arising from the construction of airports and relevant facilities.**

句 *10:* Those problem are not able to resolve, unless the government can restrict airplanes, such as imposing tax penalties.

改：“those”代词使用错误，应该是“these”，指代上句说过的问题；“resolve”应该用被动，因为是问题被解决；“airplanes”错误，因为是限制空航，飞机不能限制；“such as”后面一般只加名词或者动名词。

正：These problems cannot be solved, unless the government can impose restrictions on air travel, for example, by imposing tax penalties.

句 *11:* I think that we should not curb air travel, because people increase cultural experience, broaden their vision by travelling to different countries by air, so that they enable to observe life from different angles.

改：“increase...”和“broaden...”并列，应该使用连词；“enable somebody to do something”和“be able to do something”是习惯表达。

正：I think that we should not restrict air travel, because people can travel to different countries by air, increase cultural experiences and broaden their horizons, thereby observing life from different perspectives.

句 *12:* If we only travel in our country, although we can see different landscapes in different places, we are exposed to similar cultures and lifestyles.

改：“we”是第一人称，论述中最好避免；“if”和“although”引导的两个状语从句不可同时使用。

正：If they travel at home, they may be exposed to similar cultures and lifestyles in different regions, despite the differences in landscape.

句 *13:* As a result, we are hardly to communicate with those people from different cultural backgrounds, and accept their opinions and traditions.

改：“hardly”是副词，不能充当表语；“we”作代词不好，因为上一句的主语是“they”。

正：The consequence is that it is difficult for them to communicate with people from different cultural backgrounds and accept these people's ideas and traditions.

句 *14:* In a word, my view is that restricting air travel is unreasonable in view of those contributions which aircrafts bring to economic develop and cultural exchange.

改：“develop”是动词，不能作介词“to”的宾语；与“contribution”搭配的动词应该是“make”。

正：To summarise, my view is that it makes no sense to restrict air travel, in view of its contribution to economic development and cultural exchange.

句 *15:* For reducing the strain on the environment, we encourage airline companies make the most of every flight's capacity.

改：“in order to”表目的；“encourage somebody to do something”是固定搭配。

正：In order to reduce the strain on environment, we can offer airline companies incentives to make the most of their capacity.

◎ 论述的紧凑和连接（*Coherence and Cohesion*）

	所用连接词	功能
主体部分第一段	It is undeniable that...	引出中心句
主体部分第二段	Despite these benefits, it is argued that...	转折，引出相反观点的中心句
	There is no denying that...	解释
主体部分第三段	I think that...	引出自己个人的看法
	The consequence is that...	结果

Pollution and other environmental problems result from a country's development. Pollution is unavoidable if a country intends to become richer. To what extent do you agree or disagree?

◎ 解题（*Task Response*）

关键词：“pollution and other environmental problems”，“country”,“richer”

问题方式：观点类题目，建议使用两边讨论；讨论经济发展对环境保护的“积极影响”和“消极影响”。

◎ 结构和关键词（*Structures and Key Words*）

介绍段	
背景句	① 在最近几年里，随着越来越多的国家振兴（boosted）它们的经济，环境保护已经放到了最前沿（brought to the forefront）。
改写题目	② 核心的问题（central question）是经济的发展是不是一定以环境的代价（at environment's expense）才能完成。
阐述立场	③ 我的看法是，环境问题是经济发展必须接受的一个折中条件（trade-off）。

主体部分第一段	
中心句（社会和个人）	④ 经济发达国家一般有两个显著的特征：更多的工业生产（industrial production）和更加依赖能源的使用。
观点（科技局限）	⑤ 工业化（industrialisation）无可避免地导致垃圾的累积（accumulation），工业废物排放（discharge）到水域（bodies of water）。
举例	⑥ 对资源的需求增加引起大范围的（extensive）伐木和采矿（logging and mining），这些都是水土流失（soil erosion）的主要原因。
附加观点（科技）	⑦ 这些问题广泛存在于那些经济发展处于初始阶段（initial/early stages）的国家，因为他们没有先进的技术和发达国家竞争。
解释	⑧ 考虑环境的影响只会增加生产费用，而价格又是这些国家产品的唯一竞争优势。
总结	⑨ 因此，当经济繁荣为最优先考虑时，认为发展中国家可以全力保护环境是想得过分简单了（too simplistic）。
主体部分第二段	
中心句	⑩ 当一个国家变得富裕，决策者（policymakers）便面临越来越大的压力（mounting pressure）去颁布环境法律，以便减轻污染和修复（restore）环境。
观点（经济）	⑪ 我们需要理解一个富裕的国家有足够的资源去支持一些旨在达到环保目的（environmental objectives）的项目，如植树造林（reforestation）。
附加观点（技术）	⑫ 此外，那些国家的公司也更有能力承担发展可替代资源的费用和采纳那些环保（environmentally friendly）技术。
拓展	⑬ 它们会采用环保设备去减少废物，将污染最小化（minimise），因此遵从成本（compliance cost）会更低，而产品更有竞争力。
结论段	
总结观点	⑭ 总结一句， 看起来很多国家在经济还不够发达的时候，为了实现经济的目标，破坏环境（environmental degradation）是无可避免的后果。
总结观点	⑮ 一旦这些国家有了足够的财政收入，它们就会开始转移注意力到环境事务上。

◎ 语言改进和语法知识（*Grammatical Range and Accuracy*）

句 *1:* In recent years, with more and more countries boosting their economies, environmental protection has brought to the forefront.

改：谓语动词应该使用被动语态；“with”引导的状语结构没有体现现在完成时态。

正：In recent years, environmental protection has been brought to the forefront as an increasing number of countries have boosted their economies significantly.

句 *2:* The core problem is whether economic development will occur with the environmental cost.

改："problem"表示"麻烦，棘手的问题"而"question"表示"问题"。

正：**The central question is whether economic development has to be achieved at environment's expense.**

句 *3:* In my opinion, to developing countries, the environmental problem is one trade-off which accepted by economic growth.

改：定语从句的谓语不完整，缺"should be"。

正：**I am of the opinion that environmental problems have to be accepted as a trade-off for economic growth.**

句 *4:* The developed countries usually have two distinct characteristics: more industrial production and more rely on the energy use.

改："rely"是动词，这里应该用名词，和前面的名词"production"对称。

正：**Economically developed nations have two distinguishing features: elevated industrial production and considerable dependence on energy consumption.**

句 *5:* Industrialisation is inevitable to lead to rubbish accumulation, and industrial wastes discharge to the bodies of water.

改："inevitable"是形容词，不可能去形容"industrialisation"，这样意思就变成"工业化是不可避免的"了；"waste"是不可数名词。

正：**Industrialisation inevitably results in the accumulation of garbage and the discharge of industrial waste into bodies of water.**

句 *6:* Increased demands of resources cause extensive logging and mining, which are the main reason of soil erosion.

改："demand"后的介词一般是"for"，而"reason"后的介词一般也是"for"。

正：**The stronger demand for resources leads to extensive logging and mining, which are the main causes of soil erosion.**

句 *7:* Especially in some countries, which the economic development is in the early stages, they have no advanced technology to compete with developed countries.

改："especially"很少放在句子前头；这里的关系代词"which"应该变成"whose"，因为先行词"countries"充当从句主语"economic development"的定语；"no"作形容词不能修饰形容词。

正：**These problems are widespread in those countries whose economic development is in the early stages, because they do not have advanced technology to compete with developed countries.**

句 *8:* Considering about the environmental effects, it will only increase fees of production, but the price is the only competitive advantage in those countries.

改：“considering”是“考虑到”的意思，后面一般直接加名词；“it” 作为主语指代不清。

正：The consideration of the environmental consequences will increase the cost of production, while the price is the only competitive advantage of these countries.

句 *9:* Therefore, it is too simplistic to think that the developing countries can work hard to protect the environment.

改：“the”多余，不需要特指；“work hard to”是口语化表达；这句话可以增加经济发展的字眼，更加对应题目和中心句。

正：Therefore, it is too simplistic to think that developing countries can make every effort to protect the environment when the economic prosperity is the top priority.

句 *10:* When a country become rich, and then policymakers will be under mounting pressure to enact environmental laws, mitigate pollution and restore the environment.

改：“a country become”主谓不一致；句中有“when”和“and”两个连词。

正：When a country becomes richer, policymakers are under mounting pressure to enforce environmental laws so as to reduce pollution and restore the environment.

句 *11:* We need to understand that only the rich countries have enough resources to support some environment objectives programs, such as reforestation.

改：“the”多余，不需要特指；“enough”可以改成“sufficient”或者“adequate”，更加正式；“environment objectives”名词词组不能在名词前面修饰名词。

正：We should understand that a rich country has adequate resources to support projects that aim to attain environmental objectives, such as reforestation.

句 *12:* In those countries' corporations, which has stronger ability to pay fees of alternative resources and adopt the technology of environmentally friendly.

改：这句话只有“which”引导的从句，而没有主句；“ability”是可数名词，需要用复数；“of”后面要加名词，而“environmentally friendly”是形容词。

正：Besides, firms in those countries are more capable of affording the cost of developing alternative resources and adopting environmentally friendly technologies.

句 *13:* They could decrease the waste and minimise the pollution using the environment protection equipments, so the compliance cost will be cheaper and the products will become more competitive.

改：“using”前需要加“by”；“equipment”是不可数名词。

正：They will adopt eco-benign facilities to reduce waste and minimise pollution so the compliance cost is lower and their products are more competitive.

句 *14:* In conclusion, it seems that when many countries are not developed enough, environmental degradation are inevitable for achieve economic targets.

改："degradation are"主谓不一致；"for"介词后面应该加动名词。

正：In conclusion, it seems that when countries are not economically developed, environmental degradation is an inevitable consequence for achieving their economic targets.

句 *15:* Once those countries have enough financial income, and they will convert attention to environmental issues.

改：句中有"once"和"and"两个连词；在修饰"attention"的时候，"转移"一般使用"shift"或者"divert"。

正：Once these countries have sufficient revenues, they will shift attention to environmental issues.

◎ 论述的紧凑和连接（*Coherence and Cohesion*）

	所用连接词	功能
主体部分第一段	...have two distinguishing features...	引出中心句
	Therefore, it is too simplistic to think that...	结果
主体部分第二段	We should understand that...	引出第一个论点
	Besides...	引出第二个论点

第5类 社会文化、观念和生活方式

生活方式的改变

雅思的学术类和移民类考试都经常是针对生活方式和社会观念的考查。人们生活方式的改变主要体现在以下方面。

（1）衣：人们现在对衣服的要求不再是保暖或者其他基本的用途，而是更注重社会的因素，比如，时尚。

（2）食：快餐的逐步风行是一大变化；而同时，随着全球化的拓展，各国的特色食物（ethnic food）也到处可见，比如韩国菜、泰国菜、日本菜。

（3）住：人们现在也不满足于住普通的房子，而对房子的外观、舒适和空间都有要求，这也是城市化的一个始因，房地产公司选择在郊区建房，城市不断变大。

（4）行：交通是另外一个问题，人们越来越依靠汽车和飞机，而火车、步行、自行车已经慢慢不再流行。

（5）购物：必需品（necessities）在人们的花费当中所占的比率越来越低，而奢侈品变多。

（6）休闲和娱乐：人们越来越注重旅游和体育运动，认为这是健康的活动。

社会观念的改变

人们的社会观念也有了很大的改变。

（1）独立性：人们越来越独立，喜欢独立的房子，核心家庭（nuclear family）增加。

（2）挑战性：人们不再满足于稳定的生活，很多人喜欢过不同的生活，接受不同的挑战，追求个人的成功。

（3）快捷性：人们现在越来越有时间观念（time conscious），他们追求高效率。

思考角度

一般来说，在这一类题目的考试当中，可以从三大角度来考虑，分别是外部环境、社会因素和个人特点。

（1）外部环境：自然环境，生活环境，设备设施。

（2）社会因素：家人的利益，朋友的选择，和朋友家人的相处，社会地位。

（3）个人特点：收入情况，个人爱好，年龄结构，受教育水平，个人价值观。

文化内容

文化是指某个社会或者某个社会人群的生活方式和生活习惯。文化虽然是很抽象的概念，它的影响却无处不在，包括以下一些方面。

（1）衣服：每一种文化都有自己的特殊服装。中国是一个典型的例子，作为一个多民族国家，中国有很多民族，每一个民族都有自己的特色服装，服装的模式、颜色和其他特点反映了民族的审美习惯、文化、习俗，还有生活习惯。而在国际上，世界上不同的民族有不同的服装，如日本的和服（kimono）。然而，因为西方文化的盛行，西装（西方世界的传统服装）在世界各国更为流行和为人们所接受。

（2）饮食习惯：每一个文化有自己喜好的食物和风味。中国、日本、韩国、泰国、墨西哥的民族食物都风靡世界，而起源于美国的快餐文化影响了很多国家的饮食习惯，这也是经常被讨论的话题之一。饮食的不同甚至体现在饮食的工具（筷子和刀叉的区别），饮食的场合（中国人更喜欢聚餐，而西方人喜欢自助），饮食的环境（中国的餐桌一般是圆的，而且比较大，而外国的餐桌一般是方的，两人桌居多）。

（3）语言：每一种文化都有自己的语言，而每一种语言又有它的文化背景。全球化的一个负面效果是影响了全球文化的多样性，同时也影响了语言的多样性。学习语言经常要和文化结合在一起。比如说，中国人有谦逊的习惯，因此更倾向于说“是的”、“对的”；而外国人更喜欢直截了当的对话，会更喜欢直接说出不同的意见。

（4）礼节和仪式：主要体现在节日的不同，庆典的不同。比如在中国文化里，中秋节是很重要的节日，关于起源的说法有二，一是团圆，二是庆祝丰收，都体现了中国的文化特点和生活习惯；而西方国家没有中秋节这个节日。生日聚会、婚礼、葬礼等，也都体现了文化的差异。

（5）宗教信仰、思维方式、价值观：在中国，家庭观念和集体观念非常强烈；而对比而言，外国的个人意识相对来说比较重要；中国人喜欢储蓄和讲究孝道，而外国人则没有这种习惯和意识。

（6）行为习惯和语言习惯：西方人同性之间比较忌讳勾肩搭背，交流中最好不要打听对方衣服的价格和工资，这是忌讳的话题；而中国人喜欢比较商品价格和家庭收入，而朋友交谈的时候喜欢靠近对方，表示对对方的信任和对话题的重视；这些细节都体现了文化的差异。

文化的重要性

（1）让人们知道自己的特点，文化背景，有很强的认同感（sense of identity）。

（2）对于整个人类社会，文化的多元性可以保证人们用不同的方式去看待问题。

（3）和生物多样性类似，文化多样性对人类的长期存在有影响。

5 个典型话题

In many countries traditional food is being replaced by international fast food. This has negative effects on both families and societies. To what extent do you agree or disagree?

◎ 解题（*Task Response*）

关键词：“traditional food”，“international fast food”，“families and societies”

问题方式：观点类题目，可以单边或者两边讨论；这篇范文使用的是单边讨论；注意此题的关键词是“families and societies”，所以考生不能忽略快餐对家庭和社会的影响。

◎ 结构和关键词（*Structures and Key Words*）

介绍段	
背景句	① 最近几年快餐业的崛起（rise）主要归因于（been attributed mainly to）快的生活节奏和工作时间不稳定（irregular working hours）。
改写题目	② 越来越多的人选择光顾（frequent）快餐店，而不是在家吃饭。
阐述立场	③ 随着快餐在很多文化里逐渐成为主食（a staple diet），人们需要重视这一变化所可能产生（arise from）的问题。
主体部分第一段	
中心句（个人福利）	④ 快餐在某些国家，如美国，已经成为讨论最广泛（most widely discussed）的话题之一，在那些国家，肥胖人口迅速增加。
解释	⑤ 这不仅因为快餐高脂肪、高糖分、高盐分和高卡路里，也因为这种食品往往分量很大（served in large portions）。
结果	⑥ 一般来说，患有肥胖症的人比普通体重的（normal-weight）人更有可能患心脏病。
主体部分第二段	
中心句（社会文化）	⑦ 另外一个和快餐有关的问题是它也会影响人们的生活方式，包括饮食习惯。
解释	⑧ 传统食物的特点（characterised by）是食料、烹饪方式和口味的多样性（diversity），体现了烹饪文化（cuisine）在不同地区的演变。
对比	⑨ 目前，绝大部分的快餐连锁（chains）都是提供美国或者欧洲的食品，包括汉堡包、炸鸡和比萨饼。
结果	⑩ 人们的饮食会变的单调（uniform/monotonous），而一些传统菜谱（recipes）可能消失。
主体部分第三段	
中心句（社会关系）	⑪ 快餐对家庭关系也有负面的影响，因为人们不像以前那么频繁地参加家庭聚餐（family dinners）。
解释	⑫ 一般来说，家庭聚餐提供了一个家庭成员间相互交流和增进彼此了解的机会。
结果	⑬ 因为都市生活（urban lifestyle）和不稳定的工作时间（non-standard work schedule），人们很少能够顾及（respond to）相互之间的感情需要，这会削弱（weaken）他们之间的情感联系（ties）。
结论段	
再次表明立场	⑭ 总而言之，快餐对人们的影响是多面的（multifaceted）。
总结观点	⑮ 快餐不仅威胁人们的健康，也会破坏饮食文化和社会关系。

◎ 语言改进和语法知识（*Grammatical Range and Accuracy*）

句 *1:* The rise of the fast food industry in recent years has attributed mainly to the fast pace of life and irregular working hours.

改：“attribute”在这里应该用被动式。

正：The rise of the fast food industry in recent years has been attributed mainly to the fast pace of life and irregular working hours.

句 *2:* The growing number of people have chosen frequent fast food outlets, instead of eat at home.

改：“a growing number of”才是“越来越多”的意思；“choose to do something”是习惯表达；“instead of”是介词，后面要加动名词。

正：A growing number of people have chosen to frequent fast food outlets, instead of eating at home.

句 *3:* As fast food has become a staple diet in many cultures, people should put much emphasis on problems may arise from this change.

改：“put emphasis on”一般是指“强调”某些重要的或者核心的东西，不能强调问题；句中有“put”和“arise from”两个动词。

正：As fast food has gradually developed into a staple diet in many cultures, people should pay attention to the problems that may arise from this change.

句 *4:* Fast food has become one of the most widely discuss issue in countries, such as the United States, where the number of obese people has grown rapidly.

改：“discuss”是动词，在这里改为分词“discussed”，才能够修饰名词，作修饰语用；“one of”后面的名词用复数。

正：Fast food has become one of the most widely discussed issues in countries, such as the United States, where the number of obese people has grown rapidly.

句 *5:* This is not only because the fast food contains high fat, sugar, salt and calories but also it is always served in large portions.

改：去掉“the”，不需要特指；“but also”后缺“because”，不对称。

正：It is not only because fast food is high in fat, sugar, salt and calories but also because this kind of food is served in large portions.

句 *6:* Generally speaking, people who suffer from the obesity are more likely to suffer from the heart disease than the normal-weight ones.

改：“obesity”和“heart disease”前面不需要加定冠词，不需要特指；“ones”使用的时候一般强调个体，不恰当。

正：In general, people who suffer from obesity are more likely to contract heart disease than normal-weight people.

句 *7:* Another problem associated with fast food is that can affect people's ways of life, including eating habits.

改：“that”引导的表语从句中没有主语。

正：Another problem associated with fast food is that it can affect people's ways of life, including eating habits.

句 *8:* Traditional food is characterised by ingredients, cooking styles and diversity of flavor, reflecting the development of cooking culture in different regions.

改：“diversity”位置不对；“flavor”是美国式拼写，应该是“flavour”；“culture”是可数名词，但这里又没有冠词。

正：Traditional diets are characterised by the diversity of ingredients, cooking styles and flavours, reflecting the evolution of cuisine in different regions.

句 *9:* Recently, most of fast food chains provide American and European food, including hamburger, fired chicken, and pizza.

改：“现在”一般是用“currently”或者“at present”；“hamburger”和“pizza”是可数名词，在这里应该用复数。

正：Currently, a vast majority of fast food chains provide American or European food, including hamburgers, fried chicken and pizzas.

句 *10:* People's diet is increasing monotonous, while some traditional recipes may be vanished.

改：“increasing”是现在分词，不能修饰形容词；“vanish”和“disappear”是非及物动词。

正：People's diet is increasingly monotonous, while some traditional recipes may vanish.

句 *11:* Fast food also has an adverse effect on family relationship, as people do not participate family meals as frequent as before.

改：“participate”是不及物动词，后面要加介词；“frequent”是形容词，不能修饰动词。

正：Fast food also has an adverse effect on family relationship, as people do not participate in family dinners as frequently as before.

句 *12:* Generally speaking, family meals provide family members with a chance to communicate and understand each other.

改："generally speaking"比较少用于书面语，最好用"in general"或者"as a general rule"替代；"communicate with"是习惯表达。

正：As a general rule, family meals provide family members with an opportunity to communicate with each other and improve mutual understanding.

句 *13:* Due to urban lifestyle and non-standard work schedule, people rarely can respond to the need of mutual emotion and this will weaken the tie among them.

改："urban lifestyle and non-standard schedule"前应该加个"their"，否则指代不了"people"；副词"rarely"应该放在情态动词"can"之后。

正：Due to their urban lifestyle and non-standard work schedule, people can hardly respond to each other's emotional needs and this will weaken their emotional ties.

句 *14:* So the effects of fast food to us is multifaceted.

改：书面语中"so"不应该放在句首；"effect"后的介词应该是"on"；"effects"主谓不一致。

正：To summarise, effects of fast food on people are multifaceted.

句 *15:* Fast food not only pose a danger to people's health but also break cuisine culture and social relationship.

改："food pose"主谓不一致。

正：Fast food not only poses a threat to people's health but also damages the culture and social relationship.

◎ 论述的紧凑和连接（*Coherence and Cohesion*）

	所用连接词	功能
主体部分第一段	...has become one of the most widely discussed issues...	引出中心句
	It is not only because...but also because...	解释原因
	In general...	解释
主体部分第二段	Another problem associated with...is that...	引出第二个论点
主体部分第三段	...also...	引出第三个论点
	As a general rule...	解释

Nowadays many old cities are rebuilt and redesigned (with older buildings knocked down) in order to look modern. Discuss the advantages and disadvantages of this practice.

◎ 解题（*Task Response*）

关键词："older buildings"，"knocked down"，"look modern"

问题方式：论述类题目。"赞同或者反对"题型，建议使用两边讨论；也就是老建筑的"维修和拆建"都要讨论。

◎ 结构和关键词（*Structures and Key Words*）

介绍段	
背景句	① 城市人口的爆炸性增长已经使城市的改建（reconstruction）和扩建变成必要（necessitated），去满足当代社会（contemporary society）城市居民的需要。
改写题目	② 有建议说（it is advised that）老建筑应该拆除（be demolished），因为这些建筑阻碍（retarded）了城市的发展。
阐述立场	③ 这个建议是合理的和符合民众利益的，但是城市规划者需要留意（pay close attention to）某些历史建筑的保护和翻新（renovation）。
主体部分第一段	
中心句（社会文化）	④ 很明显的是，城市的重建会破坏一个城市或者国家的建筑遗产（heritage），因为老建筑往往代表着一种独特的建筑风格（architectural style）。
解释	⑤ 某些历史建筑是一个城市外观（cityscape）很重要的一部分，特别是这些建筑是地标建筑（landmark building）的时候。
举例	⑥ 譬如，没有了紫禁城（Forbidden City）的话，北京和纽约没有太大的区别。
解释	⑦ 这些建筑经历了时间的考验（test of time），凸显了它们的价值。
解释	⑧ 取代这些老建筑的是摩天大楼（skyscrapers），和周边地区的其他建筑形成鲜明的对比（stand in stark contrast to）。
结果	⑨ 传统（classical）建筑的衰落会逐步削弱（eroded）人们的认同感（sense of identity），因为他们的审美观会与其他国家的趋于一致（converge）。
总结	⑩ 因此可以说（it is therefore fair to say that），很高的维修费用是说得过去的（justified），因为老建筑的文化价值和审美价值。
主体部分第二段	
中心句（经济资源）	⑪ 我们同时也要认识到（we should meanwhile acknowledge that）为了宽阔的街道和高层（high-rise）建筑而将过时的（obsolete）建筑拆除（demolish/dismantle）是一个很有吸引力的想法。

解释	⑫ 集中在城市中心地带（inner city area），一些老建筑要为土地利用不足（underutilisation）和交通网络（transportation networks）缓慢发展负责。
附加观点（科技发展）	⑬ 同时需要注意的事实是（it should also be noted that）老建筑在灯光、安全、卫生（sanitation）、通风（ventilation）、排污（sewage treatment）等方面都逊色于新建筑。
结果	⑭ 通过重新修建（are remodelled）街道和提升（are upgraded）基础服务（utilities），市中心看起来更加舒服和更加宜居（liveable）。
结果	⑮ 这是城市发展的前提（precursor），因为投资者一般不喜欢那些看上去不够现代化的城市。
结论段	
再次表明立场	⑯ 总结来说，老建筑的价值需要从更广的角度（a broader perspective）去衡量，而城市的扩展不应该是唯一的考虑因素。
总结观点	⑰ 新建筑应该和现存建筑共存（compatible），避免对文化认同感产生负面影响。

◎ 语言改进和语法知识（*Grammatical Range and Accuracy*）

句 *1:* The explosive growth of urban populations have necessitated the reconstruction and expansion of cities to satisfy the needs of contemporary society.

改："growth...have" 主谓不一致；满足社会的需要不是很恰当，满足人们的需要可能更好。

正：The explosive growth of urban populations has necessitated the reconstruction and expansion of cities to satisfy the needs of city dwellers in contemporary society.

句 *2:* It is advised that obsolete buildings should demolish as it has retarded the development of cities.

改："demolish" 应该用被动语态；"it" 不能指代 "buildings"。

正：It is advised that obsolete buildings should be demolished as these buildings have retarded the development of cities.

句 *3:* This advice is reasonable, in the public interest, but city planners should be pay close attention to the preservation and renovation of some historical building.

改："reasonable" 和 "in the public interest" 应该是并列关系，使用连词；"some" 后面的名词应该是复数；"be" 后面不能加动词原形。

正：This advice is reasonable and in the public interest, but city planners should pay close attention to the preservation and renovation of some historical buildings.

句 4: Obviously, the reconstruction of a city will damage a city or country's architectural heritages, as older buildings are normally represent a unique architectural style.

改："heritage"是不可数名词；"are represent"不符合语法。

正：**Obviously, the reconstruction of a city will damage a city or country's architectural heritage, as older buildings normally represent a unique architectural style.**

句 5: Some historical buildings are an integral part of a city cityscape, especially when these buildings are landmarks buildings.

改："a city"在这里要用所有格，才可以充当"cityscape"的定语；"landmark"应该用单数，因为名词复数不能修饰名词。

正：**Some historical buildings are an integral part of cityscape, especially when these buildings are landmark buildings.**

句 6: For example, if there is no Forbidden City, Beijing and New York have not too much difference.

改：这句话应该使用虚拟语气，表示假想的情况。

正：**For example, if the Forbidden City were demolished, Beijing would not be distinct from New York.**

句 7: These buildings have withstood the test of time, which highlight their values.

改：定语从句应该修饰的是"withstood the test of time"，主谓不一致，这里用分词也可以。

正：**These buildings have withstood the test of time, highlighting their values.**

句 8: Replace these old buildings are skyscrapers, which stand in stark contrast to the buildings in surrounded areas.

改："replace"是动词，不能充当主语；"surrounded by"是比较习惯的搭配，而这里是"surrounding area"。

正：**The replacements of these old buildings are skyscrapers, which stand in stark contrast to the buildings in surrounding areas.**

句 9: The collapse of classical architectures can eroded people's sense of identity, because their aesthetical values will be converged.

改："architecture"是不可数名词；"can"后面只能加动词原形；"converge"这里是不及物动词。

正：**The collapse of classical architecture can eroded people's sense of identity, because their aesthetical values will converge with those in other countries.**

句 *10:* It is therefore fair to say that the high cost of maintenance can be justified because of old buildings' aesthetic values and cultural values.

改："justified by"是习惯表达。

正：It is therefore fair to say that the high cost of maintenance can be justified by old buildings' aesthetic values and cultural values.

句 *11:* We should meanwhile acknowledge that an attractive idea is that dismantle obsolete constructions for broad streets and high-rise building.

改："is that"如果引导的是表语从句，从句应该是个完整的句子；"an attractive idea"多余；"building"应该用复数，和前面的"street"对称。

正：We should meanwhile acknowledge that it is tempting to dismantle obsolete constructions for broad streets and high-rise buildings.

句 *12:* As they are concentrated in inner city areas, some older buildings constitute a primary cause of the underutilisation of lands and the slow development of transportation networks.

改："as they are"可以省略，在从句的主语和主句主语一致的情况下，又表示一定的因果关系，可以用分词结构；"constitute a primary cause of"显得比较啰唆。

正：Concentrated in inner city areas, some older buildings are responsible for the underutilisation of lands and the slow development of transportation networks.

句 *13:* It should also be noted that older buildings are not the same good as new buildings in lighting, safety, sanitation, ventilation and sewage treatment and so on.

改："the same...as"一般只加名词，而"good"是形容词；前面几个名词已经出现"and"的情况下，不能再出现"and so on"。

正：It should also be noted that older buildings are overshadowed by new buildings in lighting, safety, sanitation, ventilation and sewage treatment.

句 *14:* By remodelling streets and upgrading utility services, central cities can improve the image and make the city to be more liveable.

改："cities... make the city..."表达不恰当；"make something +adjective"是习惯表达。

正：As streets are remodelled and utilities are ungraded, central cities are pleasing to the eye and more liveable.

句 *15:* This is the precursor of a city's development, as investors are not interested in those cities appear to be not modernised.

改：后半句中有"are not interested in"和"appear to be"两个动词；"appear to be"后面一般不加被动式。

正：This is the precursor of a city's development, as investors are not interested in run-down urban areas.

句 *16:* To summarise, the value of old buildings should be perceived from a broader perspective, while city' expansion should not be taken as an only priority.

改："city"是可数名词，在这里应该用可数名词复数，因为不止一个城市；"only"一般使用定冠词。

正：To summarise, the value of old buildings should be perceived from a broader perspective, while cities' expansion should not be taken as the only priority.

句 *17:* New buildings should be compatible with existing buildings in order to not undermine cultural identity.

改："in order not to"或者"so as not to"是习惯表达，意思是"为了不去……"。

正：New buildings should be compatible with existing buildings so as not to undermine cultural identity.

◎ 论述的紧凑和连接（*Coherence and Cohesion*）

	所用连接词	功能
主体部分第一段	Obviously...	引出中心句
	For example...	举例
	It is therefore fair to say that...	总结
主体部分第二段	We should meanwhile acknowledge that...	转折，引出相反观点
	It should also be noted that...	引出第二个论点

It is argued that we are living in a throw-away society: people throw away what they use in daily life, instead of recycling or reusing them. Why has this happened and how to address this issue?

◎ 解题（*Task Response*）

关键词："throw-away"，"recycling or reusing"

问题方式：报告类题目；主体部分一段讨论原因，一段讨论解决方法。

◎ 结构和关键词（*Structures and Key Words*）

介绍段	
背景句	① 过去十年已经看到了公众意识在环境问题上的显著提高。
改写题目	② 消费品（consumer goods）的使用和处理（disposal）所产生的环境影响已经成为关注的一个事情（a cause for concern）。
阐述立场或者说明文章讨论内容	③ 关注这个问题怎么发生的和如何解决这个问题是重要的。
主体部分第一段	
中心句（经济发展和社会价值观）	④ 乱扔东西的文化（throw-away culture）不断发展主要是因为他们收入更高，可以购买很多产品，从一次性用品（disposable products）到电子产品。
解释	⑤ 人们往往喜欢赶潮流，他们认为拥有一些产品，譬如手机，是地位的象征。
解释	⑥ 生产力（productivity）的提高以及技术的革新助长了这个趋势，因为很多产品，特别是包装食品（packaged foods）和家庭用品（household products）越来越便宜（affordable）。
主体部分第二段	
中心句（社会：环境）	⑦ 人们的环境意识也是另外一个原因。
解释	⑧ 消费者对于自己行为所产生的后果(consequences)无动于衷(indifferent)。
解释	⑨ 他们确实没有意识到他们的消费习惯会导致能源消耗，废物产生和污染增加。
主体部分第三段	
中心句（科技发展）	⑩ 因为产品的过度消费（overconsumption）很普遍（pervasive），采取一些措施去减少（mitigate）污染是很重要的。
举例（科技发展）	⑪ 一个主要的策略是使用生物可降解材料（bio-degradable materials）， 这样可以减少那些塑料袋、包装还有金属对环境的伤害。
附加观点（个人行为）	⑫ 此外，提高人们的环保意识（environmental awareness）也是重要的，因为这改变人们使用和处理产品的方式。
举例	⑬ 譬如，人们被鼓励去保留旧的产品，只要这些产品还可以正常使用（function）。
解释	⑭ 环保团体（environmental group）应该传播（disseminate）关于如何回收利用一次性物品以及家电产品（household appliances）的知识。

结论段	
总结观点	⑮ 人们对消费的态度和可支配收入（disposable income）的增加是乱扔东西的文化流行背后的主要原因。
总结观点	⑯ 要成功的解决这个问题，首要的事情（priority）是提高人们对环境保护的意识，这样才会引起他们生活方式的改变。

◎ 语言改进和语法知识（*Grammatical Range and Accuracy*）

句 *1:* We have already see that the public awareness on environment problems has increased in the past decade.

改：“see”的过去分词是“seen”；“awareness”后面的介词是“of”。

正：The past decade has seen a marked increase in <u>the public awareness of environmental issues</u>.

句 *2:* The environmental impact was generated by the use and disposal of consumer goods, which has already become a cause for concern.

改：和原意不符，构成“a cause for concern”的是“environmental impact”，而不是“consumer goods”。

正：The <u>environmental impact</u> of the use and disposal of <u>consumer goods</u> has become a cause for concern.

句 *3:* Focus on the problem how to happen and how to solve is important.

改：“Focus”是动词，不能作主语；“the problem”应该出现在从句当中。

正：It is important to focus on how this problem has happened and how to solve this problem.

句 *4:* The development of throw-away culture is mainly due to the increase of payment, thereby purchasing many products, include disposable products and electronic products.

改：“culture”是可数名词，需要加冠词；“payment”是花费的意思，不是收入；主语是“development”，不能去“purchase many products”，所以分词不对；“include”是动词，应该是介词“including”。

正：The throw-away culture has developed primarily because people now have higher incomes and can afford many products, ranging from disposable products to electronic products.

句 *5:* People show a preference to follow fashion most of the time and consider some possessions, such as cell phones, as status symbols.

改：“show a preference for”比较多见，而不是“preference to do”；“most of the time”很多时候放在句首。

正：More often than not, people tend to follow fashion and they regard some material possessions, such as cell phones, as status symbols.

句 *6:* The increase of productive and the innovation of technology have driven this trend, because many products are more affordable, especially packaged food and household products.

改：“of”是介词，后面要加名词，而“productive”是形容词；“especially”引导同位语，应该跟在所解释名词的后面。

正：The improvement of productivity and the innovation of technology have driven this trend, because many products, especially packaged food and household products, are more affordable.

句 *7:* People's environmental aware is the other reason.

改：“aware”是个形容词，不能充当主语；“the other”是两者中的另外一个，这里不恰当。

正：People's environmental awareness is another reason.

句 *8:* At the same time, they indifferent to the impact of their actions.

改：“indifferent”是形容词，句子缺少动词；“at the same time”一般强调两个同时发生的动作，这里多余。

正：Consumers are indifferent to the consequences of their behaviour.

句 *9:* They did not realise it was their consume habits that contributed to the great waste of energy and the increase of the waste and pollution.

改：没有必要用过去时态；“consume”动词，不能修饰名词；“waste”是不可数名词，不需要加定冠词。

正：They do not realise that it is their buying habits that cause the consumption of energy, create waste and increase pollution.

句 *10:* Since the overconsumption of products is pervasive, it is crucial to take measures to mitigate the pollution.

改：“crucial”后面的“to”是介词，不能加动词；“the”多余，不需要特指。

正：As the overconsumption of products is pervasive, it is important to take some measures to mitigate pollution.

句 *11:* A core method is to use bio-degradable materials, as a result, this can lessen the environmental destruction caused by those plastic bags and metals.

改：“core”一般不修饰“method”；“as a result”充当状语，不能作连词。

正：One main solution is to use bio-degradable materials, which can reduce the damage caused by plastic bags, packages and metals to the environment.

句 *12:* In addition, it is essential to place emphasis on people's environmental awareness, because it is beneficial for changing people's way of using and disposing products.

改：“essential”后面的“to”是介词，不能加动词；“beneficial for/to”后面大部分情况下加名词，而不是动名词；“raise awareness”比较常见。

正：In addition, it is important to raise people's environmental awareness, as it changes the ways in which people use and dispose of products.

句 *13:* For example, people are encouraged to retain the old products, as long as the function of these products are good enough.

改：“function...are good”主谓不一致，而且不是习惯表达。

正：For example, people are encouraged to keep/possess old products, as long as these products function appropriately.

句 *14:* Environmental groups should disseminate the knowledges about how to recycle disposable goods and household appliances.

改：“knowledge”是不可数名词。

正：Environmental groups should disseminate the knowledge of how to recycle disposable goods and <u>household appliances</u>.

句 *15:* People's attitude of consumption and disposable income increase is the important reasons for overconsumption.

改：“attitude” 后面的介词一般是“to”或者“toward”；主语是两个名词，因此谓语动词要用复数；“increase”应该是主语，而不是“disposable income”。

正：People's attitude toward consumption and the increase in disposable income are main reasons behind the prevalence of the throw-away culture.

句 *16:* The priority of solving the problem successfully is to increase the awareness of environmental problems thus will lead to the change of their lifestyles.

改：句中有“is”和“will lead to”两个谓语，应该引入一个从句。

正：To address this problem successfully, the top priority is to raise people's awareness of environmental protection, which can lead to a change to their lifestyles.

◎ 论述的紧凑和连接（*Coherence and Cohesion*）

	所用连接词	功能
主体部分第二段	...is another reason.	引出第二个观点
主体部分第三段	One main solution...	引出第一个方法
	In addition...	引出第二个方法
	For example...	举例

Many people are moving from rural areas to big cities. Why has this happened? To what extent do you think it is a good trend?

◎ 解题（*Task Response*）

关键词：“moving”，“from rural areas to big cities”

问题方式：混搭的题目，报告类和观点类的结合。主体部分可以分两段，第一段回答第一个问题：“城乡转移的原因”；第二段回答第二个问题：“个人对于这个趋势的看法”；考生不能忽略任何一个问题。

◎ 结构和关键词（*Structures and Key Words*）

介绍段	
背景句	① 乡村到城市的迁徙（rural-urban migration）是很多国家，特别是发展中国家最近十年见到的最明显的趋势之一。
改写题目	② 随着这个趋势的持续增长，这激发（sparked）起人们的兴趣：到底是什么驱使乡村居民涌向（flock to）城市。
阐述立场	③ 除了讨论造成这个现象的原因之外，这篇文章会分析它的影响。
主体部分第一段	
中心句（社会）	④ 很明显的是（it is apparent that），很多乡村来的人将城市看做是一个很有吸引力的（inviting）地方，在那里他们可能找到更高收入的工作。
解释	⑤ 相比之下，乡村地区的工作机会很少，因为很多行业发展不完善（underdeveloped），消费力比较弱。
举例	⑥ 另外一个观点是（another argument is that）城市居民比乡村居民更加容易获得公共服务，包括教育和健康保健，因此可以享受更好的生活。
结果	⑦ 年轻夫妇希望孩子在城市接受好的教育，从而可以摆脱贫穷（cycle of poverty）。
主体部分第二段	
中心句（社会）	⑧ 乡村转移（rural-to-urban shift）的一个主要问题是城乡收入差距（rural-urban income disparity）变大，而不是减小。
解释	⑨ 主要原因是有雄心的、精力充沛的、勤奋的和有创造力的人们用城市生活去替代农村生活（trade...for...）。
结果	⑩ 乡村地区的生产力不断下降；结果就是很多乡村人口生活在贫困线以下（below the poverty line），而城市人口面临食品短缺和物价飞涨的问题。

附加观点	⑪ 另外一个问题是很多移居者（migrants）最后（end up doing something）要住在贫民窟（slums）和忍受恶劣的生活条件（living conditions），因为他们很多人受教育程度很低，技能比较低（semi-skilled），很难找工作。
结果	⑫ 在最坏的情况下（in extreme cases），他们可能会为了快钱（adventurous money）而犯罪，对城市社区（urban societies/communities）产生伤害（inflicting harm）。
附加观点	⑬ 此外，移居者的到来会对城市的设施和住房产生很大的需求。
结果	⑭ 如果城市容纳（accommodate）不了他们的需要，交通堵塞、污染和垃圾处理会加重。
结论段	
再次表明立场	⑮ 总而言之，就业机会和设施的存在解释了为什么城市比农村更加具备吸引力。
总结观点	⑯ 某些问题，如经济不平衡（economic imbalance）和住房紧缺（housing shortage），并不会因为城乡人口的转移而得到解决。

◎ 语言改进和语法知识（*Grammatical Range and Accuracy*）

句 *1:* Rural-urban migration is one of the most significant trend observed in many countries, especially in developing countries, over the past decade.

改：“one of...”后面一般加名词复数；“especially”后面一般加名词，作同位语，不需要加介词。

正：Rural-urban migration is one of the most significant trends observed in many countries, especially developing countries, over the past decade.

句 *2:* With this trend continues to grow, it has been sparked public interest in what drives rural residents to flock to cities.

改：“with”是介词，后面不能加句子；“has/have done ”是完成时态的谓语形式，这里不需要被动。

正：As this trend continues to grow, it has sparked public interest in what drives rural residents to flock to cities.

句 *3:* As well as discuss the factors contributing to this trend, this essay will analyze its effects.

改：“as well as”在句首的时候，类似于“in addition to”，后面应该加动名词；“analyze”是美式拼写。

正：As well as discussing the factors contributing to this trend, this essay will analyse its

effects.

句 4: It is apparent that many people from rural communities regard the city as inviting place, which they are more likely to find well-paid jobs.

改："place"可数名词，在这里应该用不定冠词，和前面的"the city"对应；"which"不恰当，因为先行词"place"应该是从句的地点状语"at this plaice"，而"at which"等于"where"。

正：It is apparent that many people from rural communities regard the city as an inviting place where they are more likely to find well-paid jobs.

句 5: By contrast, employment opportunities are not enough in rural areas, due to many industries remain underdeveloped and buying power is weak.

改："not enough"是非正式表达；"due to"是介词，后面不能加句子。

正：By contrast, employment opportunities are scarce in rural areas, due to the fact that many industries remain underdeveloped and buying power is weak.

句 6: Another argument is that city dwellers gain a broader access to public services including education and health care and enjoy better standard of living.

改："standard"是可数名词，要么加冠词，要么用复数；"access"是不可数名词，一般不需要加不定冠词。

正：Another argument is that city dwellers gain broader access to public services including education and health care and enjoy better standards of living.

句 7: Young couples expect their children receive quality education in urban settings, so they can break the cycle of poverty.

改：主句有两个动词，"expect somebody to do something"是固定表达。

正：Young couples expect their children to receive quality education in urban settings, so they can break the cycle of poverty.

注：想拿 7 分的考生可以加个并列句，这样句子结构复杂点：Young couples expect their children to receive quality education in urban settings, so they can improve their job prospects and break the cycle of poverty.

句 8: One main problem associated with rural-to-urban shift is that rural-urban income disparity will grow up, instead of diminishing.

改："shift"是可数名词，应该加不定冠词；"grow up"表示人或者植物的成长；"gap narrows"的搭配更为常见。

正：One main problem associated with a rural-to-urban shift is that rural-urban income disparity will grow, instead of narrowing.

句 *9:* The main reason is that ambitious, energetic, industrious and talented people have traded living in rural areas for urban lifestyles.

改：“trade...for...”前后单词或者词组应该一致。

正：The main reason is that ambitious, energetic, industrious and talented people have traded rural life for urban lifestyles.

句 *10:* The productivity of the workforce in rural areas is in decline, as a consequence, many rural residents live below the poverty line while urban populations are confronted with food shortage and soaring costs of food.

改：“as a consequence”是充当状语的词组，不是连词，不能连接两个独立的句子。

正：The productivity of the workforce in rural areas is in decline; as a consequence, many rural residents live below the poverty line while urban populations are confronted with food shortage and soaring costs of food.

句 *11:* Another problem is that many migrants end up living in slums and tolerating harsh living conditions, because they are poorly-educated, semi-skilled and difficult to find jobs.

改：人没有难易之分，所以不能说“they are difficult to find jobs”。

正：Another problem is that many migrants end up living in slums and tolerating harsh living conditions, because they are poorly-educated, semi-skilled and jobless.

句 *12:* In worst cases, they may be commit crimes for adventurous money, which inflict harm on urban communities.

改：“be+do”的搭配不好；定语从句修饰的不是“adventurous money”，而是前面整个的事情，所以不恰当，改成现在分词，表示结果。

正：In extreme cases, they may commit crimes for adventurous money, inflicting harm on urban communities.

句 *13:* Besides, the inflow of migrants will creates a significant demand for facilities and housing in cities.

改：情态动词“will”后动词使用原形。

正：Besides, the inflow of migrants will create a significant demand for facilities and housing in cities.

句 *14:* If cities fail to accommodate their needs, traffic congestion, pollution and waste treatment will aggravate.

改：“aggravate”是及物动词，后面应该有宾语，或者使用被动。

正：If cities fail to accommodate their needs, traffic congestion, pollution and waste treatment will be aggravated.

句 *15:* To summarise, the availability of job opportunities and facilities explain why cities are more attractive than rural areas.

改：主语是"availability"，不可数名词，主谓不一致。

正：To summarise, the availability of job opportunities and facilities explains why cities are more attractive than rural areas.

句 *16:* Some problems, such as economic imbalance and housing shortage, are not solved because the rural-to-urban population shift.

改："are not solved by"是习惯表达；"because"是连词，不能接名词。

正：Some problems, such as economic imbalance and housing shortage, remain unsolved because of the rural-to-urban population shift.

◎ 论述的紧凑和连接（*Coherence and Cohesion*）

	所用连接词	功能
主体部分第一段	It is apparent that...	引出中心句
	By contrast...	对比
	Another argument is that...	引出第二个论点
主体部分第二段	One main problem associated with ...is that...	引出反方观点
	The main reason is that...	解释
	Another problem is that...	引出第二个论点
	In extreme cases...	举例
	Besides...	引出第三个论点

Today, people do not always work for the same job. Why does it happen and how do people prepare for job insecurity?

◎ 解题（*Task Response*）

关键词："the same job"，"always"，"prepare for job insecurity"

问题方式：报告类题目，主体部分可以分两段，第一段回答第一个问题："什么因素导致了工作的不稳定性"；第二段回答第二个问题："如何面对这个变化"；考生不能忽略任何一个问题。

◎ 结构和关键词（*Structures and Key Words*）

介绍段	
背景句	① 在这个快速变化的世界里，似乎期望得到一份永久的（permanent）工作不再现实（unrealistic）。
阐述立场	② 除了讨论影响工作稳定性（job security）的一些因素，这篇文章还会建议一些帮助人们应付工作不稳定性的方法。
主体部分第一段	
中心句（社会和经济）	③ 一个无法回避的事实是（the inescapable fact is that）商业世界有那么多不可预测的因素，以至于很多公司， 即便是那些曾经雇用上万员工的公司，也可能随时倒闭（go bankrupt）。
结果	④ 人们已经适应了这么一个看法：他们随时都有可能因为雇主的财政困难而被解雇。
附加观点	⑤ 此外，科技发展如此之快，以至于很多人不能够及时提高他们的技能去适应雇主新的要求。
举例	⑥ 譬如很多人因为不熟悉最新的软件而跟不上工作节奏（pace）。
附加观点	⑦ 还有一个问题是，一些科技的大量使用（proliferation），如自动化，大大提高了效率和工作能力，使一些工作变成了多余的（redundant）。
主体部分第二段	
中心句（社会和个人）	⑧ 当工作稳定性现在已经是一个奢望（fantasy）的时候，找到一些应对的方法（countermeasures）是重要的。
观点 1	⑨ 我们需要不断提高自己的技能，接受教育和工作培训，确保自己可以适应一个不断改变的工作环境。
举例	⑩ 譬如很多人目前都学习第二语言，因为在很多公司，国际化是一个明显的趋势。
附加观点	⑪ 对于很多人来说，另外一个选择就是开始自己的生意。
解释	⑫ 事实上，一些新的商业模式，如电子商务（E-commerce）和加盟连锁（franchise），给自营（self-employment）提供了很多前所未有的机会。
附加观点	⑬ 前途未卜也提醒我们：我们需要注意个人储蓄，以帮助我们更好地处理失业带来的问题。
结论段	
总结观点	⑭ 简单来说，变化莫测的（turbulent）经济环境和不可停止的（unstoppable）技术发展解释了工作机会的不稳定性（uncertainty）。
总结观点	⑮ 比较好的解决这个问题的方法包括培训和自营。

◎ 语言改进和语法知识（*Grammatical Range and Accuracy*）

句 *1:* In this world changes fast, it seems to be unrealistic find a permanent job.

改：“in”介词后不能加句子；主句中有“seem”和“find”两个动词。

正：In this fast-changing world, it seems to be unrealistic to find a permanent job.

句 *2:* In addition to discuss some factors affect job security, this essay will suggest some methods that assists people to cope with job uncertainty.

改：“in addition to”介词短语后面不能加动词原形，也不能加句子；“methods that assists”定语从句主谓不一致。

正：In addition to discussing some factors that affect job security, this essay will suggest some methods that assist people in coping with job uncertainty.

句 *3:* The inescapable fact is that in business world, there are lots of uncertainty to cause many companies, even these companies which recruit ten thousands workers might be bankrupt at anytime.

改：“lots of”是口语表达；“cause”动词后不能加句子“many companies...may be bankruptcy”；“thousand”只有在“thousands of”的时候才有复数；“anytime”副词，前面不需要介词。

正：The inescapable fact is that the business world has so many unforeseen factors that even those companies which recruit tens of thousands of workers can go bankrupt anytime.

句 *4:* People have got used to this opinion: they might be fired anytime because of employee's financial problem.

改：“fire”过于口语化，常用的词应该是“dismiss”或“lay off”；“employee”（雇员）系拼写错误，应为“employer”（雇主）。

正：People have subscribed to the notion that they might be dismissed anytime because of employers' financial hardship.

句 *5:* In addition, the development of technology is so fast that people's techniques are not able to adapt to new request of employers.

改：“adapt”只是“适应”的意思；“request”表示“请求”的意思；“technique”是做某事的技巧，而“skill”是人们所拥有的技能。

正：In addition, technology has developed so rapidly that many people fail to upgrade their skills in a timely manner to meet employers' renewed requirements.

句 *6:* Such as, because many people are not familiar with new software, they cannot follow the pace of work.

改：“such as”不能放在句首；在形容科技、软件和音乐作品时，“最新的”一般用“latest”这个词。

正：For example, many people cannot follow the pace of work because they are not familiar with the latest software.

句 *7:* Therefore, the development of technology, for example, automation, improving efficiency and productivity, cause some work becomes unnecessary.

改：“development...cause”主谓不一致；“cause something to do”是习惯表达；“therefore”表示因果关系，在这个语境明显不恰当。

正：It is also a problem that the proliferation of some technologies, such as automation, has improved efficiency and productivity, making some jobs redundant.

句 *8:* When job security has become a fantasy, take some countermeasures is important.

改：“take”是动词，不能作主语。

正：When job security is now a fantasy, it is important to take some countermeasures.

句 *9:* We should keep improving our technique, receive education and training, make sure ourselves can adapt to the rapidly-changing environment.

改：三个并列的动词“keep, receive, make sure”没有连词；“make sure”后接宾语从句的时候应该加“that”；“ourselves”不能充当主语。

正：We should improve our transferable skills by receiving education and training so as to make sure that we can adapt to the rapidly-changing environment.

句 *10:* For example, so far many people learn second language, because in many companies, internationalization is a clear trend.

改：“language”是可数名词，应该加冠词，或者用复数；“internationalization”是美式拼写。

正：For instance, many people are currently studying a second language, because in many companies, internationalisation is a clear trend.

注：想拿7分的考生可以尝试拓展一下句子，说清楚影响：For instance, many people are currently studying a second language, because in many companies, internationalisation is a clear trend and they have to hurdle language barriers in the workplace.

句 *11:* The other choice for many people is operate their own businesses.

改：“The other”指两者之间的另外一个，不恰当，因为选择“choice”肯定超过两个；“be do”不符合语法。

正：Another choice for many people is to operate their own businesses.

句 *12:* It is true that some new business model, such as E-commerce, franchising, have provided many unprecedented opportunities for self-employment.

改：“some”后面的名词应该是复数；“such as”后面的两个名词之间应该有连词。

正：It is true that some new business models, such as E-commerce and franchising, have provided many unprecedented opportunities for self-employment.

句 *13:* This also reminds us a fact that we should have some personal saving to help to solve problems arise from unemployment.

改：“remind somebody that”是固定表达；“savings”一般是复数；“arise from”动词词组，在这里要么改成定语从句，要么用分词结构；“this”一般指代上面一句话的内容，在这里很明显指代不清楚。

正：The uncertain future also reminds us that we should pay attention to personal savings, in order to deal with problems arising from unemployment.

句 *14:* In brief, the development of economic and technology explain that the uncertainty of job opportunities.

改：“explain”加宾语从句的时候，和“state/say/argue”这些词没什么区别；“uncertainty”后面的介词一般是“about”。

正：In brief, the turbulent economic environment and unstoppable technological development account for the uncertainty about job opportunities.

句 *15:* The better way of solving problems including training and self-employment.

改：“way”应该是复数，因为有很多方式；“including”是介词，不是动词，句子缺少谓语。

正：The better ways of addressing this issue include training and self-employment.

◎ 论述的紧凑和连接（*Coherence and Cohesion*）

	所用连接词	功能
主体部分第一段	The inescapable fact is that...	引出中心句
	In addition...	引出第二个论点
	For example...	举例
	It is also a problem that...	引出第三个论点
主体部分第二段	When..., it is important to take some countermeasures.	引出方法的段落
	For instance...	解释.
	Another choice for many people is to...	引出第二个论点
	It is true that...	解释
	...also reminds us that...	引出第三个论点

第6类　教育

教育是每年雅思考试的必考题目；不管在中国还是在其他国家，教育和其他行业一样不断在更新和发展，教育学家和教师一直在研究教育的内容、方法和方式，培养出符合社会需要的学生；总体来说，教育对学生的影响可以从智力、知识、体育、道德、社交、实践几个方面去讨论。

（1）智力方面：教育方法和途径是否可以提高学生的学习能力（intellectual abilities）和学习技能。

（2）知识方面：学生掌握的知识是否全面（full knowledge of a subject），包括理论知识和实践知识。

（3）体育方面：教育是否可以帮助学生养成好的生活习惯（maintain a healthy lifestyle），保持身心健康（physical and psychological well-being）。

（4）道德方面：学生的言行举止是否符合社会要求（adhere to code of conduct），是否有很好的是非观念和正义感。

（5）社会方面：学生是否掌握好的交流技巧和社会技能，能和不同背景的人相处。

（6）实践方面：学生是否掌握好的工作技能，有好的动手能力（first-hand knowledge），有丰富的工作经验（practical experience）。

人在不同的生活阶段有不同的性格、行为、观念、目标、习惯、生活方式和喜好。儿童的特点是接受知识的速度很快，对世界充满好奇，容易受到外界的影响（impressionable）。在这个年龄段，父母和老师的角色非常重要，他们的教育方法和技能决定了小孩的性格和行为发展，因为小孩还没有具备足够的辨证和思考能力（critical thinking skills）。

8个典型话题

Some people think schools should only teach students academic subjects. Others think schools should also teach students how to discriminate between right and wrong. Discuss both views and give your own opinion.

◎ 解题（*Task Response*）

关键词：“academic subjects”，“discriminate between right and wrong”

问题方式：论述类题目。“讨论正反观点和给出你的看法”题型，必须两边讨论，也就是主体部分第一段要讨论“为什么只教学术课程”，第二段要讲述“道德教育的必要性”；结论一定要表明立场。

◎ 结构和关键词（*Structures and Key Words*）

介绍段	
背景句	① 学校一直被认为是一个提高人们职业前景（prospects）和创造个人财富的地方。
改写题目	② 然而，这个观念已经被很多人否定（refute），他们觉得教育需要包括和强调道德教育（moral education）。
阐述立场	③ 在我看来，有行为问题（behavioural problems）的小孩很难成功，不管他们的学习成绩如何。
主体部分第一段	
中心句	④ 很多老师认为学生应该专注主科（core subjects），因为这些课程决定了他们以后是否可以进大学。
解释	⑤ 在这些课程里学到的知识可以给学生的职业发展上很好的开始（a flying start）。
对比	⑥ 如果学生还要花时间学习道德准则和行为规范，他们可能会觉得有时间压力。
主体部分第二段	
中心句	⑦ 无可否认的是，道德教育可以提醒人们一些重要的美德（virtues），如诚实 （honesty）、正直 （integrity）和无私（altruism），这些对社会进步和社会凝聚力（social cohesion）是至关重要的。
解释	⑧ 学生如果意识到这些美德，他们会知道怎么和别人和睦相处，怎么为别人的利益着想。
结果	⑨ 这样他们就可以很好的使用知识去为社会做贡献，他们也会和别人建立起有意义的关系。
主体部分第三段	
中心句	⑩ 我个人觉得，学生对道德的认识决定了他们的成功。
结果	⑪ 这不仅会改善他们在学校的行为，也可以避免一些常见的问题，譬如，抽烟、喝酒、暴力、性行为等。
结果	⑫ 这些问题会影响他们的学业，也会对他们的职业发展产生无可弥补的伤害（irreparable damage）。
举例	⑬ 譬如，如果学生们不知道酗酒的影响，这个行为就会影响他们的工作表现和成年后的家庭生活。
结论段	
再次表明立场	⑭ 考虑到道德教育对于社会发展和个人成功的重要性，道德教育应该出现在学校课程（curriculum）里。
总结观点	⑮ 没有道德教育，社会会充斥着（teeming with）不负责任的行为，而年轻人不可能过有意义的和成功的（meaningful and fulfilling）人生。

◎ 语言改进和语法知识（*Grammatical Range and Accuracy*）

句 *1:* School has always been considered as a place where it improves people's career prospect and creates personal wealth.

改："school"是可数名词，要么用复数，要么加定冠词；"a place where it"啰嗦，因为"it"指代"place"。

正：The school has long been regarded as the place that improves people's career prospects and generates personal wealth.

句 *2:* But this idea has been refuted by many people, who think that education needs to including and emphasise moral education.

改：书面语中"but"和"so"这样的连词最好不要出现在句首；"including"不是动词。

正：This notion has, however, been refuted by many people who believe that education should include and emphasise moral education.

句 *3:* In my opinion, children who have behavioural problems are difficult to success, despite their achievement.

改：人做主语的时候，不能说"are difficult to"；"success"是名词，这里需要一个动词；"despite"是"尽管"的意思，而不是"不管"。

正：In my opinion, children who have behavioural problems cannot achieve success easily, regardless of their academic performance.

句 *4:* Many teachers believe that students should focus on core subjects, as these courses decide to whether or not they can enter into colleges later.

改："decide"是及物动词，后面直接加宾语从句；宾语从句里，一般不要写"whether or not"；"enter"是及物动词，后面不需要加介词。

正：Many teachers believe that students should focus on core subjects, as these courses decide whether they can get into college later.

句 *5:* The knowledge that acquiring in those courses can provide a flying start to students'career development.

改：定语从句的谓语不完整，而且应该是被动语态；"those"代词使用错误；"to"介词使用不恰当。

正：The knowledge that is acquired in these courses can provide a flying start in students' career development.

句 *6:* If students still need to spent time on moral and behaviour of study, they may feel some stress.

改："need to"后面要加动词不定式；"study"在这里不应该使用名词；没有"feel stress"

这种说法。

正：**If students need to spend time studying moral principles and behavioural norms, they may feel time pressure.**

句 *7:* There is no denying that moral education can cultivate some important virtues, such as honest, integrity and altruism, those of which are important to social cohesion.

改：“virtue”（美德）一直存在，不可能培养；“honest”是形容词；“those of”多余；因为这个段落的内容也说了学生如何做贡献，所以中心句还需要写上“social progress”。

正：**There is no denying that moral education can raise students' awareness of some important virtues, such as honesty, integrity and altruism, which are crucial to social progress and social cohesion.**

句 *8:* If students recognize these virtues, they would understand how to deal with other people and how to care about other benefits.

改：“recognize”是美式拼写；“deal with”用词不当；“other”表示不出“别人”。

正：**If students recognise these virtues, they would understand how to get along well with other people and how to care about others' benefits.**

句 *9:* In this way, they can apply their knowledge to make contributions to the society, and they will form harmonious relationships with others.

改：“society”前面的定冠词可以去掉，习惯用法；两个单句使用一个主语；“meaningful relationships”更为常见。

正：**In this way, they can apply their knowledge to make contributions to society, and will form meaningful relationships with others.**

句 *10:* Personally, students' attitudes to morality determines their success.

改：“personally”表达不出原意；“attitude”是态度的意思；“attitudes determines”主谓不一致。

正：**Personally, I think that students' understanding of morality determines their success.**

注：想拿 7 分的考生可以尝试将“determine”后面改成名词从句：Personally, I think that students' understanding of morality determines what they can achieve in future.

句 *11:*This is not only improve their behaviour,but also alleviate some common issues,such as smoking,drinking,violence,and sexual behaviours and so on.

改：“is”加动词原形永远是错的；“alleviate issues”搭配不好；“and so on”前面不能加“and”；“behaviour”不可数。

正：**This not only improves their behaviour at school, but also prevents some behavioural problems, such as smoking, drinking, violence, sexual behaviour and so on.**

句 *12:* These problems will be affect their studies and cause irreparable damages on their career development.

改："be" 加动词原形永远是错的；"damage"不可数名词；"on"介词使用错误。

正：These problems will affect their studies and cause irreparable damage to their career development.

句 *13:* For example, if a student does not realise impact of excessive drinking, this behavior may influence their working performance and household life after adult.

改："impact"可数名词，需要冠词；"home life"固定表达；"after adult"没有这个表达；"their"指代不了"a student"。

正：For example, if students do not realise the impact of excessive drinking, this habit may influence their working performance and their home life after they reach adulthood.

句 *14:* In view of moral education is important to social development and personal achievement, it should be included in schools' curriculum.

改："in view of"后面只能加名词，而不是句子；"give opportunities to do something"是习惯表达。

正：In view of the importance of moral education to social development and personal achievement, it should be included in schools' curriculum.

句 *15:* Without moral education, the society is teeming with the irresponsible behaviours, so young people are unlikely to spend a meaningful and fulfilling life.

改："so"使用错误，这句话里没有因果关系；"spend"动词不恰当。

正：Without moral education, the society is teeming with irresponsible behaviour while young people are not likely to lead a meaningful and fulfilling life.

◎ 论述的紧凑和连接（*Coherence and Cohesion*）

	所用连接词	功能
主体部分第二段	There is no denying that...	引出第二个观点
	In this way ...	引出结果
主体部分第三段	Personally, I think that...	引出个人的看法
	For example...	举例

Schools should concentrate on the academic subjects that will be useful for students' future careers. Subjects such as music and sports are not useful. To what extent do you agree or disagree?

◎ 解题（*Task Response*）

关键词："academic subject"，"future careers"，"music and sports"

问题方式：观点类题目，可以单边或者两边讨论；范文使用的是单边讨论的方式，一段写音乐的优点，一段写体育的优点。

◎ 结构和关键词（*Structures and Key Words*）

介绍段	
背景句	① 在最近几年，在很多学校有一个趋势是从课程中减少如艺术类和体育类的科目，因为这些科目和学生们未来的工作没有直接的关系。
背景句的拓展和解释	② 这是基于一个事实（lies in the fact that）：教育只有在提高学生就业能力（employability）的时候才被人们珍视。
阐述立场	③ 虽然艺术和体育与学生的职业没有直接的联系，但是这些科目会给学生在职业上的成功带来不计其数的（countless）好处。
主体部分第一段	
中心句（学习能力）	④ 这是一个被广泛接受的看法（the idea that...has been widely accepted）：音乐对小孩的成长很重要。首先，音乐可以提高智力（intelligence）。
解释	⑤ 使用乐器（musical instruments）能够让学生懂得如何在同一时间协调（coordinate）身体的不同部分。
结果	⑥ 好处就是（the advantage is that）能够熟练使用乐器的学生在他们成年之后可以处理（juggle）不同的工作。
附加观点（社交技能）	⑦ 我们也必须认识到（it is important to realise that）：音乐可以缩短年轻人的距离（bridge the gap），不管种族、国籍和性别。
解释	⑧ 音乐可以培养年轻人合作的气氛，因为他们在乐队和合唱团（orchestra）里需要相互之间配合（collaborate）。
附加观点（个人健康）	⑨ 音乐同时被认为是一种健康的方式去释放（relieve）压力，因为它可以放松人们的心情，减少焦虑。
主体部分第二段	
中心句（身体发育）	⑩ 体育对儿童的身心健康也都有好处。

解释	⑪ 参加身体锻炼（physical activity）的学生可以持续保持健康的体重并有体力处理他们的学业。
结果	⑫ 这一点尤其重要，考虑到年轻人越来越沉溺于久坐的活动（sedentary activities），如玩电子游戏。
附加观点	⑬ 和音乐类似，体育，包括一些团体运动（team sports），强调合作，因此体育可以促进队员间的社会联系（social bonding）。 ⑭ 此外，一直有锻炼习惯的学生一般有积极的生活态度，从而能更容易处理压力。
结论段	
再次表明立场	⑮ 根据（in light of）这些因素，我们需要认同（acknowledge）体育和音乐对于学生以后职业成功的意义。
总结观点	⑯ 音乐可以提高学生的智力和社会能力，而体育可以加强学生的身体健康和自尊心（self-esteem）。

◎ 语言改进和语法知识（*Grammatical Range and Accuracy*）

句 *1:* In recent years, there is a trend among schools of removing those subjects which do not have a direct relation with occupations, such as arts and physical education.

改：“there is”一般现在时，而此处应该用现在完成时，因为“in recent years”；“trend toward doing something”是习惯搭配；“such as”加同位语，最好不要离修饰的名词很远。

正：In recent years, there has been a trend among schools toward removing subjects such as arts and physical education from the curriculum, because these subjects do not have a direct relation with students' future occupations.

句 *2:* It lies in the fact that education is valuable by people only when it improves students' employability.

改：“valuable by”不恰当，应该改成被动语态“valued by”。

正：It lies in the fact that education is valued by people only when it improves students' employability.

句 *3:* Although arts and PE are not related to careers, it has countless benefit to promote students to become successful in their careers.

改：“it”指代不清；“benefits to somebody/something”是习惯表达，而不是“benefits to do something”。

正：Although art and sport are not directly related to careers, these subjects have countless benefits to students' success in their careers.

句 *4:* The idea that music is important to children's development has been widely accepted. First of all, music must enhance/boost intelligence.

改：“intelligence”不能“raise”，用“enhance”或“boost”更恰当；“must”表示“一定要”，不恰当。

正：The idea that music is important to children's development has been widely accepted. First of all, music can enhance/boost intelligence.

句 *5:* Using musical instruments enables students to know how to coordinate different parts of their bodies.

改：“using”动名词充当主语，一般指代一种正在进行的动作，而不是强调一个具体的事情，因此使用名词为佳；“know”口语化。

正：The use of musical instruments enables students to gain an understanding of how to coordinate different parts of their bodies.

句 *6:* The advantage is that students who can use musical instruments familiar can juggle different task in their adulthood.

改：“familiar”是形容词，不能修饰“use”（动词）；“different”后面的可数名词一般为复数。

正：The advantage is that students who can use musical instruments proficiently can juggle different tasks in adulthood.

句 *7:* It is important to realize that music can bridge the gap among young people no matter whether race, nationality and gender.

改：“realize”是美式拼写；“no matter whether”后面一般加独立的完整句子。

正：It is also important to realise that music can bridge the gap among young people regardless of race, nationality and gender.

句 *8:* Music can develop teenager's cooperation as in a team or an orchestra would require them cooperating with others.

改：“as”连词，后面应该是完整的句子，而“in a team”介宾短语不能充当主语；“require somebody to do something”固定表达。

正：Music can foster the culture of cooperation among teenagers as they are required to collaborate with each other in a band or an orchestra.

句 *9:* Music is also considered as a healthy way of relieving stresses.

改：“stress”在这种情况下是不可数名词；在考场上，一个附加观点最好在一定程度上进行拓展。

正：Music is also considered as a healthy way of relieving stress, because it can lighten one's mood and reduce anxiety.

句 *10:* PE have advantages to school-age children's physical health and their brain health.

改：“PE have”主谓不一致；“their”和“children's”重复。

正：PE also has a beneficial effect on children's physical and mental health.

句 *11:* Students who continued to practice physical activity can maintain a healthy weight and stay a healthy lifestyle.

改：“continued”一般过去时，时态错误；“stay”是不及物动词，不能跟名词；“a healthy lifestyle”和前面的“physical activity”重复。

正：Students who engage in physical activity can constantly maintain a healthy weight and have stamina to handle their schoolwork.

句 *12:* This is particular important, consider young people are increasingly addicted to sedentary activity, such as playing video games.

改：“particular”是形容词，不能修饰形容词“important”；“considering”是介词，除非加上“that”，后面不能加完整的句子。

正：This is particularly important, considering that young people are increasingly addicted to the sedentary activity, such as playing video games.

句 *13:* Physical education is similar to music, P.E. include some teamwork, emphasise cooperation, so P. E. can promote social bonding.

改：句中有“is”，“include”和“emphasise”三个动词。

正：Similar to music, sports, including team sports, place emphasis on cooperation, so social bonding can be strengthened among players.

句 *14:* Furthermore, students always with exercise habit is normally optimistic about life. As a result, they can easily handle pressure.

改：“students is”主谓不一致；两个单句可以通过从句连接在一起；“with exercise habit”表达不是很地道。

正：Furthermore, students who exercise habitually normally have a positive attitude to life, which enables them to cope with stress easily.

句 *15:* In the light of these factors, we should be acknowledge the implications of music and sports to students' future career success.

改：“should do”是习惯表达，而不是“should be do”。

正：In light of these factors, we should acknowledge the implications of music and sports to students' future career success.

注：想拿7分的考生可以考虑用个名词性从句，增加句子的变化：From what has been discussed, we can see how important some non-academic subjects can be to students' future career success.

句 *16:* Music can advance students' intelligence and social ability and sports is able to prove students' physical health and self-esteem.

改：使用两个"and"意思不明确；"sports is"主谓不一致；"prove"是证明的意思。

正：Music can develop students' intellectual skills and social skills, while sports are able to improve students' physical health and self-esteem.

◎ 论述的紧凑和连接（*Coherence and Cohesion*）

	所用连接词	功能
主体部分第一段	The idea that...has been widely accepted.	引出中心句
	The advantage is that...	结果
	It is also important to realise that...	引出第二个论点
	...is also considered as...	引出第三个论点
主体部分第二段	This is particularly important, considering that...	解释
	Similar to...	比较
	Furthermore...	引出第二个论点

Some people think that children should obey the rules set by their parents and teachers, but others think that less control will help children to deal with their future adult life. Discuss both views and give your opinion.

◎ 解题（*Task Response*）

关键词："obey the rules"，"deal with their future adult life"

问题方式：讨论类题目。"讨论正反观点和给出你的看法"题型，必须两边讨论，也就是规则的好坏处都要讨论，要解释"为什么小孩需要遵守规则"，也要讨论"为什么少一点控制会帮助小孩处理以后的成年生活"；结论一定要表明立场。

◎ 结构和关键词（*Structures and Key Words*）

介绍段	
背景句	① 设定规则（rule-setting）一直以来都是老师和家长使用的约束（discipline）和教育小孩的方法。
改写题目	② 尽管这种方法如此普遍，但它的优点和缺点仍然是争论的一个问题（a matter for debate）。
阐述立场	③ 我觉得规则是双刃剑（double-edged sword），它可以帮助或伤害我们，因此，关键是我们怎么使用它。
主体部分第一段	
中心句（社会能力）	④ 规则的主要功能是让小孩对他们的行为负责，小孩因此会遵守行为规则，而不是表现不好（behave badly）。
解释	⑤ 不像成年人一样，小孩不知道自己行为产生的后果。
解释	⑥ 通过遵守规则，小孩会逐渐意识到怎样做才能为社会所接受。
举例	⑦ 譬如，小孩会尽量去避免攻击性的举动（aggressive behaviour）和不礼貌的语言（foul language），一旦他们知道这样的行为是不可能得到别人的认同时。
解释	⑧ 只有在长大之后他们才有知识和经验去衡量不同选择和对自己行为负责（act responsibly）。
主体部分第二段	
中心句（学习能力）	⑨ 有些时候，规则未必会对小孩的成长有好的影响，如果那些制定严格规则的父母过分强调小孩的顺从（obedience）。
解释	⑩ 小孩如此地依赖规则来做决定以至于他们自己没有独立解决问题的能力。
附加观点	⑪ 小孩要么对自己的决策能力 (decision making abilities) 没有信心，要么没有勇气将自己的看法付诸实践（put their ideas into practice）。
结果	⑫ 小孩遇到问题的时候会跑去问父母意见，担心自己做的会有不好的结果 (dire consequences)。
结果	⑬ 他们在这个竞争激烈的社会会很吃亏，因为他们需要表现出应付各种问题的能力。
结论段	
再次表明立场	⑭ 考虑到这些事实，我觉得规则是重要的，因为规则可以帮助小孩为成年期（adulthood）做准备。
总结观点	⑮ 然而，如果规则过分严厉，则会产生很多的问题。

◎ 语言改进和语法知识（*Grammatical Range and Accuracy*）

句 *1:* Rule-setting has been a method longly that teachers and parents has been adopted to discipline and educate children.

改：“longly”不存在，“long”也是副词，表示“一直以来”；“teachers and parents”主动采用一种方法，因此不应该用被动语态。

正：Rule-setting has long been a method adopted by teachers and parents to discipline and educate children.

句 *2:* Although this method is extensive used, its advantages and disadvantages are still a matter of debate.

改：“extensive”是形容词，不能修饰动词，应该用副词 extensively。

正：Although this method is extensively used, its advantages and disadvantages are still a matter of debate.

句 *3:* In my opinion, rules are double-edged sword and it can help us or hurt us, so the key is how to use it.

改：“it”指代不清；“the key is to do something”是习惯表达。

正：In my opinion, the rule is a double-edged sword, which can help or hurt us, so what matters most is how to use it.

句 *4:* The main function of rules is hold children accountable for their behaviours, so they will follow with behavioural norms, rather than behave badly.

改：“the function is to do something”是习惯表达；“behaviour”是不可数名词；“follow”是及物动词，不能加“with”。

正：The main function of rules is to hold children accountable for their behaviour, so they will follow behavioural norms, rather than behave badly.

句 *5:* Children are unlike adults not aware of the consequences of their behaviour.

改：“unlike somebody/something”一般充当状语，而不是表语。

正：Unlike adults, children are not aware of the consequences of their behaviour.

句 *6:* Through setting rules, children gradually develop an idea of how to be an acceptable people in society.

改：“setting rules”的主语是“parents”，而不可能是主句的主语“children”；“people”是名词复数，前面不能加“an”；一般来说“to do”比“to be”的语气要强。

正：By following rules, children will gradually develop an idea of how to act in a socially acceptable manner.

句 *7:* For example, children will do their best to avoid aggressive behaviour and foul language, once they realise those actions that cannot be accepted by others.

改："realise those actions"（意识到那些行为），和原意不符合。

正：For example, children will do their best to avoid aggressive behaviour and foul language, once they realise that those acts are not likely to be accepted by other people.

句 *8:* Only after they grow up, they will have knowledge and experience to evaluate different behaviours and act responsibly.

改："only+状语"放在句首的时候，主句都要倒装；"behaviour"是不可数名词。

正：Only after they grow up, will they have knowledge and experience to evaluate different choices and act responsibly.

句 *9:* Sometimes rules may not have great influence for children, if those parents establish the strict rules emphasise children's obedience.

改："influence"的介词用 on；从句中有"establish"和"emphasise"两个动词。

正：Sometimes rules may not have a positive influence on children, if those parents who establish the strict rules overemphasise children's obedience.

句 *10:* Children rely on rules to so a degree that they are not able to solve problems independently.

改："so...that"搭配里，"so"一般修饰形容词或者副词，而"degree"是名词。

正：Children rely on rules to such a degree that they are not able to solve problems independently.

句 *11:* Children either do not have confidence for their decision making abilities or do not have courage put into practice for their view.

改："confidence"后面的介词应该是"in"；"courage"后面要加不定式；"put something into practice"固定表达。

正：Children either do not have confidence in their decision making abilities or have courage to put their ideas into practice.

句 *12:* Those who ask parents' opinion, when they face problem and worry about dire consequences.

改：两个从句，一个定语，一个状语，没有主句；"problem"和"opinion"都是可数名词，都应该用复数。

正：When facing problems, children turn to parents for advice, fearing that what they do

can have dire consequences.

句 *13:* They will be a disadvantage in competitive social, because they need to show the capacity of tackling various problems.

改：这些人本身不是劣势“be a disadvantage”，而是“at a disadvantage”；“in”是介词，后面不能加形容词；“capacity”这个词后面的介词一般是“for”；“various”是“好几个”的意思。

正：They will be at a disadvantage in a highly competitive society, where they need to show the ability to tackle different problems.

句 *14:* Consider these factors, I believe rules are important, since the rules can help children to prepare for their adulthood.

改：“consider”是动词，不能引导状语；“believe”后的宾语从句缺少“that”；“prepare children for their adulthood”更为常见。

正：Considering these factors, I believe that rules are important, since rules can prepare children for their adulthood.

句 *15:* However, if the rules are excessive strict, many problems will be appeared.

改：“excessive”是形容词，不能修饰形容词“strict”；“appear”是不及物动词，没有被动语态。

正：However, if the rules are excessively strict, many problems will be appear.

◎ 论述的紧凑和连接（*Coherence and Cohesion*）

	所用连接词	功能
主体部分第一段	The main function of...is to...	引出第一个观点
	Unlike...	对比
主体部分第二段	Sometimes...may not have a positive influence on...	引出反方观点

It is better for students to live away from home than living with parents. To what extent do you agree or disagree?

◎ 解题（*Task Response*）

关键词：“live away from home”，“live with parents”

问题方式：观点类题目。“给出你的看法”题型，可以单边或者双边讨论。

◎ 结构和关键词（*Structures and Key Words*）

介绍段	
背景句	① 关于寄宿学校优缺点的争论似乎总是无休止的（ceaseless/endless）。
改写题目	② 有人认为父母在小孩成长期（formative years）对孩子的影响很重要。
阐述立场	③ 然而，很明显的是很多父母仍然选择将孩子送到寄宿学校。
主体部分第一段	
中心句（个人行为）	④ 寄宿学校对小孩的成长有利，学校提供一个稳定的学习环境，在这个环境里，小孩可以一直被老师监督和支持。
解释	⑤ 对于那些经常因为工作而要搬家的父母来说，寄宿学校是一个理想的选择。
第二个观点	⑥ 没有父母在身边，小孩需要独立处理他们的日常生活。
对比	⑦ 这就是为什么寄宿学校的小孩对比起日校（day school）的小孩更加自立和自律。
附加观点	⑧ 此外，寄宿学校有很多课外活动（extra-curricular activities），如体育课，有助于学生的全面（all-round）发展。
主体部分第二段	
中心句（情感健康）	⑨ 反对寄宿学校的一个主要观点就是小孩和父母的接触会减少，情感的联系变得脆弱。
解释	⑩ 小孩会感到无助和想家，当他们尝试适应一个新的环境的时候。
结果	⑪ 在那些学生老师的比例比较高的学校，这个问题尤其严重，因为学生的情感需要往往不被注意。
附加观点	⑫ 同时需要注意的是，学生和社会接触比较有限， 因为他们毕竟局限在学校。
结果	⑬ 小孩可能没有社会技能，也就是说，他们以后不知道如何和不同的人交流或工作。
结论段	
再次表明立场	⑭ 当我们衡量寄宿学校对小孩的影响时，我们可以得出结论：对于年纪比较小的小孩，寄宿学校不是非常适合，考虑到小孩对家长的依赖。
总结观点	⑮ 对于中学生，寄宿学校不仅有助于提高他们的适应能力（adaptability），也可以让他们的父母专心工作。

◎ 语言改进和语法知识（*Grammatical Range and Accuracy*）

句 *1:* Regarding advantages and disadvantages of boarding schools seems to be discussed endlessly.

改："regarding"是介词，介宾短语不能充当主语。

正：There seems to be endless debate about the advantages and disadvantages of boarding schools.

句 *2:* Some people think that parents have great impact on children when they are in formative years.

改："impact"通常情况下都是单数形式，要加不定冠词；"they"指代不清楚，前面有"parents"和"children"两个名词复数。

正：Some people think that parents have a great impact on children during formative years.

句 *3:* It is obviously that many parents opt to sent children to the boarding school.

改："obviously"是副词，一般不能充当表语，而且在这里说"很明显"不恰当，如果真的是显而易见，可能就不需要讨论了；"opt to do something"是习惯表达，而"sent"是过去时；这句话和上面一句话有转折的关系，需要加连词。

正：But it seems that many parents opt to send children to the boarding school.

注：想拿 7 分的考生可以将这两句话放在一起：Some people think that parents have a great impact on children <u>during formative years</u>, but it seems that many parents opt to send children to the boarding school.

句 *4:* It is benefit for children's growing up to live in a boarding school, giving a stable environment, in which children are monitored and supported by teachers.

改：表示成长的时候，名词一般是"growth"或者" development"；"benefit"作名词的时候，习惯表达是"be of benefit to somebody/something"；"give"的主语应该是"boarding school"，所以应该将"boarding school"变成主语。

正：Boarding schools benefit children's development by providing a stable environment in which children are monitored and supported by teachers.

句 *5:* For those parents who frequently relocate home because work, this school can be a ideal choice.

改："relocate"是不及物动词；"because"是连词，要连接两个完整的句子；"ideal"以元音字母开头，不定冠词用"an"；"this"指代某个特定的学校，用词不当。

正：For those parents who frequently relocate due to <u>their work assignments</u>, the boarding school can be an ideal choice.

句 *6:* Without accompany by parents, children need to deal with their daily life independent.

改：介词“without”后边应该跟名词或者动名词，“accompany”是及物动词；“independent”是形容词，不能修饰动词。

正：**In the absence of parents' company, children need to manage their daily life independently.**

句 *7:* This can explain the reason why students who study in boarding schools are more independent and disciplined compare to those students in day schools.

改：“explain the reason why”不是习惯表达；比较级应该用“more than”；“independent”有点重复，可以换个词。

正：**This offers an explanation of why students who study in boarding schools are more self-reliant and disciplined than those students in day schools.**

句 *8:* Besides, boarding schools have many extra-curricular activities, such as PE classes, which good for children's all-round development.

改：定语从句中缺少动词。

正：**Besides, boarding schools have many extra-curricular activities (including sport) that nurture children's all-round development.**

句 *9:* The main objection to boarding schools is that contact become less and emotional tie become weaker between children and parents.

改：人与人之间的互动用“interaction”更恰当，而且“contact become”主谓不一致；“tie become”主谓不一致。

正：**The main objection to boarding schools is that children's interaction with parents declines and their emotional bonds weaken.**

句 *10:* Children will feel helpless and miss home when they attempt to adjust a new environment.

改：“homesick”更加常见，而且是形容词；“ adjust to”是固定搭配。

正：**Children will feel helpless and homesick when they attempt to adjust to a new environment.**

句 *11:* The problem is particularly serious in these schools where there is a high proportion of students and teachers because of students' emotional needs are ignored.

改：“ proportion”表示一个整体中的比例、部分，“ratio”表示相对比的比率；介词词组“because of”后边不能跟完整的句子。

正：**The problem is particularly serious in these schools with a high student-to-teacher ratio as students' emotional needs are ignored.**

句 *12:* It is also worth to note that student's social exposure is limited, because they confine to schools.

改：介词“worth”后面只能加名词或者动名词；“be confined to something/somewhere”是固定用法。

正：It is also worth noting that student's social exposure is limited, because they are confined to schools.

句 *13:* Kids may not have social techniques, namely, they don't have any idea about how to communicate or work with people later.

改：雅思书面语不要出现“kids”；“social techniques”不是词伙；“namely”是副词，不能连接句子；“don't”不要写成缩写形式；“later”意思是“随后”；在这里可以把“idea”后面的介词去掉。

正：Children may not have social skills, which means that they have no idea how to communicate or work with others in future.

句 *14:* When we consider the influence of boarding schools on children, we can conclude that these schools are not suitable for young children, considering dependence of children on parents.

改：两个“consider”有点重复，后面的“considering”是个介词，可以用“in view of”替代。

正：When considering the influence of boarding schools on children, we can conclude that these schools are not suitable for young children, in view of these children's dependence on parents.

句 *15:* For middle school students, not only does boarding school improve their adaptability, but it also let their parents focus on working.

改：“boarding school”可数名词，应该使用冠词；“it let”主谓不一致。

正：For middle school students, boarding schools not only improve their adaptability but also enable their parents to concentrate on their jobs.

◎ 论述的紧凑和连接（*Coherence and Cohesion*）

	所用连接词	功能
主体部分第一段	...benefit...by...	引出中心句
	This offers an explanation of why...	解释
	Besides	引出第二个论点
主体部分第二段	The main objection to...is that...	引出反方观点
	The problem is particularly serious...	举例
	It is also worth noting that...	引出第二个论点

Some people who have been successful in the society don't attribute their success to the theoretical knowledge they learned from their university. Do you agree that theoretical knowledge is not as valuable as expected?

◎ 解题（*Task Response*）

关键词："success"，"theoretical knowledge"

问题方式：观点类题目，建议使用两边讨论，理论知识对人成功的"重要"和"不重要"的地方。

◎ 结构和关键词（*Structures and Key Words*）

介绍段	
背景句	① 关于理论知识对职业成功的贡献，人们一直都有怀疑（doubtful）。
改写题目	② 这是可以理解的，因为很多在事业上获得成功的人并没有大学学历。
阐述立场	③ 在影响一个人成功的因素当中，理论知识是最为重要的因素之一。
主体部分第一段	
中心句（学习能力）	④ 理论知识因为这么一个能力而出名（known for the ability to）：人们知道某个科目的概念和原则，因此人们可以成为某个行业的专业人士。
举例	⑤ 譬如，一个心理医生（psychiatrist）不可能确定有效的治疗（therapies），除非他（她）了解各种解释人们行为的理论。
解释	⑥ 很多理论都是基于（on the basis of）实践经验（empirical knowledge）所发展起来的，因此这些理论有现实的意义，而掌握这些理论的人可以有很好的工作前景。
主体部分第二段	
中心句	⑦ 学习理论还有一个好处，就是提高人们的实际能力，甚至有创造性地解决问题的能力。
解释	⑧ 理论可以开拓人的思维，提高人的思辨能力（critical thinking skills），让人们可以使用不同理论去推动知识的进步。
对比	⑨ 相比之下，依靠经验知识（rules of thumb）的人可以处理一些普遍问题，但是在面对一些非常规（unusual）问题的时候就束手无策（helpless）。
主体部分第三段	
中心句	⑩ 同时，我们也需要承认一个事实（recognise the fact that）：理论知识不是人们成功的唯一因素。

解释	⑪ 有趣的是（it is interesting to note that）很多成功的人被发现有类似的性格特点（personality traits）。
举例	⑫ 一个乐观的、勤奋的、善于与人交往的人能够克服困难、和别人合作，从而获得成功。
附加观点	⑬ 另外一个因素可能是社会关系网（social network），通过这个网络，人们可以获得信息、想法和资源。
解释	⑭ 其他人的知识往往是在现实生活中验证的（verified），而教科书上未必有（available）。
结论段	
再次表明立场	⑮ 大学教育的价值没有被人们正确地认识，尽管理论知识提高人们解决问题的能力。
总结观点	⑯ 另一方面，我们需要承认，人的性格和社会关系也是成功的要素。

◎ 语言改进和语法知识（*Grammatical Range and Accuracy*）

句 *1:* There is a doubt that theoretical knowledge has contribute to career success.

改：没有“there is a doubt that”这样的表达，“there is no/little doubt that”才是常见表达；“has contribute”是完成时态，动词应该用过去分词。

正：People have long been doubtful/uncertain about the contribution of theoretical knowledge to career success.

句 *2:* This can be understood as a variety of successful people who do not complete a university education.

改：“a variety of”不能用来修饰人，只能修饰物；“as”引导原因状语从句的时候，词性是连词，后面应该是完整的句子。

正：This is understandable due to the fact that a considerable number of people who do not have a university qualification have been successful.

句 *3:* Among those factors determine one's success, theoretical knowledge is one of the most important.

改：“among”是介词，后面不能加独立的句子。

正：Of those factors that determine one's success, theoretical knowledge is one of the most important.

句 *4:* Theoretical knowledge is well-known for its ability to help people to know about subjects concept and principle, so people can become professional in some field.

改："know about"在书面语比较少见，"gain an understanding of"更为常见；"concept"，"principle"，" professional"和"field"是可数名词，在这里应该用复数。

正：Theoretical knowledge is well-known for its ability to help people to gain a full understanding of concepts and principles of different subjects, so people can become professionals in these fields.

句 *5:* For example, a psychiatrist cannot identify effective therapy, unless he/she understanding all kinds of theories explaining human behaviour.

改："therapy"是可数名词，要么用复数，要么加冠词；"unless"是连词，后面应该有独立的句子，而"understanding"和"explaining"是现在分词。

正：For example, a psychiatrist cannot identify effective therapies, unless he or she understands all theories which account for human behaviour.

注：这句话如果改成肯定语气，可能和上一句话连接更加密切：For example, a psychiatrist can identify effective therapies, provided that he or she understands all theories which account for human behaviour.

句 *6:* Many theories have developed on the basis of empirical knowledge, so it has practical implications, people who master these theory could have a promised job prospect.

改："it"指代不了前面的"theories"；"so"后的从句里有两个单句，没有连词；"these"后面要用名词复数；"promised"用词不当，不是"被许诺的"。

正：Many theories have developed on the basis of empirical knowledge, so these theories have practical implications and those who master these theories could have a better job prospect.

句 *7:* Another advantage of learning theories is to improve people practical ability, and even the ability of solving problems creatively.

改："advantage is to"的结构比较少见；"ability"是可数名词，没有用复数；"people"没有使用所有格；"ability to do something"是习惯搭配。

正：Another advantage of learning theories is that it can improve people's practical abilities, and even the ability to solve problems creatively.

句 *8:* Theoretical knowledge could broaden people's minds and improve critical thinking skill, which also enables people to promote the growth of knowledge with different theories.

改："skill"是可数名词，没有复数或者冠词；定语从句不知道是修饰前面一句话，还

是“skill”；“growth of knowledge”这个表达不是很好。

正：Theoretical knowledge could broaden people's minds and improve critical thinking skills, thus empowering people to push forward the boundaries of knowledge with different theories.

句 *9:* People who rely on rules of thumb can deal with some common problems, but when they are faced with some unusual problems, they are helpless.

改：“but”是并列连词，完全可以共用一个主语，保持结构对称；这句话和上句话有对比，应该用连接词“in contrast”。

正：In contrast, those who rely on rules of thumb can solve some general problems but feel helpless when facing some unusual problems.

注：这句话最好和题目的一些关键词，譬如“success，university”联系在一起：In contrast, those who do not have university qualifications can rely on rules of thumb to solve some general problems but feel helpless when facing some unusual problems.

句 *10:* We must recognize the fact that theoretical knowledge is not the unique determinant of success.

改：“unique”（独一无二）不合适；“recognize”是美式拼写。

正：Meanwhile, we should recognise the fact that theoretical knowledge is not the only determinant of success.

句 *11:* It is interesting to note that many successful people are found that they have one shared personality trait.

改：“be found to do something”是习惯用法。

正：It is interesting to note that many successful people are found to have some personality traits in common.

注：这两句话都是名词性从句，略显拖沓，可以写在一起：Meanwhile, we should recognise the fact that theoretical knowledge is not the only determinant of success and many successful people are found to have some personality traits in common.

句 *12:* A person with positive, hardworking, friendly personality is able to overcome difficulty and cooperate with others to achieve success.

改：一个以上的修饰词要用“and”连接；“difficulty”是可数名词。

正：An optimistic, hardworking and sociable person is able to overcome difficulties and cooperate with others to achieve success.

句 *13:* Another factor might be the social network, by which people to receive information, draw upon ideas and gain access to resources.

改："which"前面应该有"by"，而"to"应该去掉，从句事实上是"people receive information, draw upon ideas and gain access to resources by the social network"。

正：Another factor might be the social network, by which people can receive information, draw upon ideas and gain access to resources.

句 *14:* Other people's knowledge is normally verified by life, however, it may be not available in textbooks.

改："however"不是连词，不能连接两个独立的句子；"not"副词放在情态动词"may"后面。

正：Other people's knowledge is normally verified in real life and may not be available in textbooks.

句 *15:* The value of higher education has not yet been correct recognised, although theories improve people's problem solving abilities.

改："correct"是形容词，不能修饰动词。

正：The value of higher education has not yet been recognised correctly, although theories improve people's problem solving abilities.

句 *16:* At the same time, we need to admit that personality and social relationships are also essential to success.

改："on the other hand"和"at the same time"一般都用于引出相反的看法，只是前者在书面语中更加常见。

正：On the other hand, we need to admit that personality and social relationships are also essential to success.

◎ 论述的紧凑和连接（*Coherence and Cohesion*）

	所用连接词	功能
主体部分第一段	...is well-known for its ability to help...	引出中心句
	For example...	举例
主体部分第二段	Another advantage...is that...	引出第二个论点
	In contrast, ...	对比
主体部分第三段	Meanwhile, we should recognise the fact that...	引出反方观点
	It is interesting to note that...	引出第一个论点
	Another factor might be...	引出第二个论点

University students always focus on one specific subject, but some people think that universities should encourage their students to study a wide range of subjects in addition to their own subject. To what extent do you agree or disagree with this statement?

◎ 解题（*Task Response*）

关键词："one specific subject"，"a wide range of subjects"

问题方式：观点类的题目。"赞同或者反对"题型，建议使用两边讨论；也就是"学习多个科目"和"学习单个科目"的优点都可以讨论。

◎ 结构和关键词（*Structures and Key Words*）

介绍段	
背景句	① 高等教育对于很多人是提高技能和扩展知识的一种手段。
改写题目	② 一个讨论的话题（topic of discussion）是关于是否有必要学习好几个科目或者只是一个科目。
阐述立场	③ 在决定学习科目的数目的时候，一个学生需要考虑个人的兴趣也要考虑雇主的要求。
主体部分第一段	
中心句（学术能力）	④ 常识告诉我们（common sense tells us that），一个人能获得更多的技能和知识，如果注册（enrol for）不同的课程。
举例	⑤ 譬如，一个会计学生如果知道市场营销和人力资源管理，那么就会更清楚地知道（well-informed）会计如何影响公司运作的这些方面，反之亦然。
解释	⑥ 如今，越来越明显的（evident）是具备不同领域知识的人比只熟悉（conversant with）某个科目的人更有竞争优势。
附加观点	⑦ 同时还需要强调的是（it is aslo worth emphasising that）很多大学生如此的年轻，以至于他们对自己的职途（career paths）没有明确的概念。
结果	⑧ 因此，涉足（dabble in）不同科目的决定也就是比较合理的，因为可以让学生逐步发现自己的职业兴趣。
主体部分第二段	
中心句（学术能力）	⑨ 专注于某一专业（one area of speciality）的主要优势是在于学生可以将他们的努力专注于一个感兴趣的特定领域，从而成为那个领域的专业人才（professionals）。
解释	⑩ 这个看法在某些需要学习者多年努力的专业（如医学、法律、工程学）尤其有价值。
解释	⑪ 因为时间的限制（time constraints），学生需要接受知识广度和深度之间的平衡（compromise）。

举例	⑫ 如果一个雇主在会计人员上有个空缺（vacancy），是否申请人学过艺术不是一个重要的事情。
结果	⑬ 更不用说（needless to say），学生可以将一些科目作为业余爱好，而不需要在大学学习，除非他们有额外的时间和精力。
结论段	
再次表明立场	⑭ 通过讨论这些因素，我们可以作出一个结论：学生可以被鼓励去学习不同的科目，因此能够更好地适应竞争激烈的工作场所（workplace）。
总结观点	⑮ 当然（it is certain that），学生决定专业的数目的时候，需要考虑到职业的兴趣，还有个人的需要。

◎ 语言改进和语法知识（*Grammatical Range and Accuracy*）

句 *1:* For a majority of people, tertiary education is an approach that improve skills and expand knowledge.

改：“approach improve”从句主谓不一致。

正：Higher education affords many people an approach to improve skills and expand knowledge.

句 *2:* One topic of discussion is whether study a number of subjects or one subject only is necessary.

改：“study”是动词，不应该充当从句的主语。

正：One topic of discussion is whether it is necessary to study a number of subjects or one subject only.

句 *3:* When deciding subjects, one should consider both their personal interests and employers' requirements.

改：“one”和“their”单复数不一致。

正：When deciding the number of subjects to learn, one should consider both his/her personal interests and employers' requirements.

句 *4:* Common sense tells us that one is able to acquire more skills and knowledges if he/she enrolls for a various of courses.

改：“knowledge”一般是不可数名词；“a variety of ”是固定搭配。

正：Common sense tells us that one is able to acquire more skills and knowledge if he/she enrolls for a variety of courses.

句 *5:* For example, if an accounting student is familiar with marketing and human resource management, he/she is well-informed about how accounting affects this aspect of a company's operation and the opposite.

改："this aspect"指代不了前面的市场学和人力资源；"the opposite"的意思不是反之亦然"vice versa"。

正：**For example, if an accounting student is familiar with marketing and human resource management, he/she is well-informed about how accounting affects these aspects of a company's operation and vice versa.**

句 *6:* Nowadays, it is increasing evident that those who possess knowledge in different field is more competitive than those who are conversant with one subject only.

改："increasing"是现在分词，不能修饰形容词"evident"；"different"后面的名词应该用复数；"those is"主谓不一致。

正：**Nowadays, it is increasingly evident that those who possess knowledge in different fields have a competitive advantage over those who are conversant with one subject only.**

句 *7:* It is also worth emphasising that many university students are too young that they do not have a clearly concept of their career paths.

改："so...that"是固定搭配，表示"如此……以致"；"clearly"是副词，不能修饰名词"concept"。

正：**It is also worth emphasising that many university students are so young that they do not have a clear concept of their career paths.**

句 *8:* Therefore, the decision of dabble in different subjects is reasonable, as it allows students to find out their career interests gradually.

改："decision to do something"是习惯表达，何况"of"介词后面不能加动词；"find out"不是书面语常用表达。

正：**Therefore, the decision to dabble in different subjects is reasonable, as it allows students to discover their career interests gradually.**

句 *9:* The main advantages of focusing on areas of specialism is that students can concentrate their efforts on a special area of interest and seek to become professionals.

改："advantages is"主谓不一致；"special"是"特别的，鲜见的"的意思，一个特定的科目未必是特别的科目。

正：**The main advantage of focusing on one area of speciality is that students can concentrate their efforts on a specific area of interest and seek to become professionals.**

句 *10:* This point of view is particularly valuable in those subjects that requires learners' commitment for many year, such as medicine, law, engineering.

改："subjects requires"定语从句主谓不一致；"many"后面的名词应该是复数；"such

as”后面的例子里，最后两个名词之间应该有连词“and”。

正：This point of view is particularly valuable in those subjects that require learners' commitment for many years, such as medicine, law and engineering.

句 *11:* Because of time constraints, students need to accept compromise between wide and deep of knowledge.

改：“compromise”是可数名词，这里应该加不定冠词；“between”是介词，后面应该用名词，而“wide and deep”是形容词。

正：Because of time constraints, students need to accept a compromise between width and depth of knowledge.

句 *12:* If an employer has a vacancy for an accounting clerk, whether or not job applicant studied art is not a important issue.

改：“applicant”是可数名词，要么加冠词，要么用复数；“important”以元音开头，应该用“an”，而不是“a”。

正：If an employer has a vacancy for an accounting clerk, whether or not job applicants studied art is not a matter of importance.

句 *13:* Instead of learning in universities, students can master their majors as they develop hobbies, except that they have extra time and energy.

改：“as”作连词使用的时候，要么表示原因，要么表示时间，用在这里都不恰当。

正：Needless to say, students can pursue some subjects as their hobbies, instead of studying them at university, unless they have extra energy and time to spare.

句 *14:* By discussing these factors, we can come to the conclusion that students can encourage to study different subjects so they can adapt a competitive workplace.

改：“encourage”在这里应该使用被动语态，“被鼓励”；“adapt to”是固定表达。

正：By discussing these factors, we can come to the conclusion that students can be encouraged to study different subjects so they can adapt to a competitive workplace.

句 *15:* It is certain that students can decide on the number of subjects with their career interests and personal needs are taken into account.

改：“with”是介词，后面不能加句子。

正：It is certain that students can decide on the number of subjects with their career interests and personal needs taken into account.

◎ 论述的紧凑和连接（*Coherence and Cohesion*）

	所用连接词	功能
主体部分第一段	Common sense tells us that...	引出中心句
	For example...	举例
	Nowadays, it is increasingly evident that...	解释
	It is also worth emphasising that...	引出第二个论点
	Therefore...	总结
主体部分第二段	The main advantage of...is that...	引出反方观点
	This point of view is particularly valuable...	解释
	Needless to say...	引出第二个论点

Some teachers think it is effective for students to study in groups while others think that it is better to study alone. Discuss both views and give your opinion.

◎ 解题（*Task Response*）

关键词："study in groups"，"study alone"

问题方式：论述类题目。"讨论正反观点和给出你的看法"题型，必须两边讨论，也就是"团队学习"和"个人学习"都要讨论，结论一定要表明立场。

◎ 结构和关键词（*Structures and Key Words*）

介绍段	
背景句	① 团队学习（teamwork activities）被很多学校强烈支持，可能因为好的团队精神（team spirit）被认为是成功企业的共同特征之一。
改写题目	② 然而，也有人认为学生应该给予一个自己独立学习的环境。
阐述立场	③ 这两种学习方式各有利弊，可以满足不同的目的。
主体部分第一段	
中心句（社会能力）	④ 团队学习的一个显著优势就是提高学生的社会技能和团队工作技能。
解释	⑤ 在一个团队环境里，成员相互之间需要懂得怎么合作和交流。
结果	⑥ 这样可以让学生为工作做准备，在工作的地方，团队工作经常是被要求的。

附加观点	⑦ 我们也确信（we are convinced that）成员的知识和经验可以分享，从而可以提升学习的效果。
附加观点	⑧ 再者，在回答同学问题的过程中，学生可以察觉（detect）自己的知识差距（knowledge gaps）。
对比	⑨ 对于独立学习的学生，这个好处是不可能获得的（achievable）。
主体部分第二段	
中心句（学习能力）	⑩ 尽管有这么一些优势，团队学习不能够获得某些老师的支持，这些老师强调学生个人成就。
解释	⑪ 团队学习可能导致某些学生过分依赖他们的同伴。
结果	⑫ 我们要知道（it is important to bear in mind that）在现实的世界里，雇主一般都是雇用有出众能力的个人，而不是雇用一个团队。
附加观点	⑬ 此外，团队学习会让那些追求个人成就的学生失去动力。
附加观点	⑭ 有些时候，如果分工不够合理，成员的角色不确定（ambiguous），那么团队学习不能够达到目的，动摇成员对团队工作的信心。
结论段	
再次表明立场	⑮ 在讨论团队学习的优点和缺点上，我们可以得出一个结论：团队学习需要和个人学习结合。
总结观点	⑯ 在提高个人的社会能力和帮助他们增加知识的同时，团队工作也会阻碍独立学习。

◎ 语言改进和语法知识（*Grammatical Range and Accuracy*）

句 *1:* Teamwork activities are intensely supported by numerous schools, possibly because team spirit is regarded as one of the overlapping characters of successful enterprises.

改：使用现在完成时态比较合适，强调结果；“overlapping”是“重复”的意思；“character”大部分时候表示性格的意思。

正：Teamwork activities have strongly been advocated by many schools, possibly because good team spirit has been regarded as one shared trait of successful enterprises.

句 *2:* However, there are some people who think that students should be given an environment which they study independently.

改：关系代词“which”前应该加上“in”，或者改成“where”，这样才可以加完整的句子，“they study independently in an environment”。

正：However, some people think that students should be given an environment where (=in which) they study independently.

句 *3:* These two ways of learning have their advantages and disadvantages and serve different purpose.
改：“different”后面的可数名词一般用复数。

正：These two ways of learning have their respective advantages and disadvantages and serve different purposes.

句 *4:* One of the outstanding advantages of group study is to enhance students' social ability.
改：“outstanding”意思是“出色的”，一般不修饰“优点”（advantage），而主语是“advantage”的时候，表语一般是“that”引导的从句，或者是名词。

正：One prominent advantage of group study is that it enhances students' social skills and teamwork skills.

句 *5:* In the team environment, members need know how to cooperate and communicate each other.
改：“need to do something”是习惯表达；“cooperate and communicate”是不及物动词，后面不能直接加宾语。

正：In the team environment, members need to know how to cooperate and communicate with each other.

句 *6:* This prepares students for the workplace, which teamwork is frequently required.
改：关系代词“which”前应该加上“in”，因为“teamwork is frequently required in the workplace”。

正：This prepares students for the workplace, where (=in which) teamwork is frequently required.

句 *7:* We are convinced that members' knowledge can be shared in order to improve learning outcomes.
改：“improve learning outcomes”的主语应该是人，而从句的主语是“knowledge”。

正：We are also convinced that members can share their knowledge and experience so as to improve learning outcomes.

句 *8:* Moreover, students can detect their knowledge gap when they answer questions from other students.
改：“gap”在这里用复数恰当，因为知识的不足不可能只有一个；与“question”搭配的介词一般不是“from”。

正：Moreover, students can detect their knowledge gaps when answering questions raised by their classmates.

句 *9:* This benefit is not achievable for those students who study independent.

改："independent"是形容词，不能修饰动词"study"。

正：**This benefit is not achievable for those students who study independently.**

句 *10:* Despite these benefits, group study can't gain supporting from some teachers who emphasise students individually achievement.

改：书面语不能用缩写"can't"；"gain support of/from"是习惯表达；"individually"是副词，不能修饰名词"achievement"。

正：**Despite these benefits, group study cannot gain support from teachers who emphasise students' individual achievement.**

句 *11:* Group study may induces some students excessively rely on their peers.

改："may"情态动词后面加动词原形；"induce somebody to do something"是固定表达；使用"rely on"这个词组的时候，"heavily"，"excessively"这样的副词经常放在介词"on"的前面。

正：**Group study may induce some students to rely excessively on their peers.**

句 *12:* It is important to bear in mind that in real world, employers prefer to employ outstanding individual instead of a team.

改："in the real world"是习惯表达；"individual"是可数名词，要么加不定冠词，要么用复数。

正：**It is important to bear in mind that in the real world, employers opt to employ extraordinary individuals, rather than recruiting a team.**

句 *13:* Group study will make those student who seeks personal achievement lost motivation.

改："make somebody do something"是习惯搭配；"those student"单复数不一致。

正：**In addition, group study will demotivate those students who are driven by personal achievement.**

注：想拿7分的考生可以尝试把句13和句11放在一起：**Group study may not only induce some students to rely excessively on their peers but also demotivate those students who are driven by personal achievement.** 这样既让句子有变化，也可以减少对连接词的依赖，让句子更加紧凑。

句 *14:* In some cases, if the work is divided unfair and the role of the member is ambiguous, the outcome of group study is not obviously, it may shake members' confidence on teamwork.

改："unfair"是形容词，不能修饰动词；"obviously"是副词，不能充当表语；"the outcome..."和"it may shake..."是两个完整的句子，没有连词。

正：In some cases, if work is not distributed fairly and members' roles are ambiguous, the group fails to achieve its objectives and shakes members' confidence in teamwork.

句 *15:* In the discussion of the pros and cons of group study, we can come to the conclusion that it should integrate with independent study.

改："integrate"在这里用被动语态。

正：In the discussion of the pros and cons of group study, we can come to the conclusion that it should be integrated with independent study.

句 *16:* While improve students' social skills and helping them to acquire knowledge, group work hinders the development of independent learning habits.

改："while"连词后面应该加完整的、独立的句子或分词结构；后面的"hinders"使用一般现在时，有点过分肯定。

正：While improving students' social skills and helping them to acquire knowledge, group work is likely to discourage independent learning.

◎ 论述的紧凑和连接（*Coherence and Cohesion*）

	所用连接词	功能
主体部分第一段	One prominent advantage of...is that...	引出中心句
	We are also convinced that...	引出第二个论点
	Moreover...	引出第三个论点
	This benefit is not achievable for those...	对比和比较
主体部分第二段	Despite these benefits...	引出反方观点
	It is important to bear in mind that...	解释
	In addition...	引出第二个论点
	In some cases...	引出第三个论点

Volunteer work organised by middle schools brings more benefits than problems. To what extent do you agree or disagree?

◎ 解题（*Task Response*）

关键词："volunteer work"，"middle schools"

问题方式：观点类题目，建议使用两边讨论，也就是讨论"志愿工作的优劣"；这篇范文采用的是三段论述的方式。

◎ 结构和关键词（*Structures and Key Words*）

介绍段	
背景句	① 志愿工作（volunteer work）已经在很多学校被广泛推广，甚至被确定为毕业的一个要求。
阐述立场	② 尽管有这么一个事实(despite the fact that)：志愿工作有不好的一面，它对参与其中的人还有整个社区都是有好处的。
主体部分第一段	
中心句（社会能力）	③ 很明显的是（it is clear that），通过参加社区服务，学生可以提高自己的技能和丰富（enrich）的社会经验。
解释和举例	④ 在他们提供社区服务的时候，学生会遇到很多问题和挑战，这些问题和挑战是在学校很少见的， 譬如，如何给老年人介绍社区服务，还有如何帮助小孩学习。
结果	⑤ 志愿工作会让学生提高自己的信心和解决问题的能力，尽管他们有时候并未意识到这些好处。
附加观点（实践能力）	⑥ 另外一个好处是学生也可以更好地将自己的知识和实践联系（integrate）在一起。
结果	⑦ 很多雇主现在喜欢那些有志愿工作经验（volunteer experience）的毕业生也就不足为奇（it comes as no surprise that）。
主体部分第二段	
中心句	⑧ 如果年轻人积极参与义务工作，对社区也有好处。
解释和举例	⑨ 某些服务，譬如帮助无家可归的人，一直都有经费的问题，这可以因为年轻志愿者们的加入而得到解决。
附加观点（社会价值）	⑩ 这也可以提高人们，特别是年轻人，对于某些社会问题（如环境和动物权益）的意识。
附加观点（社会关系）	⑪ 在一个每个人都愿意互相帮助的社会里，人们有一个归属感（sense of belonging），这对于社区凝聚力是至关重要的。
折中段	
中心句（社会）	⑫ 志愿工作的价值有时候会被它的一些缺陷影响。
解释	⑬ 我们不能够忽略这么一个可能性（we cannot rule out the possibility）：社区服务有时候没有很好的计划，浪费了志愿者的时间和精力。
附加观点	⑭ 志愿工作缺乏灵活性也是一个问题，使工作变成枯燥（tedious）和辛苦（strenuous）， 而不是有趣和有教育意义。
结果	⑮ 志愿者对服务并不投入（devoted），可能因为他们劳动的价值是看不见的且没有得到公认。

结论段	
再次表明立场	⑯ 这些因素的讨论得出一个结论（the discussion of these factors leads to the conclusion that）：我们需要肯定志愿服务的对于学生的能力和就业前景以及对于社会发展的重要性。
总结观点	⑰ 为了获得（rally）对志愿工作的支持，志愿服务机构需要调整（tailor）这些服务以适应志愿者的需要。

◎ 语言改进和语法知识（*Grammatical Range and Accuracy*）

句 *1:* Volunteer work has widely been promoting at a lot of schools, even it is seen as a requirement for graduation.

改："promote"应该使用被动语态；"a lot of"是口语化的表达；两个完整的句子没有连词连接。

正：**Volunteer work has widely been promoted in many schools and even recognised as a requirement for graduation.**

句 *2:* Despite the fact that volunteer work has its downsides, it is beneficial for the whole community and the people who participate in.

改："downside"一般用作单数；"who participate in"定语从句不完整。

正：**Despite the fact that volunteer work has its downside, it is beneficial for the whole community and the people who participate in this service.**

句 *3:* It is clear that students can improve themselves technology and enrich social experience, by participate in community service.

改："themselves"是反身代词，充当状语，应改为"their"，充当定语；"technology"的意思是"技术"，用词不当；介词"by"后面只能加名词或者动名词。

正：**It is clear that students can improve their skills and enrich their social experience by participating in community service.**

句 *4:* When they offer the community service, students will meet numerous problems and challenges, which are rare at school. Such as how to introduce community service and how to help children study.

改：状语从句和主句的主语一致，所以从句可以改成分词结构，更为简练；"such as"一般后面接名词或者名词性质的成分（如这里以"how"引导的名词性从句中的同位语从句）；"for example"可以放在句首，后面有完整的句子。

正：**When providing community service, students will encounter numerous problems and challenges, which are rare at school, such as how to introduce community service to the**

elderly and how to assist children in schooling.

句 *5:* Being a volunteer, students can enhance confidence and ability to solve practical problems, even though they do not notice these benefits.

改："a volunteer"和"students"单复数不一致，而且显得多余；在雅思作文里，"being"基本上是不可能出现的。

正：Volunteer work enables students to boost their confidence and improve problem-solving abilities, although they are sometimes not aware of these benefits.

句 *6:* Another benefit is students can integrate their academic experience to their practical experience.

改："another benefit is that"的"that"不能省略，引导表语从句；"integrate something with something"是习惯搭配。

正：A second benefit is that students can integrate their academic experience with their practical experience.

句 *7:* There is no surprising that many employers prefer to those graduates who have volunteer experience.

改："It is not surprising that"是习惯表达；"prefer to do something"是习惯表达。

正：It comes as no surprise that many employers now express strong interest in those graduates with volunteer experience.

注：这句话因为"it comes as no surprise that"和上句连接不够紧凑，可以改成：This is important, in view of the fact that many employers now express strong interest in those graduates with volunteer experience.

句 *8:* Young people join community service is a benefit to community.

改：句中有"join"和"is"两个动词；因为是新的观点，最好用连接词。

正：It also benefits the community if young people take an active part in community service.

句 *9:* Some services, such as helping the homeless, often have financial problems. It could be solved by volunteer work.

改："helping the homeless"是个动作，不能解释"services"；"it"指代不清。

正：Some services, such as those that aim to help the homeless, often have financial problems, which can be solved if young volunteers are involved.

句 *10:* It also raises awareness of people, especially young people, to solve social problems such as environment and animal rights.

改："awareness of something"和"awareness among people"是习惯表达。

正：It can also raise the awareness of some social problems (such as environmental issues

and animal rights) among people, especially young people.

句 *11:* In a society which people are willing to help each other, people have a sense of belonging, which is crucial to community cohesion.

改：“which”应该改成“where=in which”，因为“people are willing to help each other in a society”。

正：In a society where people are willing to help each other, people have a sense of belonging, which is crucial to community cohesion.

句 *12:* The value of volunteer work sometimes may be affected by their deficiency.

改：“sometimes”副词一般放在情态动词“may”的后面，而“their”和前面的“volunteer work”单复数不一致。

正：The value of volunteer work is sometimes discounted by its deficiencies.

句 *13:* We cannot rule out a possibility that community service is lack of good plan to waste volunteers' time and energy.

改：“plan to waste volunteers' time and energy”产生歧义：缺乏浪费志愿者时间或者精力的计划。

正：We cannot rule out the possibility that community service is not well-planned so it can lead to the overuse of volunteers' time and energy.

句 *14:* Volunteer work lacking flexibility is also an issue which makes work boring and hard rather than interesting and educational.

改：主语不明确，最好不要用“名词 + doing + 名词”的结构去充当主语。

正：Another problem is the lack of flexibility, which makes volunteer work tedious and strenuous rather than stimulating and educational.

句 *15:* Volunteers are not devoted, possibly because they are invisible to their value of the work.

改：“they are invisible”意思是“志愿者是隐形人”。

正：Volunteers are not devoted to the service, possibly because the value of their labour is not visible and well-recognised.

句 *16:* In the discussion of these facts lead to a conclusion that we should recognise the importance of community service for students' abilities, career prospects and social development.

改：“in the discussion”是介宾短语，不能充当主语。

正：The discussion of these factors leads to the conclusion that we should recognise the importance of volunteer work for students' abilities, career prospects and social development.

句 *17:* In order to rally support, volunteer organizations need to tailor these services to adapt to the need of volunteers.

改：“organization”是美式拼写；“tailor something to meet/suit somebody's needs”是习惯表达。

正：In order to rally support for volunteer work, volunteer service organisations should tailor these services to meet volunteers' needs.

◎ 论述的紧凑和连接（*Coherence and Cohesion*）

	所用连接词	功能
主体部分第一段	It is clear that...	引出中心句
	A second benefit is that...	引出第二个论点
	It comes as no surprise that...	结果
主体部分第二段	It also benefits…	引出第三个论点
	...also...	引出第四个论点
折中段	The value of...is sometimes discounted by its deficiencies.	引出相反的观点
	We cannot rule out the possibility that...	解释
	Another problem is...	引出第二个论点

第 7 类　媒体信息和影响

媒体

雅思的媒体类题目主要考查媒体对我们生活的影响。媒体包括印刷媒体（print media）、传统媒体（traditional media）和现代媒体，包括电视、因特网、手机等，对我们的生活有诸多影响。

媒体的正面影响：

（1）媒体为我们提供各种各样的信息，既包括重要新闻、商品信息等，为我们生活中所做的决定提供支持，包括购物的决定、居住的决定、工作的决定，诸如此类。

（2）媒体引起我们对某些事情的关注，比如社会问题，贫穷（poverty）和不够道德的行为（immoral behaviour）。

媒体的负面影响：

（1）媒体频繁报道某些信息，让我们感觉某个事情不是独立的事件（isolated events），而是一个常见的现象（growing trends）；因此报道犯罪和灾难会让人恐慌（the fear of crime），而报道娱乐和广告会影响我们的购买决定。

（2）媒体改变我们的社会观念、生活方式和文化意识。西方媒体的影响加大，导致我们改变了社会观念，一些传统意识逐步淡化。

（3）媒体有时候因为商业或者政治上的原因，会报道不实的信息（false information），误导观众。

（4）媒体暴力影响人的行为，是暴力犯罪产生的部分原因。

广告

媒体类题目另外一个常考话题是广告。广告对社会的影响是非常巨大的，不仅体现在影响我们的购买决定，也影响我们的生活方式和文化。虽然对于广告的作用一直是贬过于褒，但可以肯定的是，广告在社会中的地位是非常重要，它有以下的一些功能：

（1）广告促进销售，刺激消费，对社会的经济有一定的作用。

（2）广告是消费者和生产者之间的一个桥梁（bridge the gap between consumers and manufacturers），给消费者提供产品的信息，而生产者因此知道消费者的喜好和特点。

（3）广告让消费者知道更多的信息，从而可以更好地了解市场，选择适合自己的产品。

（4）广告让消费者的消息灵通，从而间接地促使生产者更加注意提高自己的竞争力，包括降低价格和提高质量——对于消费者来说，这是正面的影响。

尽管广告有上述的社会作用，它的负面影响也受到广泛关注，主要有以下一些：

（1）广告会夸大产品的功能，掩饰产品的缺点，从而误导观众，使他们作出不正确的购买决定。

（2）广告让观众提高对某一个品牌的好感，从而购买这个品牌的产品，虽然这个产品并不一定适合观众（比如软饮料和快餐）。

（3）广告给观众一种错觉——购买某种产品就可以成为某个社会群体的一个成员，或者某种产品是一种畅销品、非常时尚；这种趋势称之为消费主义（consumerism），会导致人们过度消费，成为购物狂（shopaholic）。

4个典型话题

Some people believe that children can learn effectively by watching TV and they should be encouraged to watch TV both at home and at school. To what extent do you agree or disagree?

◎ 解题（*Task Response*）

关键词："children"，"watch TV"，"learn effectively"，"at home and at school"

问题方式：观点类题目，可以单边或者两边讨论；这篇范文采用的是单边讨论的形式。

◎ 结构和关键词（*Structures and Key Words*）

介绍段	
背景句	① 看电视［特别是资讯类的节目（informative television）］被很多人认为是一种有效的学习方法，因为声像信息（audio-visual information）很容易吸引学生的注意和培养他们学习的兴趣。
改写题目	② 尽管看电视有优势，可以想象的是（it is conceivable that）孩子不能够从这种行为中收获好处（reap benefits）。
阐述立场	③ 家长和老师在鼓励孩子看电视之前，必须三思（think twice）。
主体部分第一段	
中心句	④ 第一个观点是（the first point to note is that）看电视干涉（interferes with）小孩参与被认为对他们的成长有帮助的其他活动。
结果	⑤ 小孩很难进行那些促进大脑发育（brain development）的互动式的（interactive）活动，如阅读、唱歌和交流。
附加观点（学习能力）	⑥ 父母们还可能担心那些经常看电视的学生可能不能够专注于学习任务（learning tasks），这会导致他们考试成绩（test scores）的下降。
主体部分第二段	
观点（个人健康）	⑦ 另一个问题是，如果孩子长时间看电视，他们就不太可能参加体育活动了。
结果	⑧ 这是很多小孩有肥胖问题的一个原因。
结果	⑨ 肥胖小孩可能对自己的自我形象不满（negative self-image），这会动摇（undermine）他们的自信，对他们的健康有负面的影响。
主体部分第三段	
中心句	⑩ 另外一个关于电视的批评（criticism）是电视可能含一些不合适的（unwanted）内容，这些内容可能会造成小孩的某些不良行为（misbehaviour）。
解释（情感健康）	⑪ 有可能发生的是（it is possible that）那些接触电视暴力的孩子可能会有一些攻击性的（aggressive）、英雄式的（heroic）幻想（fantasies）。
解释	⑫ 很多时候，含有暴力内容（violent content）的电视节目没有强调受害人的痛苦或罪犯的法律责任。

解释	⑬ 这给观众暗示的是（this signals to the viewers that）暴力是一种有效解决矛盾的方式，而不会产生伤害。
结果	⑭ 正因为如此，那些实施攻击行为的小孩并不会有任何不好的感受。
结论段	
再次表明立场	⑮ 综上所述，家长和老师应该对小孩看电视加以限制（impose restrictions on），而不是鼓励这个习惯。
总结观点	⑯ 这一事实可以证明（this is justified by the fact that）过多地看电视会导致一系列问题，包括不爱运动（inactivity）、行为异常（deviant behaviour）和缺乏学习能力（intellectual competence）。

◎ 语言改进和语法知识（*Grammatical Range and Accuracy*）

句 *1:* Watching TV (especially informative television) is regarded as a effective learning method, because audio-visual information readily attract student's attention and raise their interests.

改：“effective”是以元音开头的单词，不定冠词用“an”；“information attract...and raise...”主谓不一致，因为“information”是不可数名词。

正：Watching television (especially informative television) has been recognised as an effective learning method, because audio-visual information can attract students' attention and foster their interest in learning easily.

句 *2:* Despite of the advantages of TV, it is conceivable that children cannot reap benefits by watching TV.

改：“despite”和“in spite of”是固定表达；“reap benefits of something”是固定表达。

正：Despite the benefits of television viewing, it is conceivable that children cannot reap benefits of this habit.

句 *3:* Parents must think twice before they encourage children watch TV.

改：“encourage somebody to do something”是固定表达。

正：Parents and teachers should think twice before encouraging children to watch television.

句 *4:* The first point to note is that watching TV interfere with children participate in other exercises which are considered as having benefits to their growing up.

改：“watching TV”是动名词短语，谓语动词要用单数；“with”介词后应该是名词，而不能加句子；“their growing up”（所有格 + 动名词）在书面语中尽量避免。

正：The first point to note is that television viewing interferes with children's participation

in activities which are believed to be useful to their development.

句 *5:* These interactive activities which are used to promoting brain development, e.g., reading, singing and communicating which become difficult because of watching TV.

改：“which are used to”和“which become”是两个定语从句，整句话没有主句；“be used to do something”是固定表达。

正：It is difficult for children to carry out those interactive activities which promote brain development, such as reading, singing and communication.

句 *6:* Students who often watching television may not able to focus on learning tasks, it will lead to a drop in students' test score.

改：定语从句中“watching”谓语不完整；“may not able to”主句谓语不完整，少了个be动词；“it will lead to...”是一个新的独立的单句，两个句子间没有连词；因为这是一个新的观点，最好用一下连接词。

正：Parents may also fear that students who watch television frequently may not be able to concentrate on learning tasks, a problem which can cause declining test scores.

句 *7:* In addition, children are less likely participate in physical activity less frequently, if they spend long hours watching television.

改：“be likely to do something”是固定表达；“less frequently”多余，意思和“less likely”重复；“in addition”稍微有点死板，可以换种表达。

正：Another problem is that children are less likely to participate in the physical activity, if they spend long hours watching television.

句 *8:* This is one reason why children become obesity.

改：“obesity”是名词，小孩不会成为肥胖症，如同“he becomes happy”，意思是“他变得快乐”，而不可能是“he becomes happiness”，意思是“他成为快乐”。

正：This is one reason why many children suffer from obesity.

句 *9:* Overweight children should have a negative self-image, which undermine their confidence and have an adverse impact on their wellbeing.

改：“should”意思是“必须”，句意是体重过高的小孩“一定”会有不好的自我形象，明显和常识不符；定语从句的先行词“self-image”是单数，和从句的谓语不一致。

正：Overweight children may have a negative self-image, which can undermine their confidence and have an adverse impact on their wellbeing.

句 *10:* Another criticism of television viewing is that television programs contain unwanted content, which can cause some misbehaviours among children.

改：“contain”是一般现在时，表示状态，有点绝对，毕竟电视节目未必有不合适的内容；

"misbehaviour"是不可数名词。

正：**Another criticism of television viewing is that television programs may contain unwanted content, which can cause some forms of misbehaviour among children.**

句 *11:* It is possible that the children who contact with violent movie may have a bit of aggressive, heroic fantasies.

改："contact with"是中国式表达；"a bit of"是口语表达。

正：**It is possible that those children who are exposed to television violence might experience aggressive and heroic fantasies.**

句 *12:* Most of time, the programme which include violent content don't emphasise the victim's pain and the legal liabilities of the criminal.

改："most of the time"是习惯表达；"don't"缩写形式在书面语中需要避免；"programme"是单数，和"include"、"don't"主谓都不一致；"victim's"所有格不准确。

正：**More often than not, TV programmes which contain violent content do not emphasise victims' suffering or criminals' legal liabilities.**

句 *13:* This signals to the viewers that violence is a good method that solve the conflict will not cause any harm.

改：定语从句"method solve"主谓不一致；从句中有"solve"和"will not cause"两个动词。

正：**This signals to the viewers that aggression is an effective way to solve conflicts without causing any harm.**

句 *14:* Due to the fact that, those children who commit the aggressive act will not have any uncomfortable feelings.

改："due to the fact that"引导同位语从句，不能独立作为句子之间的连接词。

正：**For this reason, children who commit the aggressive act do not experience any unpleasant feeling.**

句 *15:* In conclusion, parents and teachers should impose restriction on kids watching television but not encourage this habit.

改："restriction"是可数名词，这里应该用复数；"kids"是口语表达。

正：**To summarise, parents and teachers should impose restrictions on children's television viewing, rather than encouraging this habit.**

句 *16:* This is justified by the fact that overly access to TV programmes would cause a huge amount of problems, such as inactivity, deviant behaviour and intellectual competence.

改："overly"是副词，不能修饰名词；除非强调数量，"an amount of"一般不修饰可数名词的复数。

正：**This is justified by the fact that excessive television viewing can cause a host of problems, including inactivity, deviant behaviour and the lack of intellectual competence.**

◎ 论述的紧凑和连接（*Coherence and Cohesion*）

	所用连接词	功能
主体部分第一段	The first point to note is that...	引出第一个论点
	...also...	引出第二个论点
主体部分第二段	Another problem is that...	引出第二个论点
	This is one reason why...	结果
主体部分第三段	Another criticism of...is that...	引出相反的观点
	It is possible that...	解释
	More often than not...	引出第二个论点
	This signals to the viewers that...	解释
	For this reason...	结果

Nowadays, advertising aimed at children should be banned. To what extent do you agree or disagree?

◎ 解题（*Task Response*）

关键词："advertising"，"children"

问题方式：观点类题目。"赞同或者反对"题型，可以单边或者两边讨论；范文采用的是单边讨论，讨论商业广告的负面影响；换言之，最后广告要被禁止。

◎ 结构和关键词（*Structures and Key Words*）

介绍段	
背景句	① 如今，很多小孩每天都会接触到数目庞大的商业广告。
改写题目	② 批评者（critics）表达了这么一个关注（express concern that）：广告具有误导小孩的能力。
阐述立场	③ 有确凿的证据表明（there is strong evidence indicating that）广告可以说服小孩去购买一个他们喜欢的产品，不管他们是否需要这个产品。

主体部分第一段	
中心句（认知能力）	④ 小孩一般很难理解和诠释（interpret）信息，因此不能决定广告所播送（presented）信息的真实性（truthfulness）。
解释	⑤ 很多时候，广告会夸大(give an exaggerated account of)产品的功能。
解释	⑥ 广告会强调产品的某些特点（attributes），而对其缺点轻描淡写（downplaying），或者拒绝公开（disclose）相关的信息。
举例	⑦ 关于过量饮食（overeating）的坏处在食品包装上会以小字体（small print）出现，而小孩不可能注意这些信息。
解释	⑧ 此外，考虑到他们的文化水平（literacy skills），他们不能够理解产品对他们健康产生的影响。
主体部分第二段	
中心句（认知能力）	⑨ 同样值得注意的是（it is also noteworthy that）小孩很少会比较产品，因为他们对产品的作用（efficacy）不像成年人那么有兴趣。
解释	⑩ 譬如，他们有冲动（impulse）去买新的玩具或者零食，而不是去和市场上现有的类似产品进行比较。
举例	⑪ 他们的购买决定主要是受到虚荣心的驱动（motivated by vanity），而不是产品的真实价值（practical values）。
额外观点（经济）	⑫ 此外，他们对价格不敏感（insensitive），而产品价格是成年人的一个主要考虑因素。
结果	⑬ 这就是广告也会引起小孩对产品越来越多的购买要求（purchase requests）的原因，最终可能会增加父母子女之间的矛盾。
结果	⑭ 得不到所要求产品的小孩可能会失望。
结论段	
再次表明立场	⑮ 总结一句，因为小孩比成年人更可能相信广告词（advertising claims），减少他们接触广告（advertising exposure）是重要的。
总结观点	⑯ 广告不仅会导致孩子形成不好的消费方式（consumption habits），也会影响他们的情感健康（emotional wellbeing）。

◎ 语言改进和语法知识（*Grammatical Range and Accuracy*）

句 *1:* Today, many children contact with an overwhelming number of commercials everyday.

改：“contact with”是中国式表达；“everyday”是形容词。

正：Today, many children are exposed to an overwhelming number of commercials on a daily basis.

句 *2:* Critics have expressed concern that advertisings has the capacity mislead children.

改："advertising"是不可数名词，而"advertisement"是可数名词；"capacity to"是习惯表达。

正：**Critics have expressed concern that advertising has the capacity to mislead children.**

句 *3:* There is strong evidence indicate that advertisements can persuade children purchase a product they like, no matter whether need this product or not.

改："indicate"是动词，一句话里不能有两个动词， 可以改成分词或者从句；"persuade somebody to do something"是习惯表达；"whether"后面一般是完整的句子。

正：**There is strong evidence indicating that advertisements can persuade children to purchase a product they like, no matter whether they need this product or not.**

句 *4:* Children cannot understand and interpret information easy, so they cannot determine the truthfulness of the messages are presented by advertising.

改："easy"是形容词，不能充当状语；后半句中有"cannot determine"和"are presented"两个动词。

正：**Children cannot understand and interpret information easily, so they cannot determine the truthfulness of the messages presented by advertising.**

注：想拿 7 分的考生可以在"determine"，"decide"这样的词后面加名词性从句，从而在句子变化上加分：Children cannot understand and interpret information easily, so they cannot determine whether the messages presented by advertising are truthful or not.

句 *5:* More often than not, advertising give exaggerated account of a product's properties.

改："advertising"是不可数名词，主谓不一致；"account"是可数名词，应该有冠词。

正：**More often than not, advertising gives an exaggerated account of a product's properties.**

句 *6:* It emphasises some attributes of the product while downplaying the products' drawbacks or refusing disclose relevant information.

改："the product"和后面的"the products"不一致；"refuse to do something"是习惯搭配。

正：**It emphasises some attributes of the product while downplaying the product's drawbacks or refusing to disclose relevant information.**

句 *7:* The information about the disadvantages of overeating appear in small print on food items' package so children are unlikely to notice these information.

改："information appear"主谓不一致；"these"后面一般是加名词的复数，而"information"是不可数名词。

正：**The information about the disadvantages of overeating appears in small print on food items' package so children are unlikely to notice such information.**

句 *8:* In addition to, in view of their literacy skills, they are not able to understand the impact of products to their health.

改：“in addition to”是一个介词词组，后面要加名词，“in addition”是副词词组，而且这个连接词用在这里也是有点多余，因为没有出现新的观点，可以去掉；“impact on”是固定表达。

正：In view of their literacy skills, they are not able to understand the impact of products on their health.

注：想拿7分的考生可以在“understand”，“figure out”这样的词后面加名词性从句，从而在句子变化上加分：Due to their literacy skills, they are not able to understand how harmful these products can be to their health.

句 *9:* It is also noteworthy that children hardly compares products because they are not interested in their efficacy as are adults.

改：“children compares”主谓不一致；“their”指代不清楚，应该是指代“products”，而不是“children”；这是比较句，应该是“as...as”，后面的分句可以倒装，也就是动词在主语前面。

正：It is also noteworthy that children hardly compare products because they are not as interested in the products' efficacy as are adults.

句 *10:* For example, they have impulse to buy a new toy or snack rather than comparing them with similar products available in the market.

改：“impulse”是可数名词，需要加冠词；“them”指代不了前面的“a toy or snack”（名词单数）。

正：For example, they have the impulse to buy a new toy or snack rather than comparing it with similar products available in the market.

句 *11:* Their buying decisions are main motivating by vanity rather than products' practical values.

改：“main”是形容词，不能修饰动词；“motivate”应该使用被动语态。

正：Their buying decisions are mainly motivated by vanity rather than products' practical values.

句 *12:* Meanwhile, they are insensitive to prices, a primary consideration for adults.

改：“meanwhile”和“on the other hand”一般用于转折和对比；这句话的“primary consideration”指代不清楚，到底是指代小孩对价格不敏感，还是指代“prices”；这句话也是单句，一般来说，最好避免在文章里连续出现两个单句。

正：Besides, they are insensitive to prices, while the cost of products is a primary consideration for adults.

句 *13:* Advertising can lead to an increase number of purchase requests, which can eventually increase parent's conflict with children.

改：“increase”是动词，不能修饰名词；“parent's”所有格错误，应该是“parents'”；这句话没说清楚是谁买东西；这句话和上句话连接性也不强。

正：That's why advertising can also lead to children's endless purchase requests, which can eventually increase parent-child conflicts.

句 *14:* Children who do not receive the requested products may be become disappointing.

改：主句中有“be”和“become”两个系动词；“disappointing”（令人失望的），而小孩是失望的应该用“disappointed”。

正：Children who do not receive the requested products may become disappointed.

句 *15:* In conclude, due to the fact that children are more likely than adults to believe in advertising claims, so it is important to minimise their advertising exposure.

改：“in conclusion”是习惯搭配，因为介词后面应该加名词；“due to the fact that”类似于“because”，而“because”和“so”不能一起使用。

正：In conclusion, due to the fact that children are more likely than adults to believe in advertising claims, it is important to minimise their advertising exposure.

句 *16:* Advertising not only causes children form bad consumption habits, but also affects their emotional wellbeings.

改：“cause somebody to do something”是固定表达；“wellbeing”是不可数名词。

正：Advertising not only causes children to form irresponsible consumption habits, but it also affects their emotional wellbeing.

◎ 论述的紧凑和连接（*Coherence and Cohesion*）

	所用连接词	功能
主体部分第一段	More often than not...	引出中心句
主体部分第二段	It is also noteworthy that...	引出第三个观点
	For example...	举例
	Besides...	引出第四个观点
	...also...	引出第五个观点

News has a remarkable influence on people's opinions and ideas. Do you think it is a positive or negative change?

◎ 解题（*Task Response*）

关键词：“news”，“influence on people's opinions and ideas”

问题方式：观点类题目；“积极或者负面的影响”题型，可以单边或者两边讨论；范文采用的是单边讨论，也就是说“媒体强烈影响我们的看法并不是好事”。

◎ 结构和关键词（*Structures and Key Words*）

介绍段	
背景句	① 我们每天都被新闻媒体（news media）播放的信息轰炸着（bombarded with），这些媒体包括报纸、广播、电视和网络。
改写题目	② 越来越多的人意识到（there is a growing recognition that）新闻对形成和影响民意（public opinion）是很重要的。
阐述立场	③ 在我个人意见来看（from a personal point of view），新闻媒体的过度（undue）影响对社会来说是一个挑战。
主体部分第一段	
中心句（影响人的行为）	④ 新闻很多时候会放大（magnifies）某些事件的影响，促使不安情绪（anxiety）在社会上蔓延。
解释	⑤ 这是惯例（customary），新闻会夸大某些危机或者威胁（如恐怖袭击、自然灾害、连环谋杀和金融危机）的广度（magnitude），为了吸引潜在的观众和提高收视率（increase the audience）。
结果	⑥ 这会导致观众的过度反应和情绪波动（mood swings），因为观众会相信他们一直受到威胁。
结果	⑦ 他们的感觉会非常强烈，如果这些事件在他们很近的地方（in the vicinity）发生。
结果	⑧ 这不仅影响他们的健康，也会导致他们失去对人际关系的信心。
主体部分第二段	
中心句（社会：关系）	⑨ 新闻还会培养（cultivate）或者影响人们对某些人或者事件的态度，但是没有让人们在所有情况下都认知（offer an insight into）真相。
解释	⑩ 在选择有新闻价值的（newsworthy）事件的时候，新闻机构对于符合观众期望和支持普遍观念的事件特别钟爱（show a preference）。

举例	⑪ 譬如，犯罪的报道会增强人们对某些社会群体的偏见（stereotypes），如少数民族（minority ethnic groups），因为这些报道有意识地（intentionally）增加这些人的曝光率（representation）。
主体部分第三段	
中心句（经济）	⑫ 另一个问题是，很多新闻机构获得政党或者商业机构的资助（financial sponsorship），因此会播放某些有偏见的信息去影响人们的看法。
举例	⑬ 有很多例子可以证明这一点。
举例	⑭ 有一些医药公司在新闻媒体上将他们的产品描述成为重大突破（breakthroughs），试图说服（convince）人们相信他们的产品是安全的，而不是有危险的（hazardous）。
结果	⑮ 可以说，新闻导致人们产生错误的观念，做出不明智的决定。
结论段	
再次表明立场	⑯ 我的结论（concluding remark）是新闻渗入（permeate）我们的生活不是一个好事。
总结观点	⑰ 除了影响我们对事物的认识之外，新闻也会影响我们的行为。

◎ 语言改进和语法知识（*Grammatical Range and Accuracy*）

句 *1:* We are bombarded with the information are presented by the news media, including newspapers, radio, television and the Internet.

改：“with”介词后面不能加句子，何况“information are”主谓不一致。

正：We are bombarded with the information presented by the news media, including newspapers, radio, television and the Internet.

句 *2:* There is a growing recognition that news is important to form and affect public opinion.

改：“it is important to do something”是固定表达，其余时候“important”后面应该加介词“in”或者“for”。

正：There is a growing recognition that news is important in forming and affecting public opinion.

注：开头段三句话都是以单句为主，在句式上略显单调，可以考虑加个从句：There is a growing recognition that news is important in forming and affecting public opinion, in other words, how people perceive the world and different issues.

句 *3:* From a personal point of view, the over influence of the news media is a challenge to society.

改：“over”不是形容词，不能修饰名词。

正：**From a personal point of view, the undue influence of the news media is a challenge to society.**

句 *4:* More often than not, news magnifies the effect of some events and spread anxiety throughout society.

改：“spread”是一个结果，不能和“magnifies”并列，而且主谓也不一致。

正：**More often than not, news magnifies the effect of some events, spreading anxiety throughout society.**

句 *5:* It is customary for the news media exaggerate the magnitude of some crises or threats (such as, terrorist attacks, natural disasters, serial murders and financial crises) in an attempt to attract intended viewers and increase the audience.

改：句中有“is”和“exaggerate”两个动词；“such as”后面一般不用加逗号。

正：**It is customary for the news media to exaggerate the magnitude of some crises or threats (such as terrorist attacks, natural disasters, serial murders and financial crises) in an attempt to attract intended viewers and increase the audience.**

句 *6:* This will leads to the audience's overreaction and mood swings, as they will tend to believe that they are under threat constantly.

改：“will”后面只能加动词原形；“audience”是单数，后面的“they”指代不清楚；“as”引导的从句后面应该没有“will”，时态不对。

正：**This will lead to viewers' overreaction and mood swings, as they tend to believe that they are under threat constantly.**

句 *7:* Their feelings will be strong if these events are taken place in the vicinity.

改：“take place”和“occur”一样都是不及物动词，没有被动语态；一般来说，使用主系表结构的语气不是很强，不符合这里的语境。

正：**They will have intense feelings if these events occur in the vicinity.**

句 *8:* Not only it affects their wellbeing but it also erodes their confidence in interpersonal relationships.

改：“Not only”放在句子前头需要倒装。

正：**Not only does it affect their wellbeing but it also erodes their confidence in interpersonal relationships.**

句 *9:* News can also cultivate and affect people's attitudes towards some people or events but fail to offer an insight into the truth in many cases.

改：两个“people”指代不清；“many”不是很好，因为这样的话，意味着新闻大部分时候不说实话。

正：**News can also cultivate and affect one's attitudes towards some people or events but fail to offer an insight into the truth in all cases.**

句 *10:* In choose newsworthy events, news agencies show a preference for those events that live up to viewers' expectations and supports their notions.

改：“in”介词后面不能加动词原形；“events supports”主谓不一致；“their”指代不清楚，因为前面又有“agencies”， 也有“viewers”。

正：**In choosing newsworthy events, news agencies show a preference for those events that live up to viewers' expectations and support general notions.**

句 *11:* For example, media coverage of crime will reinforce stereotypes about some social groups, such as minority ethnic groups, because news reports increase their representation intentionally.

改：“their”指代不清，前面有很多名词复数，包括“stereotypes”和“social groups”。

正：**For example, media coverage of crime will reinforce stereotypes about some social groups, such as minority ethnic groups, because news reports increase these people's representation intentionally.**

句 *12:* Many news agencies obtain financial sponsorship from political parties or for-profit organisations, so present information to affect people's opinions.

改：“so”是连词，后面应该加完整的句子；因为是新的观点，所以最好使用一些连接词；而且“they”也是指代不清楚。

正：**Another problem is that many news agencies obtain financial sponsorship from political parties or for-profit organisations, so news reports present some biased information to affect people's opinions.**

句 *13:* There are numerous examples illustrate this point.

改：句中有“are”和“illustrate”两个动词。

正：**There are numerous examples that illustrate this point.**

句 *14:* Some drug companies describe their products as major breakthrough in the news media, in an effort to convince people their products are safe rather than hazardous.

改：“breakthrough”是可数名词，要么用复数，要么加冠词；“convince somebody that...”是习惯表达。

正：**Some drug companies describe their products as major breakthroughs in the news media, in an effort to convince people that their products are safe rather than hazardous.**

句 *15:* It is fair to say that news causes people form misconceptions and make unwise decisions.

改："cause somebody to do something"是习惯表达。

正：It is fair to say that news causes people to form misconceptions and make unwise decisions.

句 *16:* My concluding remark is that news permeates our lives is not something good.

改："news permeates our lives"是个句子，不能作为另外一个句子的主语；"something good"表达不正式。

正：My concluding remark is that it is not a boon but a bane if news permeates our lives.

句 *17:* Apart from affecting our understanding of the world, news can have a profound impact on our behaviour.

改："affecting"多余。

正：Apart from our understanding of the world, news can have a profound impact on our behaviour.

◎ 论述的紧凑和连接（*Coherence and Cohesion*）

	所用连接词	功能
主体部分第一段	More often than not...	引出中心句
主体部分第二段	...also...	引出第二个观点
	For example...	举例
主体部分第三段	Another problem is that...	引出第三个观点
	There are numerous examples that...	举例
	It is fair to say that...	总结

Detailed description of crimes on newspaper and TV can have bad consequences on society, so this kind of information should be restricted in the media. To what extent do you agree or disagree with this statement?

◎ 解题（*Task Response*）

关键词："detailed description of crimes"，"restricted"

问题方式：观点类题目。注意这句话要讨论的主要是"限制"的事情，即第二句话的内容，而不是讨论第一句话，即是否有"不好的影响"。"赞同或者反对"题型，建议使用两边讨论；也就是"限制媒体报道犯罪"的支持和反对观点都要提及。

◎ 结构和关键词（*Structures and Key Words*）

介绍段	
背景句	① 犯罪看起来是媒体报道的一个主要对象，因为犯罪事件（criminal events）比其他事件一般更有可能吸引公众的注意。
改写题目	② 然而，越来越有人关注到（there are growing concerns that）接触（exposure to）媒体暴力会增加观众攻击性的行为，并且产生其他的负面后果。
阐述立场	③ 他们的担心不无道理（not without justification）。
主体部分第一段	
中心句（影响人的行为）	④ 有些人指出（point out that）媒体广泛报道（extensive media coverage）犯罪可能会导致模仿犯罪（copycat crimes）的飙升。
解释	⑤ 观看暴力犯罪的观众，特别是年轻观众，特别容易模仿这些行为，因为他们错误地以为（in the mistaken belief that）这种行为并不产生严重的影响。
解释	⑥ 更糟糕的是（even worse），不少年轻的观众甚至将罪犯当做是偶像或者是榜样（role models），采取暴力手段（violent means）去解决和别人的矛盾。
结果	⑦ 立法者（regulators）因此应该限制电视暴力并且审查犯罪报道。
主体部分第二段	
中心句（社会：关系）	⑧ 这可能也是个事实（it may be also the case that）：接触犯罪的报道可能会导致对犯罪的恐惧（fear of crime）。
解释	⑨ 媒体对犯罪的报道（the representation of crime in the media）提醒人们注意危险可以在任何时间或者地点出现，而生命是脆弱的（tenuous）。
结果	⑩ 他们会总是想着自己（preoccupied with the idea that）受害的风险较高。
结果	⑪ 这会对他们的生活质量有负面的影响。
主体部分第三段	
中心句（社会：福利）	⑫ 虽然媒体报道（coverage）犯罪有不好的影响，但是不应该完全取消（be censored）。
解释	⑬ 媒体上的犯罪报道能提高人们对于自我保护（self-defense）和防范的意识。
解释	⑭ 这同时会引起决策者（policymakers）对社区安全的注意。
结果	⑮ 政府会在犯罪最猖獗的（rampant）社区提升（upgrade）警力和增加警察巡逻（patrols）。
结论段	
再次表明立场	⑯ 考虑到上面这些事实，为了减少媒体报道犯罪的不好影响，我们应该缩减媒体上的这些报道。

总结观点	⑰ **然而，需要强调的是（it is worth emphasising that），对犯罪的报道在某种意义上有积极的含义。**

◎ 语言改进和语法知识（*Grammatical Range and Accuracy*）

句 *1:* Nowadays, media reports are more focus on crimes than ever, because criminal events are more likely to attract the notice of the public.

改：“focus”是动词，因此不存在“be focus on”的说法；“focus more on”是习惯表达；“attract attention”或者“capture attention”才是正常的表达。

正：It appears that crime has been a preferred subject in the media for a long time, because criminal events are more likely to capture the attention of the general public than other events.

句 *2:* However, there are growing concerns that exposure to reported violence could make people become more violent and affect some other negative effects.

改：“make somebody become”表达不恰当；“effect”的动词一般是“cause”或者“create”。

正：However, there are growing concerns that exposure to violence in mass media can increase viewers' aggressive behaviour and have other negative consequences.

句 *3:* They worry is not without justification.

改：“they”是名词性物主代词，一般作主语，而这里需要一个形容词性物主代词，充当定语。

正：Their worries are not without justification.

句 *4:* The media extensive coverage crime may lead to copycat crime increased significantly.

改：“media extensive coverage”（名词＋形容词＋名词）的结构是不符合语法的；“lead to”后面只能加名词，而不能加句子。

正：Some people point out that extensive media coverage of crime can cause a surge (sharp rise) in copycat crimes.

注：因为这不是论述类的文章，最好少出现“some people point out that”这种表达：It is sometimes feared that extensive media coverage of crime can cause a surge (sharp rise) in copycat crimes.

句 *5:* Audiences who watch violent crime (especially for young audiences) are easy to copy those activities, because in the mistaken belief that violence behaviours could not create serious consequences.

改：“audience”一般是强调一个整体，强调个人的时候一般用“viewer”；人没有难易之分，“be easy to do something”因此不恰当；“because”是连词，后面要加独立完

整的句子。

正：Viewers of violent crime, especially young viewers, are particularly likely to imitate offensive behaviour, in the mistaken belief that these offences do not have serious effects.

句 *6:* Even worse, young viewers even consider criminal as idol or role model and use violence to deal with the conflict between others.

改："the conflict between A and B"和"A is in conflict with B"是习惯表达；"criminal"，"idol"和"role model"都是可数名词，应该用复数。

正：Even worse, many young viewers even perceive criminals as idols or role models and adopt violent means to settle their conflicts with other people.

句 *7:* So that regulator should limit televised violence and movie violence.

改："so that"一般出现在句中，连接两个句子；这个题目关键词是"crime"，所以在段落的开头和结尾最好出现关键词来确保扣题。

正：Regulators should therefore impose restrictions on televised violence and keep crime coverage in check.

句 *8:* It may be also the case that the report of exposure to crime might contribute to fear of crime.

改：词序不恰当，"report of exposure"意思是"exposure's report"。

正：It may be also the case that exposure to coverage of crime can lead to the fear of crime.

句 *9:* The representation of crime in the media remind people to pay more attention to that the dangers appear at any time or in any place, but life is tenuous.

改："representation...remind"主谓不一致；"remind somebody to do something"和"remind somebody that"是习惯表达。

正：The representation of crime in the media reminds people that dangers can strike at any time or location while life is tenuous.

句 *10:* They are always preoccupied with the idea that they are likely to be criminal victims.

改："be victim to something"习惯表达。

正：They are preoccupied with the idea that they are at a higher risk of victimisation.

句 *11:* It has negative effect for their life quality.

改："effect"是可数名词，要么加冠词，要么用复数，介词应该是"on"。

正：This has an adverse impact on their quality of life.

注：这句话是单句，而且整段话没有和题目直接联系，那就是限制暴力，可以改成：This has an adverse impact on their quality of life, so the crime coverage should be regulated.

句 *12:* Despite media coverage of crime have some negative influence but it should not completely censor.

改：“despite”是介词，后面不能加句子；“censor”在这里应该使用被动语态。

正：Despite the negative effect of media coverage of crime, it should not be censored.

句 *13:* It benefits human improve their awareness of self-defense and prevention.

改：句中有“benefit”和“improve”两个动词；“improve awareness”不是一个固定搭配。

正：Representation of crime in the media can raise people's awareness of self-defense and prevention.

注：想拿7分的考生要注意这两句话都是单句，略显单调，可以加个从句，或者并列句：This is due to the fact that representation of crime in the media can raise people's awareness of self-defense and also remind them about prevention.

句 *14:* It also lead to policymakers pay attention to the safety of community.

改：“lead to”后不能加句子，因为“to”在这里是介词。

正：It can also draw policymakers' attention to the safety of community.

句 *15:* The government will upgrade the police force and raise police patrol in the community which has rampant crime.

改：“patrol”是可数名词，在这里应该使用复数；“community has rampant crime”（社区有猖獗的罪行）表达不恰当。

正：The government can upgrade the police force and increase police patrols in the neighbourhoods where crime is most rampant.

句 *16:* Consider those factors, to reduce the impact of media coverage of crime, we should reduce description of crime.

改：“consider”是动词，这里需要一个介词引导“factors”，作为原因状语；“media coverage of crime”使用得有点过多，可以稍微换一下，或者使用代词。

正：In light of these factors, in order to reduce the negative effects of crime reporting, we should curtail it in the media.

句 *17:* However, it is worth emphasising that media coverage of crime is a positive meaning in some sense.

改：“coverage is a positive meaning”，报道犯罪“具有”（have）正面的影响，而本身不“是”（is）正面的影响，如“he has money”（他有钱），而不是“he is money”（他是钱）。

正：However, it is worth emphasising that in some sense, the representation of crime has positive implications.

◎ 论述的紧凑和连接（*Coherence and Cohesion*）

	所用连接词	功能
主体部分第一段	Some people point out that...	引出中心句
	Even worse...	引出第二个论点
	...therefore...	结果
主体部分第二段	It may be also the case that...	引出第三个论点
	...are preoccupied with the idea that...	结果
主体部分第三段	Despite the negative effect of...	转折，引出反方观点
	...also...	引出第二个论点

第8类　犯罪

犯罪题目每年出现一到两次，考查的内容比较广泛，分别有青少年犯罪、道路犯罪、预防犯罪和罪犯的惩治。一个人犯罪有很多原因，主要是经济上的拮据和工作上的困窘。有些人行为和心理不正常（eccentric behaviour），性格有缺陷（character flaws），因此成为惯犯（repeat offenders）。年轻人犯罪往往是因为同伴的压力（peer pressure）和自己的一时冲动（on the spur of the moment）。预防、打击和惩治犯罪有很多种方法。

（1）教育是主要的手段。很多违法者，特别是年轻的罪犯，不知道自己的行为可能造成严重的伤亡（cause serious injury or death），对公众安全构成威胁（threat to public safety）。

（2）对于各种恶劣的违纪行为（aggressive driving, road rage），严厉的惩罚会是有效的手段和震慑物（has deterrent effects）。

（3）创造就业机会，促进经济，让人们有稳定的收入。

1 个典型话题

A longer prison term as a way of punishing those who break the law is not as good as other methods. To what extent do you agree or disagree?

◎ 解题（*Task Response*）

关键词："a longer prison term"，"punishing"，"break the law"，"other methods"

问题方式：观点类题目。"赞同或者反对"题型，建议使用两边讨论；也就是"刑罚的优点和缺点"都要讨论；既可以说"刑罚有效"，也可以说"不够有效"，或者"什么时候有效"，"什么时候无效"。

◎ 结构和关键词（*Structures and Key Words*）

介绍段	
背景句	① 判刑（imposing sentences）在很多社会被认为是惩罚犯下严重罪行（serious offence）的人的一种方法，有时候也被看做是一种改造方法（correctional method）。
改写题目	② 然而，我们有时候会留意到犯罪率高居不下，尽管监狱的数目不断增加。
阐述立场	③ 在讨论刑罚的优点和缺点上，我们需要考虑犯罪的严重程度（severity）、罪犯的年龄还有对公众的影响。
主体部分第一段	
中心句（社会：福利）	④ 支持严厉刑罚（stiff sentences）的人会认为这种惩罚方式有震慑的作用（deterrent effect），无论是对于潜在的罪犯（prospective offenders），还是对于惯犯（habitual offenders）。
解释	⑤ 这个看法的逻辑（the logic behind this idea）就是刑罚意味着失去自由，这是理智（rational）的人所不能够接受的后果。
解释	⑥ 特别是会对他们的人生，包括职业，产生影响，因此人们不愿意犯罪。
附加观点（社会：关系）	⑦ 对于惯犯（habitual/repeat criminals）或者犯了严重罪行的人，严厉一点的刑罚是合理的，因为这样可以保护社会秩序（social order）。
解释	⑧ 因为这些罪犯很难改变他们的行为，所以将他们放进监狱可以保护守法公民的安全。
主体部分第二段	
中心句（个人权利）	⑨ 刑罚的主要问题是它没有帮助罪犯重新进入社会（reintegrate into society），并没有重视改造（rehabilitation）。
解释	⑩ 监狱将违法者和社会隔离，阻碍了违法者获得工作技能（job skills），减低了他们找到好工作的可能性。
举例	⑪ 我们需要考虑到坐牢对青少年罪犯（juvenile offenders）或者是初犯（first-time offenders）的影响也是重要的，这些人因为缺乏社会经验或者社会地位低而违犯法律。
结果	⑫ 这些人往往可以通过教育和职业培训（vocational training）成为对社会有价值的人，懂得怎么用非暴力的手段（non-violent means）去解决生活上的问题。
结果	⑬ 这可以减少政府在监狱设施上的花费，从而减轻纳税人的负担。
结论段	
再次表明立场	⑭ 简单地说，我们需要认识到（we should be aware that）刑罚的目的不仅是为了保护无辜的公民，也是为了帮助违法者过上正常的生活。
总结观点	⑮ 通过一些其他的改造计划（rehabilitation programs），违法者，特别是年轻的违法者，很有可能成为有工作能力的（productive）社会成员。

◎ 语言改进和语法知识（*Grammatical Range and Accuracy*）

句 *1:* In many societies, imposing sentence are recognised that it is a method to punish those people who crime serious offence, sometimes, it is also seemed to be a correctional method.

改："imposing sentences"是动名词作主语，动词应该是单数；"recognised as something"是习惯表达；"seem"（看起来是）是系动词，没有被动语态，而"see"是及物动词，有被动语态。

正：Imposing sentences is considered as a method to punish those who commit a serious offence and sometimes as a correctional method.

句 *2:* However, we sometimes, aware that the crime rate is high, although prisons are increasing.

改："aware"是形容词，应该是"be aware that"；"prisons are increasing"不恰当，应该是监狱数量"the number of prisons"增加。

正：However, we sometimes note that the crime rate soars, despite the fact that the number of prisons is growing.

句 *3:* To discuss the punishement's merit and shortcoming, we need to think about crime severe, the age of the offender and the influence on community.

改："severe"是形容词，而"about"是介词，后面应该加名词。

正：In the discussion of pros and cons of imprisonment, we need to consider the severity of the offense, the age of the offender and the impact on the public.

句 *4:* People who support stiff sentence will regard that this kind of punishment has a deterrent effect to either for the prospective offenders, or for those habitual offenders.

改："sentence"是可数名词，应该用复数或者加冠词；"regard"一般不接宾语从句；"effect"后面的介词是"on"。

正：The supporters of stiff sentences believe that this kind of punishment has a deterrent effect on both prospective offenders and habitual offenders.

句 *5:* The logic behind the idea is that penalty means to lose free, this is unaccepted consequence by sensible people.

改："mean"是及物动词，后加名词，一般不加动词不定式；"free"形容词的名词是"freedom"；句中有"is that"和"this is"两个动词。

正：The logic behind this idea is that imprisonment means a loss of freedom, a consequence that no rational person is willing to take.

句 *6:* It is also influence on their life, include job in the future.

改：“具有影响”用“have an impact/influence on”；“include”是动词，应该是“including”（介词）；这句话可以用个状语从句表示结果，说清楚刑罚的好处。

正：**This is particularly true when it has an impact on their lives, including their career, so people are less likely to commit crimes.**

句 *7:* For habitual criminals or those commit serious crimes, harsh punishment is reasonable, because it can protect social order.

改：介词“for”后面不应该加句子“those commit serious crimes”。

正：**For habitual criminals or those who commit serious crimes, a harsh sentence is also reasonable, because it can protect social order.**

句 *8:* Due to the fact that it is less likely for those criminals to modify their behaviour, putting them into jails could secure the safety of lawful citizens.

改：“it is less likely for...”显得拖沓；“secure safety”和“lawful citizens”都不是很好的表达；“jail”在这个时候一般不用复数。

正：**Due to the fact that these criminals cannot modify their behaviour easily, putting them in jail can ensure the safety of law-abiding citizens.**

句 *9:* The main problem exists in punishment is that it is unlikely to help crimer reintegrate into society and pay less attention to rehabilitation.

改：主句中有“exists”和“is”两个动词；并列句有歧义，没有“crimer”这个表达；是不是存在“unlikely to pay less attention”这个可能性？

正：**The main drawback of imprisonment is that it does not help criminals reintegrate into society or pay attention to rehabilitation.**

句 *10:* Prisons isolate criminals from society, which prevent criminal to obtain social skill and reduce the possibility of find decent jobs.

改：“which prevent criminal...”定语从句所修饰的先行词不清晰；“prevent somebody from doing something”是习惯表达；“obtain skills”搭配不好；“of”是介词，后面要加名词或者动名词。

正：**The prison excludes offenders from society, preventing them from acquiring job skills and reducing the chance of finding decent jobs.**

句 *11:* We should consider penalty's impact on juvenile offenders and first-time offenders because of lacking social experiences and having low social status.

改：“because of lacking...”的逻辑主语应该是“offender”，而这句话的主语是“we”。

正：**It is also important to consider the impact of imprisonment on juvenile offenders or first-time offenders, who broke the law because of insufficient social experience or low socio-economic status.**

句 *12:* These people can often through education and techniques training to be able members of society, and know about how to use non-violent means to solve the problem in life.

改：“through”是介词，句子缺乏谓语；“be”应该改成 become，因为前者强调状态，后者强调变化；“know”是及物动词，后面直接加宾语从句；“the problem”意指人生只有一个问题。

正：By receiving education and vocational training, these people can become able members of society and understand how to use non-violent means to solve problems in life.

句 *13:* In addition, this can reduce government expense on prison facilities, easing the burden of taxpayers.

改：“in addition”属于连接词滥用，没有新的观点不要用“in addition”；“government expense”搭配不对；“burden of”搭配不对。

正：This can reduce government spending on prison facilities, thereby easing the burden on taxpayers.

句 *14:* In brief, we need to realise that the purpose of punishment is not only protecting innocent citizens, but also helping persons who break the law live a normal life.

改：“the purpose is to do something”习惯表达。

正：In brief, we should be aware that the purpose of imprisonment is not only to protect innocent citizens but also to help offenders to lead a normal life.

句 *15:* Through some other rehabilitation plans, offenders, especially juvenile offenders, make them become productive members of society.

改：“offenders make them”不恰当，“违法者让他们自己……”。

正：Through other rehabilitation programs, offenders, especially juvenile offenders, are likely to become productive members of society.

◎ 论述的紧凑和连接（*Coherence and Cohesion*）

	所用连接词	功能
主体部分第一段	The supporters of...believe that...	引出中心句
	The logic behind this idea is that...	解释
	...also...	引出第二个论点
主体部分第二段	The main drawback…is that...	引出第一个论点
	It is also important to consider…	引出第二个论点

第9类　动物

动物是雅思每年必考的题目（一到两次），主要针对动物的生存和使用问题。动物一直被人类用作各种用途（for practical purposes），包括娱乐（马戏团）、消遣（宠物）、食用（家禽和家畜）、调查和研究（实验室动物）、商业（毛皮和药材），诸如此类。也有人纯粹是虐待的心态（inflict suffering of animals for sadistic reasons）。动物保护和动物的福利是现在非常普遍的话题，动物保护的意义主要有以下几点：

（1）维持生态平衡，维护生态系统（maintain natural ecosystems），确保可持续发展（consistent with the principle of sustainable development），对人类的生存有重要的意义。

（2）人类可以从动物身上获得灵感（draw on animal-based research for inspiration）。

（3）人类可以从动物那里探知物种的起源（the origin of life），进行科学研究（scientific research）。

（4）当动物的种群数量稳定时，可以加以利用，如制药。

（5）动物有生存的权利（animal rights），应该维护动物的权益（animal welfare）。

1 个典型话题

Some people think that it is necessary to use animals for testing medicines or other products intended for human use. Others, however, criticise this as animal cruelty. Discuss both of these views and give you own opinion.

◎ 解题（*Task Response*）

关键词："use animals for testing medicines"，"animal cruelty"

问题方式：论述类题目，必须两边讨论；首先要说动物实验有必要，然后要说这个东西很残酷，结论一定要表明立场。

◎ 结构和关键词（*Structures and Key Words*）

介绍段	
背景句	① 最近几十年里，关于动物试验（animal testing/experimentation）的批评一直在增加。
改写题目	② 残忍对待动物（animal cruelty）已经成为一个关注的话题（a cause for concern），特别是对于那些有着强烈道德意识的（a strong moral compass）人。

阐述立场	③ 我觉得科学研究中的动物试验有较强的合理性（justifications）。
主体部分第一段	
中心句（社会：福利）	④ 科学家同意一个看法（agree with the view that）：在那些用来开发新药物和检测产品安全的科学试验中，动物很多时候是无可取代的。
解释	⑤ 其主要原因是（the main explanation is that）动物在很多方面和人类相似，如细胞组织（cell structure）。
解释	⑥ 动物试验的结果可以用来预测人类在类似环境下的反应，因此研究人员能够决定药物可以应用（be applied）于人类。
解释	⑦ 如果发现有害的副作用（side effect），那么这个药物必须被放弃或者改良。
解释	⑧ 除非一个药物可以通过多重（multiple）测试，它是不可能推向市场。
对比	⑨ 而需要注意的是（it is important to note that），出于道德的原因（on moral grounds），直接用人类做研究已经在很多国家被禁止了。
结果	⑩ 这就是动物研究被广泛用于提高人类和动物健康的主要原因。
主体部分第二段	
中心句	⑪ 尽管有理由让我们相信（we have reasons to believe that）动物试验是必要的，这不代表（it does not mean that）我们可以忽视动物权益（animal rights）。
解释	⑫ 越来越被人所知的是（it is increasingly acknowledged that），用于试验的动物经常承受痛苦和受到伤害，并且成为虐待的受害者。
解释	⑬ 而我们都知道 （it is common knowledge that），动物是有知觉的（sentient）和能够感知痛楚。
结果	⑭ 因此，这是我们的道德责任去减少这种痛楚，让试验尽可能地仁慈（humane）。
结论段	
再次表明立场	⑮ 考虑到动物试验的优点，很难去禁止（ban）或者暂停（suspend）这个做法。
总结观点	⑯ 动物能够让我们深入了解人类和动物的生理特征和疾病。然而，我们需要加大力度（step up efforts）去减少试验给动物造成的伤害。

◎ 语言改进和语法知识（*Grammatical Range and Accuracy*）

句 *1:* Over the past decades, the amount of criticism which is about animal experimentation increases constantly.

改：使用“Over the past decades”的时候，需要使用现在完成时态；“which is”在这里多余。

正：There has been mounting criticism about animal testing over the past few decades.

句 *2:* Animal cruelty have became a cause for concern, especially for those have a strong moral compass.

改："cruelty"是不可数名词，主谓不一致；"became"的过去分词是"become"；介词后面不应该有句子。

正：Animal cruelty has become a cause for concern, especially for those who have a strong moral compass.

句 *3:* In my opinion, there have strong justifications for animal use in scientific researches.

改："there have something"没有这种表达；"research"一般是不可数名词。

正：In my opinion, there are strong justifications for animal use in scientific research.

句 *4:* Scientists agree with the view that animals are irreplaceable in those scientific experiments which can develop new drugs and test the security of products.

改："security"的中文意思是"保安，公共安全，保障"，而"safety"才表示药物或者食品的安全。

正：Scientists agree with the view that animals are normally irreplaceable in those experiments which are conducted to develop new medicines and test the safety of other products.

句 *5:* The main explanation is that animals are looked like humans in many aspects, such as cell structure.

改："look"在这里是系动词，没有被动语态；"look like"意思是"看起来像"，和原意不符。

正：The main explanation is that animals bear a resemblance to humans in many aspects, such as cell structure.

句 *6:* Finding from animal testing can use to predict the responses in human beings in similar circumstance, so researchers can decide whether the drug can be applied on human beings.

改："finding"和"circumstance"是可数名词，应该用复数；use应该用被动语态。

正：Findings from animal testing can be used to predict human beings' responses in similar circumstances, so researchers can decide whether the drug can be applied on human beings.

句 *7:* The drug must be abandoned or reformed, if found its side effect.

改："if"是连词，后面应该接完整的句子；"reformed"是革命的意思。

正：If any harmful side effect is observed/found, this drug should be abandoned or improved.

句 *8:* A drug can not be marketed, except it can pass multiple text.

改：“can not”的正确写法是“cannot”；“except”是介词，后面不能加句子，用“unless”或者“except that”来替代。

正：Unless the drug can survive/pass multiple tests, it should not be marketed.

句 *9:* It is important to note that using humans to research is prohibited by many countries because of on moral grounds.

改：从句最好使用现在完成时，强调结果；“because of”多余，因为“on moral grounds”已经表达了“基于……原因或者前提”的意思；因为这这句话引出一个额外的观点，要用连接词。

正：It is also important to note that human experimentation has been outlawed (banned/prohibited) in many countries on moral grounds.

句 *10:* This is the reason why the animals research is widely used for enhancing the health of humans and animals.

改：“animal research”是固定用法，名词修饰名词的时候一般不用复数。

正：This is the main reason why animal research has widely been used for enhancing human and animal health.

句 *11:* Although we have reasons to believe that the animal test is necessary, it does not mean that we can deny animal right.

改：“animal testing”和“animal rights”是固定表达。

正：Although we have reasons to believe that animal testing is necessary, it does not mean that we can deny animal rights.

句 *12:* It is increasingly acknowledged that animals used in experiments normally suffer from pain and hurt, because animals abuse happens frequently.

改：“hurt”一般作动词用，不能充当 suffer的宾语；“animal abuse”是固定表达；“normally”和“frequently”矛盾；这两个句子更像是并列关系，而不是因果关系。

正：It is increasingly acknowledged that lab animals suffer pain and harm frequently and become victims of maltreatment.

句 *13:* It is common knowledge that animals are sentient beings and capable to feeling painful.

改：“capable of doing something”是固定表达；“feel pain”也是固定表达。

正：It is also common knowledge that animals are sentient beings and capable of feeling pain.

注：因为句12和句13都是"It is"开头，所以读起来比较啰嗦，可以改成：This deserves attention, considering that animals are sentient beings and capable of feeling pain.

句 *14:* Hence, it is our moral responsibility to lessen this kind of pain, making experiments humane as much as possible.
改："lessen"和"make"是并列的，中间应该用并列连词；表示"尽可能……"的时候，形容词或者副词一般放在"as...as possible"中间，如"as soon as possible"（尽可能快）。

正：**Therefore, it is our moral responsibility to reduce the pain and make experiments as humane as possible.**

句 *15:* In view of the merits of animal testing, we are difficult to ban or suspend this practice.
改：人没有难易之分，用"somebody is difficult/easy to do"不恰当。

正：**In view of merits of animal testing, it is difficult to ban or suspend this practice.**

句 *16:* Animal-based research makes us to gain an insight into human and animal physiology and disease. However, we should step up efforts to reduce the pain suffered by animals.
改："make somebody do something"是固定表达，而且一般有"强迫或者力促"的意味；"suffer pain"一般不会使用被动语态。

正：**Animal-based research allows us to gain an insight into human and animal physiology and disease. However, we should step up efforts to reduce the pain inflicted by experiments on animals.**

◎ 论述的紧凑和连接（*Coherence and Cohesion*）

	所用连接词	功能
主体部分第一段	Scientists agree with the view that...	引出中心句
	The main explanation is that...	解释
	It is also important to note that...	引出第二个论点
	This is the main reason why...	结果
主体部分第二段	Although we have reasons to believe that..., it does not mean that...	转折，引出反方观点
	It is increasingly acknowledged that...	解释
	It is also common knowledge that...	引出第二个论点
	Therefore...	结果

第10类 妇女、老人和年轻人

弱势群体

弱势群体（disadvantaged groups）是雅思常考题目，每年大概三次左右。弱势群体包括老年人、妇女和儿童这些需要社会提供经济支持的人（dependants），也包括少数民族（minority ethnic groups）和移民。这些人因为各种原因，在社会中的地位不高，容易受到歧视（face discrimination），他们的权益需要很好地被保护（protect their interests）。弱势群体的主要弱点在于以下这些。

（1）老年人：身体健康情况下降（deteriorating health），缺乏能力接受新的知识和技术（unable to adopt new technology and learn new skills）。

（2）妇女：女性接受高等教育的机会比男性要低（educational difference），而女性常需要料理家务（family commitment and domestic life），她们需要产假（maternity leave），这是她们在劳动力市场上不是很受欢迎的原因。

（3）儿童：儿童经常受到贫困、家庭暴力、社区暴力、同年龄群体、性骚扰、教育程度不够等问题的影响；他们在生活上不能够独立，需要成年人的支持。

（4）青年：青年因为缺乏经验，不是很受雇主欢迎，而很多雇主还认为年轻人不会有很高的忠诚度，这也是青年的社会地位（social standing）不比成年人的地位高的另外一个原因。

（5）初来者和移民（newcomers or immigrants）：语言障碍（language barriers）和技术不够（a shortage of skills）是导致移民和少数民族不能参与工作的主要原因。

老年人的基本词汇

- ageing population （名）老龄人口
- ageing society/population ageing （名）人口老龄化
- caregivers （名）护理工作人员
- health care （名）健康护理
- late years （名）晚年
- pension/superannuation （名）养老金
- retiree/retired people （名）退休人员
- retirement age （名）退休年龄
- retirement homes/rest homes/older people's homes/nursing homes （名）养老院
- sense of exclusion/sense of isolation （名）被孤立或者被抛弃的感觉
- the elderly/senior people/older people （名）老年人
- younger generation （名）年轻一代

3 个典型话题

Gender imbalance in some occupations is evident. To what extent do you think that it is acceptable?

◎ 解题（*Task Response*）

关键词："gender imbalance"，"occupations"

问题方式：观点类题目，可以单边或者两边讨论；范文采用的是单边讨论。

◎ 结构和关键词（*Structures and Key Words*）

介绍段	
背景句	① 人们对于职场上的男女失衡（gender imbalance）一直有不同的态度（mixed opinion），特别是平等的教育机会已经得到保障的时候。
改写题目	② 女性在某些行业的比例过低（underrepresentation）被认为是一个问题，因为这显示了女性没有被给予和男性一样的就业机会。
阐述立场	③ 在我看来，性别差异（gender differences）和社会因素（social factors）解释了为什么女性在不同行业的参与程度不一样。
主体部分第一段	
中心句（个人能力）	④ 在某些文化里，有一种普遍的看法是（there is a widespread belief that）女人无论是身体上或者智力上都不如男性那么有能力。
解释	⑤ 平均来说，男性比女性要强壮一点，因为他们有更多的肌肉（muscle mass）。
举例	⑥ 这是他们比女性更有可能从事一些体力劳动（labour-intensive jobs）（如建筑和操作重型机器）的主要原因。
结果	⑦ 如果女性不适合（are unsuited）这些职业，要求男女的数目一样是不现实的（realistic）。
附加观点（个人能力）	⑧ 也有人认为女性在逻辑（logical）思考和创造性工作上不能像男性一样表现得那么好，虽然这在许多实例中证明是一种成见。
结果	⑨ 不管这是对女性的偏见还是事实，在科学和科技上，男性的人数多于（outnumber）女性，在这些专业上，创新是事业成功的要素。
主体部分第二段	
中心句（社会文化）	⑩ 性别角色（gender role）是另外一个女性需要面对的障碍，当她们希望进入某些行业时。

解释	⑪ 大部分的女性都被期望着去嵌入（fit into）她们传统的性别角色（gender roles），也就是做家务（household chores）、抚养小孩和照料年迈的父母。
结果	⑫ 在这种情形下，女性很难兼顾（juggle）她们的全职工作和家庭责任，所以她们很多时候会将家庭责任放在职业成功（professional success）之前。
结果	⑬ 因为这个原因，女人一般被安排到兼职工作或一些不会牵涉重大责任的工作。
结果	⑭ 很多雇主在录用（recruit）女性申请人的时候，也会非常谨慎，考虑到以后对产假（maternity leave）的要求。
结论段	
再次表明立场	⑮ 总结一句，女性在某些行业的比例较低归咎于（attributed to）生理的差异（biological difference），社会的期望（social expectations）还有性别的偏见（gender stereotypes）。
总结观点	⑯ 除非女性的角色有所改变，她们才可以发挥她们的潜能。

◎ 语言改进和语法知识（*Grammatical Range and Accuracy*）

句 *1:* People have mixed opinion over gender imbalance in the workforce, especially when equal access to education has guaranteed.

改：“opinion”是可数名词，要么用复数，要么加冠词；“guarantee”是及物动词，这里应该用被动语态。

正：People have mixed opinions over gender imbalance in the workforce, especially when equal access to education has been guaranteed.

句 *2:* The underrepresentation of women in some occupations is regarded as a problem, as it indicates that women do not offer same job opportunities as men.

改：“offer”应该使用被动语态，因为女性是被提供工作；“same”前面要有“the”，这个是固定搭配。

正：The underrepresentation of women in some occupations is regarded as a problem, as it indicates that women are not offered the same job opportunities as men.

句 *3:* From my point of view, gender differences and social factors offer an explanation of why women's participation is different in different industries.

改：“differ from industry to industry”是习惯表达。

正：From my point of view, gender differences and social factors offer an explanation of

why women's participation differs from industry to industry.

句 *4:* In some cultures, there is a widespread belief that women are not the same capable as men, physically or mentally.

改：表示比较的时候，用“as + 形容词 +as”习惯表达，而“the same”后面要加名词。

正：**In some cultures, there is a widespread belief that women are not as capable as men, either physically or mentally.**

句 *5:* On average, males are more strong than females, because of they have more muscle mass.

改：“more strong”比较级错误；“because of”是介词词组，后面不能加句子。

正：**On average, males are stronger than females, because they have more muscle mass.**

句 *6:* This is the main reason why they are more possible to undertake some labour-intensive jobs than females, such as construction and operation of heavy machinery.

改：“be more likely to do something”是习惯表达，人不能说“be possible to do something”。

正：**This is the main reason why they are more likely to undertake some labour-intensive jobs than females, such as construction and operation of heavy machinery.**

句 *7:* If women are unsuited for these occupations, it is not realistic to guarantee the number of men is the same as the number of women.

改：“to”不定式后面出现了两个动词，“guarantee”和“is”；“realistic to expect that”是比较常见的表达。

正：**If women are unsuited for these occupations, it is not realistic to expect that the number of men equals that of women.**

句 *8:* It is also believed that females do not perform as good as males in logical thinking and innovative work, although it is proven by some people as a stereotype in many cases.

改：“good”是形容词，不能修饰“perform”；“proven by somebody”没有这个表达，“prove to be something”是习惯表达；“it”代词使用不恰当，因为这里是指代上句话的内容，应该用“this”，而且这句话里有两个“it”。

正：**It is also believed that females do not perform as well as males in logical thinking and innovative work, although this proves to be a stereotypical view in many cases.**

句 *9:* Despite whether it is a bias or a reflection of the fact, men outnumber women in science and technology areas, where innovation is the dominant factor.

改：“despite”是介词， 后面只能加名词；“bias”是不可数名词；“technology areas”没有这个表达；“factor”对什么重要没有说清楚。

正：Whether it represents the bias against women or the truth, men outnumber women in science and technology, in which innovation is the factor essential to career success.

句 *10:* Gender role is another barrier face females when they seek to enter some industries.

改：句中有“is”和“face”两个动词，可以改成“barrier (that is) facing females”。

正：Gender role is another barrier facing females when they seek to enter some industries.

句 *11:* A large amount of women expect to fit into their traditional gender roles, namely, manage household chores, raise children and take care of ageing parents.

改：后面几个动宾短语，包括“manage household chores”指代不了前面的名词“role”，需要改成动名词；“amount of”后面不能加人；“expect”在这里用主动语态不恰当，因为是女性被大家期望着去做什么。

正：A large proportion of women are expected to fit into their traditional gender roles, namely, the roles of managing household chores, raising children and taking care of ageing parents.

句 *12:* In this surrounding, women are difficult to juggle their full-time jobs and household responsibilities, so they often place their family commitment above their professional success.

改：“surrounding”一般指具体的环境；人没有难易之分，“somebody is difficult to do something”表达不恰当。

正：In this circumstance, women find it difficult to juggle their full-time jobs and household responsibilities, so they often place their family commitment above their professional success.

句 *13:* For this reason, women are normally arranged to part-time jobs or those positions that does not involved great responsibilities.

改：“positions does”定语从句主谓不一致；“A do not involve B”或者“B be involved in/with A”是习惯表达；“arranged”这个词也不是很好，在女性题目里，用“underrepresented/overrepresented”比较多。

正：For this reason, women are normally overrepresented in part-time jobs or those positions that do not involve great responsibilities.

句 *14:* Many employers are cautious when they deciding to recruit female applicants, in view of these applicants' potential need of maternity leave.

改："they deciding"谓语不完整，这里可以省略"they"，因为主句和从句主语一致；"need for something"是固定搭配。

正：**Many employers are also cautious when deciding to recruit female applicants, in view of these applicants' potential need for maternity leave.**

句 *15:* To summarise, females' underrepresentation in some industries is primary attributed to biological differences, social expectations and gender stereotypes.

改："primary"是形容词，不能修饰过去分词"attribute"。

正：**To summarise, females' underrepresentation in some industries is primarily attributed to biological differences, social expectations and gender stereotypes.**

句 *16:* Unless gender roles experienced a change, women cannot achieve their potentials.

改："experienced"过去时，应该改成现在时；"potential"是不可数名词。

正：**Unless gender roles experience a change, women cannot achieve their potential.**

◎ 论述的紧凑和连接（*Coherence and Cohesion*）

	所用连接词	功能
主体部分第一段	...there is a widespread belief that...	引出中心句
	This is the main reason why...	解释
	It is also believed that...	引出第二个论点
主体部分第二段	...is another barrier facing....	转折，引出反方观点
	In this circumstance...	结果
	For this reason...	结果
	...also...	第二个分论点

In many countries, the proportion of older people is steadily increasing. Does this trend have positive or negative effects on society?

◎ 解题（*Task Response*）

关键词："the proportion of older people"，"increasing"

问题方式：观点类题目。"积极或者负面的影响"题型，可以只说好的影响或者坏的影响，但是我建议使用两边讨论，也就是"老龄社会"的正面和负面的影响都要讨论。

◎ 结构和关键词（*Structures and Key Words*）

介绍段	
背景句	① 越来越低的出生率（birth rates）和寿命（life expectancy）的延长是两个在很多社会都看得到的现象。
改写题目	② 研究人口老龄化的影响对于制定和实施一些政策是至关重要的（crucial）。
阐述立场或者说明文章讨论内容	③ 除了挑战之外，这个人口的变化（demographic trend）同时也带来一些机会。
主体部分第一段	
中心句（经济：资源）	④ 一个和老龄化（ageing population）相关的问题是健康医疗的费用会激增（escalate），会对纳税人施加一个负担。
解释	⑤ 众所周知的是（it is widely known that），大部分的医疗需求（medial needs）和费用都是在晚年（last years of life）出现。
解释	⑥ 因此，很多家庭不得不面对照顾年老家人的需要，当公共资源（public resources）不是那么容易获得的时候。
观点（经济：效率）	⑦ 此外，一个国家不得不接受工作的慢节奏（slow pace of work），而年轻人的失业问题（youth unemployment）可能会更加严重，随着年纪比较大的工作者数目增加。
观点（经济：资源）	⑧ 在最糟糕的情况下（in the worst cases），一个出生率很低的老龄社会（ageing society）可能会遇到劳动力短缺（labour shortage）的问题，因为劳动力年龄结构的变化（a shift in the age structure of the workforce）。
主体部分第二段	
中心句（科技发展）	⑨ 在另外一方面，老年人口的增加（swelling）可以从积极的角度（in a positive light）去看待，因为这往往体现了技术的持续发展。
举例	⑩ 医院有经济的动力（economic incentives）去提高医疗科技，这些科技可以预防或者延迟慢性病的出现（the onset of chronic conditions）。
观点（经济：资源）	⑪ 很多人也会推迟（postpone）退休和延长职业生涯（working lives），从而减少对退休金（pension）的需求。
解释	⑫ 我们不难发现的是 （it is not unusual that）很多老年人也会通过社区服务的方式，作为对社会有用的（productive）成员而工作。
观点（经济：资源）	⑬ 他们也可以作为顾问（consultants）而工作和将自己的知识和技能传授（impart）给年轻人。

结论段	
再次表明立场	⑭ 正如上面所指出的，寿命的急剧延长（extension）已经给很多国家和家庭的健康医疗和其他辅助资源（support resources）施加了压力（imposed strains）。
总结观点	⑮ 与此同时，人们在逐步适应一个老龄化社会（通过提高退休年龄），从而一定程度上减少（lessened）或者避免人口老龄化的负面影响。

◎ 语言改进和语法知识（*Grammatical Range and Accuracy*）

句 *1:* There are two phenomenons have seen in many societies, low birth rates and an increasingly life expectancy.

改："phenomenon" 的复数是"phenomena"；句中有"are" 和"have seen" 两个谓语；"increasingly"副词不能修饰名词 "expectancy" 。

正：**Decreasing birth rates and an increasing life expectancy are two phenomena observed in many societies.**

句 *2:* The analysis of the impact of an aging population for formulate and implement of some policies are very crucial.

改："analysis are" 主谓不一致；介词"for" 后面不能加动词。

正：**The analysis of the impact of an aging population is crucial to the formulation and implementation of some policies.**

注：前面两句话都是单句，略显单调，可以改成：It is important for the government to analyse how these trends affect the country, when formulating and implementing policies to adapt to the needs of the ageing society.

句 *3:* Apart from challenge, demographic trend also bring some opportunities.

改："challenge" 和"trend" 都是可数名词，要么用复数，要么加冠词，或者加上"this" 这样的修饰语。

正：**As well as challenges, this demographic trend can present some opportunities.**

注：这句话事实上和第二句话意思重复了。

句 *4:* A problem related to ageing population which will escalate the health care costs, it will exert a burden on taxpayers.

改："a problem is that" 是习惯表达，用于描述具体问题的时候；"escalate" 一般用作不及物动词；"impose a burden" 是习惯表达。

正：**One problem associated with an ageing population is that health care costs will escalate, imposing a burden on taxpayers.**

句 *5:* It is wide known that most of medical needs and fees appear in the last years of life.

改：“wide”是形容词，不能修饰“known”（过去分词）；“most of”一般在后面名词需要特指的时候使用。

正：**It is widely known that most medical needs and costs occur in the last years of life.**

句 *6:* Therefore, many families have to face the need to care for elderly households when public resources are not easy to obtained.

改：“household”（意指家庭）单词使用错误；“to”不定式后面应该用动词原形。

正：**Therefore, many families have to face the need to care for elderly family members when public resources are not readily available.**

句 *7:* As a number of senior workers increased, it could slow down the pace of work and the youth unemployment problem may be more serious.

改：“a number of”意思是“many”，而这里表达的是“……的数目”；“increased”一般过去时，时态不恰当。

正：**In addition, the country may have to accept a slow pace of work and youth unemployment, as the number of senior workers increases.**

句 *8:* In the worst cases, a low birth rate of an ageing society is likely to encounter the problem of labour shortage, due to a shift in the age structure of the workforce.

改：主语“a low birth rate”错误。

正：**In the worst cases, an ageing society with a low birth rate is likely to encounter the problem of labour shortage, due to a shift in the age structure of the workforce.**

句 *9:* On the other hand, ageing population swelling can view in a positive light, cause of that, it often reflects the sustained development of technique.

改：“ageing population”可数名词，要么冠词，要么复数；“view”应该用被动语态；“because of that”并不是连词；“technique”的意思是“技巧，技能”，而不是“技术”。

正：**On the other hand, the swelling of ageing populations can be viewed in a positive light, as it reflects the continued development of technology.**

注：想拿7分的考生可以尝试写个名词性从句，增加句子变化：On the other hand, the swelling of ageing populations can be viewed in a positive light, as it reflects how the continued development of technology has extended life expectancy.

句 *10:* Hospitals have economic incentives to increase technology of medical treatment, these technology can prevent or delay the onset of chronic conditions.

改："these technology"数不一致；一句中有"have"和"can prevent"两个谓语动词。

正：**Hospitals have economic incentives to improve medical technologies that prevent or delay the onset of chronic conditions.**

句 *11:* Many people will postpone retirement and extend working life, so reducing the demand for pension.

改："so"是连词，后面应该接完整的句子；"working life"应该用复数；可以使用"also"，而不是"moreover"，减少模板的痕迹。

正：**Many people will also postpone retirement and extend their working lives, thereby reducing their demand for pension.**

句 *12:* It is not unusual that many old people through social services as useful member of society to work.

改："through social services"（介宾短语）和"to work"（不定式）都不是谓语；"member"是可数名词，这里应该用复数，和"old people"保持一致。

正：**It is not unusual that many elders work as productive members of society by providing for community service.**

句 *13:* They can work as a consultant and impart their knowledge and skills on the younger generation.

改："a consultant"和前面的"they"数不一致；"impart something to somebody"是习惯表达。

正：**They can also work as consultants and impart their knowledge and skills to the younger generation.**

句 *14:* As you can see from above information, it is impose strains for a huge number of countries and families' health care and support resources by extension of life expectancy.

改：书面语中尽量减少使用第二人称"you"；"is"后面不可能加动词原形；"is"后面不能加动词原形；"it"指代不清楚；"impose strains on"固定搭配。

正：**As indicated above, the considerable extension of life expectancy has imposed strains on the health care and supporting resources of many countries and families.**

句 *15:* At the same time, people gradually adopt to ageing society (through raise retirement age), so the negative effect of ageing population will moderate or prevent to a certain extent.

改："adopt"是"采纳"的意思，"adapt"是"适应的"意思；"through"和"by"类似，介词后面不能加动词；"moderate"和"prevent"应该使用被动语态。

正：**Meanwhile, people are gradually adapting to an ageing society (by raising the retirement age) so the negative effect of ageing populations can be lessened or avoided to some extent.**

◎ 论述的紧凑和连接（*Coherence and Cohesion*）

	所用连接词	功能
主体部分第一段	One problem associated with...is that ...	引出中心句
	It is widely known that...	解释
	Therefore...	结果
	In addition...	引出第二个观点
	In the worst cases...	引出第三个观点
主体部分第二段	On the other hand...	转折，引出反方观点
	...also...	引出第二个观点
	It is not unusual that...	解释
	...also...	第三个观点

In many parts of the world, there has been an increase in youth crime. Why is this happening? How to address this issue?

◎ 解题（*Task Response*）

关键词：“an increase in youth crime”

问题方式：报告类文章。“问题的原因和解决方法”题型；主体部分一段讨论原因（青少年犯罪的原因），一段讨论解决方法（如何减少青少年犯罪）。

◎ 结构和关键词（*Structures and Key Words*）

介绍段	
背景句	① 青少年犯罪（juvenile delinquency）的流行已经变成一个存在于很多社会的问题，但是似乎人们在解决这个问题上没有获得很大的进展。
改写题目	② 了解青少年犯罪的原因可以有助于预防他们的不当行为。
阐述立场	③ 这篇文章主要关注于分析这个问题的原因和找到解决方法。
主体部分第一段	
中心句（社会和学术）	④ 青少年犯罪的上升可以归结于（attributed to）三个因素。一般来说，一个没有接受到恰当教育的年轻人更加有可能（prone to）做出反社会的行为。

解释	⑤ 教育不仅可以让年轻人知道什么是合法的、社会认可的行为，也可以让他们获得工作技能，有一个好的工作前景（job prospect）。
附加观点（个人行为）	⑥ 年轻人的攻击性行为也可能归咎于家庭环境（home environment）所发生的问题，如家庭暴力、疏于管教（a lack of proper parental supervision）和缺乏关爱（neglect）。
举例	⑦ 譬如，那些接触家庭暴力的年轻人可能因此做出攻击性（aggressive）行为，他们错误地认为（in the mistaken belief that）暴力是解决矛盾的一种有效和恰当的手段。
附加观点	⑧ 另一个原因是社会没有作出足够的努力去杜绝引起青少年犯罪的因素。
解释	⑨ 非法药物和酒比以前任何时候都更容易获得；年轻人为了获得这些，有时候不得不通过犯罪来获得金钱。
主体部分第二段	
中心句	⑩ 在解决青少年犯罪上，家庭、学校还有社区服务机构（social service agencies）应该合作。
解释	⑪ 如果学校或者家长觉察学生有行为问题，他们需要相互咨询和讨论解决的方法。
举例	⑫ 譬如学校一旦发现学生有不好的行为（如旷课或者使用药物），那么就需要通知家长，使用干预方法（intervention methods）。
附加观点	⑬ 再者，政府需要加强对药物和酒精的管制，同时也需要增加对父母的教育，帮助他们知道他们对子女行为产生的影响。
结论段	
再次表明立场	⑭ 正如上面所提到的，家庭问题、教育的不完善还有法律的漏洞（loophole）导致了青少年犯罪。
总结观点	⑮ 要解决这个问题，家庭、学校还有社会需要协调努力（make a concerted effort）去找到解决方法。

◎ 语言改进和语法知识（*Grammatical Range and Accuracy*）

句 *1:* The rise of juvenile delinquency has become a problem that exists in many societies but it seems that people have not made a big progress in solving this problem.

改：“progress”是不可数名词；“rise”经常表示崛起的意思，在这里不是很恰当。

正：The prevalence of juvenile delinquency has become a problem that exists in many societies but it seems that people have not made substantial progress in solving this problem.

句 *2:* Understanding the reason for youngsters' offences are helpful for preventing the unreasonable behaviour of youngsters.

改：“reason”是单数，不恰当，因为“原因”不可能只有一个；“understanding”动名词作主语的时候，谓语动词用单数；两个“youngster”多余，后面那个应该用有代词；“helpful in”是固定的表达。

正：**Understanding the reasons for youngsters' offences can help prevent their inappropriate behaviour.**

句 *3:* This essay mainly concern with analysing causes and the solutions to this problem.

改：“be concerned with/about”是固定的表达；“cause”和“solution”搭配的介词不同，“cause+of”，“solution+to”。

正：**This essay is mainly concerned with analysing the causes of this problem and identifying solutions.**

注：这句话和上面一句话有点类似，而且有模板的嫌疑，想拿7分的考生可以大胆放弃。

句 *4:* The rise in juvenile crime is attributed to three factors. Generally speaking, it is more possible that young people who do not accept the suitable education join in the misconduct.

改：表示接受教育的动词是“receive”；“join in”一般是指加入某些组织；“misconduct”经常是指“专业人士或者权威部门不好的行为”。

正：**The increase in juvenile crime is attributed to three factors. As a general rule, young people who do not receive a decent education are more prone to commit anti-social acts.**

句 *5:* Education not only informs young people of what qualifies as legal, social acceptable behaviour but also acquires marketable skills and have a good job prospect.

改：“social”是形容词，不能修饰形容词“acceptable”；“acquire”（获得）的主语不应该是“education”（教育）。

正：**Education not only informs young people of what qualifies as legal, socially acceptable behaviour but also allows them to acquire marketable skills and have a good job prospect.**

句 *6:* Young people's wrongdoings can be attributed to the problems that be occurred in the home environment, such as domestic violence, a lack of proper parental supervision, neglect.

改：“occur”是不及物动词，没有被动语态；“such as”后出现三个名词的时候，最后两个名词之间需要有“and”；“wrongdoing”很多时候在媒体上用得多，但不十分适合雅思作文。

正：**Young people's offensive acts can also be attributed to the problems that occur in the home environment, such as domestic violence, a lack of proper parental supervision and neglect.**

句 *7:* For example, those young people who suffer the domestic violence could become aggressive in the mistaken belief that the violence is an effective and satisfied solution to deal with contradictions.

改：“violence”不需要特指，不加定冠词“the”；“suffer”在这个时候后面要加“from”；

“become”在这里不恰当，因为强调的应该是动作；“satisfied”形容人，而不是物；“contradiction”一般指语言的“前后矛盾”。

正：**For example, those young people exposed to domestic violence could commit aggressive acts in the mistaken belief that violence is an effective and appropriate way to settle conflicts.**

句 *8:* The third reason is that the society makes insufficient effort to forbid the factors of juvenile delinquency.

改：这里最好用否定句表达，不是努力不够，而是不够努力；“third”显得有点模板化，可以用“another”替代；“forbid”表示“禁止”的意思。

正：**Another reason is that the society fails to make considerable effort to eradicate the factors contributing to juvenile delinquency.**

句 *9:* Illegal drugs and alcohol are much easier to be got than before; due to pursuing in that, young people sometimes have to get money through crime.

改：“to be got”是口语表达；“pursue”是及物动词，后面不需要加介词。

正：**Illegal drugs and alcohol are more accessible than ever before; to purchase these items, young people have to commit crimes.**

句 *10:* In solving the juvenile delinquency, family, school and social service agencies should collaborate.

改：“family”和“school”是可数名词，这里要用复数。

正：**In addressing juvenile delinquency, families, schools and social service agencies should collaborate.**

句 *11:* Schools and parents need consult with each other when they detect students have behaviour problems; therefore, they can discuss methods.

改：从句中出现“detect”和“have”两个动词；“need to”是习惯表达；整个句子比较繁琐；“they”指代不清楚。

正：**If schools and parents detect students' behaviour problems, they should consult each other and discuss solutions.**

句 *12:* For example, schools should inform parents of their children's truancy and drug use and take appropriate intervention methods once such behaviours are observed.

改：与“method”搭配的动词一般是“adopt”或者“employ”；“behaviour”是不可数名词。

正：**For instance, once schools observe delinquencies (such as truancy and drug use), they should inform parents and adopt intervention methods.**

句 *13:* Furthermore, the government should impose restrictions on drugs and alcohols, and it should meanwhile enhance education to help parents understand the impact of their behaviour on children.

改：“alcohol”是不可数名词；“it should”多余，两个句子的主语和情态动词相同；“furthermore”在这里也不是很恰当，暗指前面已经提过“government”做了某些事情。

正：The government should also impose restrictions on drugs and alcohol and enhance education among parents to help them understand the impact of their behaviour on children.

注：这句话的后半句有点啰嗦，可以用“educate somebody to do something”的表达，比较简练：The government should also impose restrictions on drugs and alcohol and educate parents to understand and lessen the impact of their behaviour, such as violent acts, on children.

句 *14:* As above indicated, problems associated with family, limited access to education and loopholes in laws are responsible for the popularity of youth crime.

改：“as indicated above”是固定表达；“popularity”的中文意思是“流行”，用于这个语境不恰当。

正：As indicated above, problems associated with family, limited access to education and loopholes in laws are responsible for the prevalence of youth crime.

句 *15:* The family, school and the society should be coordinated to find a good solve way in order to against juvenile delinquency successfully.

改：“against”是介词，“in order to”后面要接动词；“solve”是动词，不能用来修饰名词“way”。

正：To address this issue, the family, the school and the society should make a concerted effort to find solutions.

◎ 论述的紧凑和连接（*Coherence and Cohesion*）

	所用连接词	功能
主体部分第一段	As a general rule...	引出中心句
	...also...	引出第二个观点
	For example...	举例
	Another reason is that...	引出第三个观点
主体部分第二段	In addressing ...	引出方法的段落
	For instance...	举例
	...also...	引出第二个方法

第四章

雅思 *Task 1* 图表作文概述

A 类图表作文

常问问题

雅思学术类 Task 1 作文（或者小作文）考试时间约 20 分钟，考查考生的数字分析、总结归纳和对比比较的能力。一般来说，雅思小作文常会出现四种图，分别是饼图（pie chart）、线图（line chart）、柱图（bar chart）和表格（table）；另外还有两种图是流程图（flow chart）和地图（map）。这两种图在过去两年大量出现，考生不能忽视。

学术类作文考查图表写作的主要用意在于引起考生对图表和数据分析的注意。参加雅思考试的考生一般日后都会进入英联邦国家。在这些大学读书的时候，不管所读专业如何，学生时常被要求分析统计数据和判断可能趋势。图表写作有助于提高考生这一方面的能力，应付大学学业；考生在以后的留学过程中，可以慢慢体会雅思考试中心的这一用意。

我从事雅思教学超过 10 年，最近两年从事网络教学，发现中国学生在准备小作文的时候，小错误很多，这是很吃亏的，因为小作文备考应该比大作文容易多了。

为此，我归纳了小作文常见的错误，请大家查阅一下附录 4，那些错误都不知道积聚了多少“烤鸭”的血和泪。

◎ 问题 *1*：雅思 *Task 1* 作文和 *Task 2* 作文哪个重要？考试如何安排时间？

雅思作文考试的小作文部分比较简单，主要体现在以下两点：①所用单词或句型相当单调，重复率大；②图形大同小异，虽然描述对象不同（例如：人口、失业率、入学率等），叙述方法和写作思路基本一致。

因为上述两个原因，考生在备考过程中，主要注意力应该集中在大作文上。此外，剑桥雅思中心的官方网站屡次强调，大作文的占分是 2/3，而小作文的占分是 1/3；因此，即便考生在小作文中获得较好成绩，最终决定总成绩的还是大作文。在考试中，考生不妨先完成 Task 2（用时 40 分钟），然后开始写小作文（用时 20 分钟）。

◎ 问题 *2*：雅思图表作文是描述重要，还是总结和比较重要？

很多作文老师喜欢强调图表的描述，包括各种近义词和表达。虽然表达重要，但是图表作文的重心是“总结”和“比较”。图表作文的题目一般都有这么一句话：

“summarise the information by selecting and reporting the main features, and make comparisons where relevant...”

主要意思有 3 点：①总结信息；②选择和汇报主要的特点；③如果合适的话，进行比较。很多考生的常犯错误就是太过注重描述（特别是线图），而没有达到这三个要求。

总结信息往往出现在两个地方，一是在文中，用文字概括一个特征，再用数据支持；二是出现在文末，总结数据。

◎ 问题 3：**雅思图表一般数据很多，应该怎么描述？**

笔者将图表作文分成两种情况：①动态图，出现超过一个时间（年代、月份等）的数据；②静态图，没有出现时间或者只有一个时间的数据。动态图强调的是每个对象的趋势，而静态图强调的是数据之间的对比。动态图在 Task 1 中出现的机会要远高于静态图。遇到动态图的时候，考生要注意确定趋势，而不是陶醉于描述细节。在选择数据的时候，遵循以下四个原则。

	动态图	静态图
级别 I 的数字（必须要读）	最高值 [以时间段最终的数据（the figure at the end of the period）决定]	最高值
级别 II 的数字（必须要读）	时间段最终的数据，因为这决定了最后的排名和每个对象的趋势	第二高值
级别 III 的数字（有选择地读）	时间段最早的数字，因为这可以确定每个对象的趋势	最低值
级别 IV 的数字（有选择地读）	反转的数据（如从升到跌的数据）、趋势变化的数据（如升势加速的数据）和 排位变化的数据（如被其他对比物体超越的数据）	其他的值

注：如果题目里出现 12 个或者少于 12 个的数据，最好全部阅读，否则字数不够。如果多于 12 个数据，动态图可以忽略某些级别 III 和级别 IV 的数字，而静态图要懂得将类似的数据放在一起写。

动态图和静态图的数据描述顺序如下表所示。

	动态图	静态图
步骤 1	确定图的类别：只有一个时间的数据就是静态图，而多于一个时间的数据就是动态图	
步骤 2	确定描述的对象	确定描述的对象：静态图一般不要以国家、性别、年龄群体等作为描述对象，也就是不要国家自己和自己相比。
步骤 3	确定每个对象的趋势：①上升（upward）；②下降（downward）；③平稳（level off）；④先升后降或者先降后升。	类似的数据可以归类
步骤 4	从最高值开始描述	

例 1：出现时间（动态图表）

	1990	1995	2000	2005
China	5%	10%	10%	22%
France	12%	20%	30%	30%
Australia	25%	25%	20%	18%
US	18%	16%	19%	17%

步骤 1：确定是动态图，因为有 4 个时间。

步骤 2：确定有 4 个国家，4 个对象。

步骤 3：确定中国、法国上升趋势，澳大利亚下降，美国基本保持不变。

步骤 4：从最高值法国开始说起。

数据的选择：

总共有 16 个数据，说明要有取舍。

级别 Ⅰ 的数字：法国在 2005 年的数据。

级别 Ⅱ 的数字：2005 年的 4 个数字。

级别 Ⅲ 的数字：1990 年的 4 个数字。

级别 Ⅳ 的数字：中国 1995 年和 2000 年的数据，因为保持一致；美国 1995 年的数据，因为是最低值；法国 2000 年的数据，因为和 2005 年的数据一致。

注：很多同学可能奇怪为什么我不按照图的形状（譬如说饼图、表格、柱状图）来讲解小作文？主要是因为其实图的形状和外表不重要，重要的是本质。所谓的本质就是数字的性质。

大家看这个表格的数据，不难发现，是不是你完全可以根据这些数据画成一个线图，或者是柱状图，或者是饼图？而最后描述的方法是类似的？与其记住不同的图怎么写，还不如记住动态图怎么写就好了，删繁就简才可以方便备考。

另外一个常见问题，就是动态图要不要以每一个时间作为描述对象（也就是第一年的数据拿出来说，不同国家比较，然后再拿其他年的数据出来比较）？

我的看法是不要，你们试一下就知道了，会非常头疼，写得很啰唆，数据很重复。记住动态图关键就是分析趋势，上升还是下降，还是保持不变，足矣！

例 2：没有出现时间（静态图表）

	Industrial water use	Domestic water use	Agricultural water use
UK	23%	65%	12%
Japan	20%	60%	20%
China	10%	50%	40%
US	22%	43%	35%

步骤1：确定是静态图，因为没有时间。

步骤2：确定有3个对象（工业、农业和家庭用水）；不要以国家为描述对象，国家自己和自己比较不好。

步骤3：类似的数据可以归类，譬如工业用水，美国和日本的数据类似。

步骤4：从最高值（①英国的工业用水；②英国的家庭用水；③中国的农业用水）开始说起。

◎ 问题4：图表作文的对象是强调横向相比（时间为导向），还是强调纵向相比（不同对象为导向）？

涉及这个问题一般都是动态图，从《剑9》的第2套考官范文和以前的考官范文来看，动态图最重要的是趋势，也就是横向，纵向只需要强调最高值就可以。

◎ 问题5：如果图表作文的对象有两种对比方向，应该选择哪一种？

有时候，图表作文的对象可以有两种对比路径，譬如上面例2表格里的"water use"（用水）和"countries"（国家）。这个时候要选定用水为描述对象，而不是国家。对比下面两个例子：

错误的描述：The highest proportion of water in the UK was for the domestic use, at 65%, followed by 23% for industrial use and 12% for farming.

正确的描述：The highest proportion of water for domestic use was in the UK, at 65%, followed by the figure for Japan, at 60%, while the figures for China and the US were remarkably lower, 50% and 43% respectively.

我之所以不建议第一种描述是因为你们会发现，写完国家自己的情况后，你很难和其他国家进行相比，如果相比，又很啰唆。

◎ 问题6：雅思图表作文的总结段是否一定要写？需要包括什么内容？

最好写总结段。剑桥雅思的考官范文一般都有总结段。总结段大概两句话：①总结趋势或者主要数据；②主要数据的比较。

考生在总结段切忌3个错误。

（1）不能使用"in conclusion"这样的字眼，图表作文没有讨论观点，只是陈述，所以没有"conclusion"（结论）这么一说。这也是为什么小作文一般不会出现"therefore"这些单词（一般只用于观点论述）。

（2）不能表达个人观点、进行推测和预测，图表作文只需要根据数据进行总结和分析。

（3）不能出现数据，因为数据的描述已经在主体部分完成。

◎ 问题7：雅思图表作文的开头段一般是将题目改写，有什么改写方法？

图标作文的开头段有 4 种改写方法。

出现“提供信息”的字眼：The chart (or graph) provides (or presents) information (or data) about...

出现“show/illustrate + 名词”：The chart shows the changes in...

出现“compare + 名词”：The chart compares...

出现以“how”引导的宾语从句：The chart (or graph) shows (or illustrates) how ... changed (or varied)...

出现以“that”引导的宾语从句，可能将总体趋势粗略地描述一下：The chart (or graph) shows (or reveals/indicates/suggests) that ...

◎ 问题 *8*：**图表作文经常描述上升和下降，除了使用近义词之外，有没有其他表达的方法？**

通过改变上升和下降这些词的词性和位置，从而使得表达方法更加灵活。事实上，考官很看重词性的变化。

	上升	下降
动词	The country's GDP *increased* by 5%.	This retail prices *declined* by between 5% and 9%.
名词加“of”	There was *an increase of* 30% during the period.	There was *a decline of* 20% in car ownership.
名词在句首	*The growth* was significant during the period (around 4%).	*The decline* was dramatic in this country (about 3%).
“see”	The 1990s *saw a dramatic decrease* in the sales of videos.	Britain *saw a steep drop* in the sales of books in the 1990s.
使用“up”或者“down”	The consumption of meat reached 45 thousand kilograms, *up* 40% from a year ago.	The trading volume dropped to 3 million a day, *down* 35%.
现在分词在句中	The number of married people was 1.6 million, *rising to* 1.7 million in 1999.	The unemployment rate was 9% in 1990, *dropping to* 6% in 1995.
“showing”现在分词放在句中	The crime rate in 2000 was 15% compared to 10% in 1995, *showing an increase of* 5%.	The number of tourists was 3 million, *showing a decrease of* 14% compared with previous year's figures.
词组	The smoking rate in young girls *was on the rise*.	Motorcycle casualties were *in decline*.
趋势	There was *an upward trend* in sales.	*The downward trend* was significant during the period.

◎ 问题 9：**雅思图表作文的主要时态是什么？**

主要时态是一般过去时，其他可能出现的时态有过去完成时和一般现在时。

• 一般过去时（这是小作文最常用的时态）

因为出现的数据一般都是以往的统计数据，过去的情形和现在的情形很有可能完全不一样，因此用过去时态比较恰当。

例：In the 2002 survey, over 75% of respondents with annual incomes above $100,000 considered leisure time extremely important.

译：在2002年的调查中，超过75%的年收入超过十万的被访者觉得休闲时间极度重要。

• 过去完成时

出现介词“by + 时间”的时候，使用过去完成时。

例：The divorce rate had dropped to 5% by the year 1999.

译：离婚率在1999年之前跌到5%。

• 一般现在时

如果图表里并没有出现任何过往的年度，或者未显示这是过去的统计数据，用一般现在时比较理想。

例：Britain is responsible for 3% of the world's carbon dioxides emissions.

译：英国制造世界上3%的二氧化碳排放量。

• 在少数情况下，图表作文会出现预测值

这个时候最好避免用“will”这种词，因为这样语气过分肯定，可以用其他的说法替代，如“be likely to”，“be projected/expected to”。

例：The projection is that the number of people committing violent crime is likely to rise by the end of 2007.

译：暴力犯罪的人被预测有可能在2007年年底之前上升。

◎ 问题 10：**描述数据的时候，经常有记流水账的感觉，怎么避免？**

突出文字信息可以避免枯燥地阅读数据。请参考下面两个例子。

例1：The average US family had 4.5 people in 1915, 3.3 in 1967 and 2.6 in 2006.

改：Average family size in the US shrank（文字信息）, from 3.3 people in 1967 *to 2.6 people in 2006*（数字信息）, *compared to 4.5 people in 1915*（比较）.

译：美国家庭在缩小，从1967年的3.3人降到2006的2.6人，和1915的4.5人相比。

例 2：Nonmetropolitan counties had a property crime rate of 1,250 per 100,000 people, and metropolitan counties experienced a rate of 2,529 offenses per 100,000 inhabitants.

改：The property crime rate in nonmetropolitan counties *was relatively low*,（文字信息）*1,250 per 100,000 people*（数字信息）, *less than half the rate*（比较） in metropolitan counties (2,529 offenses per 100,000 inhabitants).

译：在大城市之外的地方，财产犯罪率相对比较低，10 万人中有 1 250 起，一般比主要城市的还要低，10 万人中有 2 529 起。

◎ 问题 *11*：**到底是"*millions, thousands*"还是"*million, thousand*"？**

后者。只有"数字 + million or thousand"的说法。很多考生困惑的原因是因为很多图表的度量单位上写的是"millions"或者"thousands"。在句子中出现的时候，这些词不能加复数。

◎ 问题 *12*：***number* 和 *amount* 可否互换？*proportion* 和 *percentage* 可否替换？**

否。"the number of"后面一般接可数名词的复数，"the amount of"，"the quantity of"和"the volume of"类似，后面一般接不可数名词。

"proportion"和"percentage"可以替换，结构都是"proportion of + 名词"。"The figure for..."是常用的名词替换方法。小作文一般用不到"data"这个词。

◎ 问题 *13*：**雅思图表作文是否可以出现第一人称"*I*"或者"*we*"？**

否。雅思图表作文需要正式的书面语言，强调客观和准确。因此，在语言使用方面，要注意减少第一人称的使用，减少非正式的说法。

例：I believe that the graph shows a significant decline in the youth smoking rate.

改：吸烟率是否下降应该由图表决定，不应该随着你是否相信而决定。因此，应该把句子中的"I believe that"去掉。

◎ 问题 *14*：**引用数据可否用括号，和定语从句？**

引用数据的时候可以使用括号。不需要定语从句，直接引用数据便可。

例：Lamb was consumed in a lower quantity, which was around 50 grams.

改："which was"可以去掉，后面的数字作为同位语。

正：Lamb was consumed in a lower quantity, around 50 grams.

译：羊肉的消耗量小了一点，大概是 50 克。

其他读数据的介词区分和使用见下表。

	使用方式	剑桥真题例句
By	by 用于强调增加或者减少的幅度；可翻译成："增加了……"或"减少了……"	《剑 5》Test 2（8 分考生作文） This percentage gradually declines by 10—20% every decade. 每十年下降的幅度是 10% 到 20%。
At	at 基本上是读数据最常用的一个介词，有三种可能	1. 用于某个动词后面 《剑 9》Test 2 After peaking at 90 billion the following years, these calls had fallen back to the 1995 figure by 2002. 《剑 9》Test 2 Coal is predicted to increase steadily to 31q in 2030, whereas after 2014, gas will remain stable at 25q. 2. 如果句子的主语是 number, proportion, amount, figure 这些词 《剑 8》Test 2 The figure for resources was highest in 1991, at 20%. 3. 跟在所指代的数据后面 《剑 8》Test 1 North America had a lower proportion of degraded land at only 5%（指代前面的 proportion）.
With	with + 数据经常用于句子的主语不是 number, proportion, amount 这类词	《剑 9》Test 4 Petrol and oil are the dominant fuel sources throughout this period, with 35 quadrillion (35q) units used in 1980, rising to 42q in 2012.
To	to 后面常跟增加或者减少后最终的数值，这也是非常常用的介词	《剑 9》Test 2 There was a dramatic increase in mobile calls from 2 billion to 46 billion minutes. 《剑 7》Test 2 By 2004 it had soared to almost 250 grams per person per week.
( )	括号的使用比 at 和 with 自由，经常跟在一个名词后面。括号主要是用在长句子，避免读数据会使一个句子变得过分零散。	《剑 8》Test 1 Europe, with the highest overall percentage of land degraded (23%), also suffered from over-cultivation (7.7%) and over-grazing (5.5%). 《剑 7》Test 4 In 1980 Australia used coal as the main electricity source (50 units) and the remainder was produced from natural gas, hydro power (each producing 20 units) and oil (which produced only 10 units).

注：记得读数据的时候，不要使用定语从句。

例：

错：North America had a lower proportion of degraded land, which was only 5%.

正：North America had a lower proportion of degraded land, at only 5%.

◎ 问题 *15*：**为什么图表作文的"上升"和"下降"不能用被动语态？**

因为"上升"和"下降"这些词都是不及物动词，没有被动语态。如"the crime rate was increased"很明显不恰当，因为没有任何人有力量去增加"犯罪率"。

例：The weight of the service sector in GDP was dropped from 80 per cent in 1980 to over 70 per cent in 1990.

改："dropped"用主动，在小作文中，表示上升和下降的单词一般都是不及物动词，没有被动语态，如 increase, surge, climb, jump, leap, decrease, slide, slip, dip, plummet。

正：The weight of the service sector in GDP dropped from 80 per cent in 1980 to about 70 per cent in 1990.

译：服务行业在国民生产总值的比重从 1980 年的 80% 下降到 1990 年的 70% 左右。

◎ 问题 *16*：**"上升"和"下降"的近义词是不是可以随便替换？**

否。小作文考官比较重视的是考生使用不同词性的能力。

在使用替换词的时候，考生需要注意恰当性。如通货膨胀率、失业率、退学率、犯罪率、温室气体排放量、肥胖症这一类数据应该是越低越好，而大学入学率、经济增长率、文化普及率、女性就业率这一类的数据则是越高越好。

例： The poverty rate did not show any growth in three years.

改：贫困率是不好的数据，这句话的语气好像在强调贫困率不增长是种遗憾。

正：The poverty rate was flat in three years.

译：贫困率在三年里都是不变的。

上升和下降常用的词组分类如下表所示：

	上升	下跌
程度比较轻	climb	dip, slide
程度一般	Increase, rise, grow	decline, drop, decrease, diminish
程度激烈	spiral, soar, rocket, surge, shoot up, leap	plumb, plunge, plummet, nosedive, tumble, slump

"fall"和"go up"表达口语化，避免使用。从剑桥的考官范文来看，他们一般不会使用程度激烈的词。

◎ 问题 *17*：**饼图里，表示“占据”的词（如“*represent*”）用主动还是被动语态？**

主动语态。类似的词有“represent”，“account for”，“comprise”，“ form”，“constitute”，“make up”，“take up”。

◎ 问题 *18*：**程度副词（如“*dramatically*”）一般出现在什么位置？**

修饰上升下降的副词一般放在动词的后面。

例：The number of obese people in the UK increased dramatically in at least ten years.

译：英国患肥胖症的人数急剧上升超过十年。

常用的程度副词如下表所示：

低	slightly, modestly, moderately, marginally
显著	considerably, remarkably, notably, noticeably, markedly, substantially, significantly
极为显著	dramatically, radically, exponentially

◎ 问题 *19*：**比较句中，到底是使用“*that*”还是“*those*”，指代前面的名词？**

取决于前面的名词是单数还是复数。

例：The crop yields worldwide in 1990 were 15% up on that of 1985.

改：“that” 错误，不能指代前面的名词复数 “yields”。

正：The crop yields worldwide in 1990 were 15% up on those of 1985.

译：1990 年的农作物产量比 1985 的产量高出 15%。

◎ 问题 *20*：**读数据时，表示大约的时候，使用“*approximately*”还是“*approximate*”？**

一般都是使用副词“approximately”，类似的词有 around, about 和 some。也可以用 or so 和 an estimated…。

例 1：The sales reached $ 4.5 million or so.

译：销售量大概到了 450 万美元。

例 2：The company controlled an estimated 90 per cent of the country's calls.

译：这个公司控制着这个国家大概 90% 的电话。

“around”，“about” 和 “or so” 也可以表示时间。

例 3：For twenty years or so, there was an upward trend in the number of deaths caused by heart disease.

译：从心脏病导致的死亡数字来看，上升的趋势差不多有 20 多年。

同理，表示“接近”的一些词，如“nearly”，“almost” 也是副词。

◎ 问题 *21*：**表示三分之二的时候，是“*two thirds*”还是“*two third*”？**

“two-thirds”是正确的表达。其他的常用表达有“a quarter of”，“one third of”，“two-fifths of”，“ half of”。

例： African Americans make up two-thirds of the city's population.

译： 非洲裔美国人占据这个城市 2/3 的人口。

◎ 问题 *22*：**比较句最常见的错误是什么？**

• 比较句当中，比较的对象必须一致。

例： The proportion of commuters who used public transport was nearly 30% in 2010, much higher than 2000.

改： 不清楚比较的是年代，还是人数。

正： The proportion of commuters who used public transport was nearly 30% in 2010, much higher than the figure in 2000.

译： 使用公共交通工具上下班的人的比例在 2010 年差不多是 30%，比 2000 年的数据要高得多。

• 使用 in contrast to, in comparison with 和 compared with 的时候，一定要注意比较的对象一致。

例： In contrast to two-parent families, the income was much lower in single-parent families.

改： 句子主语是“the income”，不能和“two-parent families”相比。

正： In contrast to two-parent families, single-parent families had much lower incomes.

译： 和双亲家庭相比，单亲家庭的收入要低得多。

• 使用 while 和 whereas 的时候，注意两个单句的结构一致。

例： Whereas car emissions in developing countries more than doubled, industrialised counties dropped by half.

改： “car emissions in developing countries”和后面的“industrialised countries”不一致。

正： Whereas car emissions in developing countries more than doubled, those in industrialised counties dropped by half.

译： 发展中国家的汽车尾气增加超过两倍，而工业国家的尾气减半。

◎ 问题 *23*：**“*before*”和“*after*”有什么替代词？**

“before”的近义词有“prior to”，“ahead of”，“preceding”，而“after”的近义词有“following”，“subsequent to”。

◎ 问题24：**有时候图里出现“*million*”还有单位，譬如“*units*”，数据读多了会觉得很烦，可以不可以省略？**

“million”和“thousand”这些肯定不能省略，但是单位在后面可以省略。试看下面《剑9》的第二套考官范文的例子。不难看出，开始写了个单位“minutes”后，后面就没写，但是“billion”这个数字是不敢动的。

例：Local fixed line calls were the highest through the period, rising from 72 billion minutes in 1995 to just under 90 billion in 1998.

◎ 问题25：**可以不可以用“*that*”这个替代词去替换名词，从而加分？**

用对了就可以，但是根据我的经验，在小作文中能用到的机会不是很多，而且很多考生都用错。譬如下面的例子：

例：The proportion of expenditure on food in Turkey was higher than that of Italy.

改：大家可以看到，这个句子里，前面是“proportion of expenditure”和后面的“that of Italy”根本就不对称。

正：The proportion of expenditure on food in Turkey was higher than the figure for Italy.

或者：The proportion of expenditure on food in Turkey was higher than that in Italy.

◎ 问题26：**有时候小作文会出现一些不同年龄段的人的对比，怎么替换年龄段的表达？**

一般来说，有三种表达：

The under-26-year-olds	Those aged under 26	The under-26 age group
The 40-49-year-olds	Those aged between 40 and 49	The 40-49 age group
The over-49-year-olds	Those aged over 49	Tho over-49 age group

◎ 问题27：**“*in*”和“*by*”放在年代面前有什么区别，譬如，“*in 2006*”和“*by 2006*”有什么区别？**

前者用一般过去时，后者用过去完成时。

例1：The crime rate rose to 2% in 2006.

例2：The crime rate had risen to 2% by 2006.

如果是预测值，“in”和“by”区别不大。

例3：The crime rate is projected to rise to 2% by/in 2050.

◎ 问题28：**小作文怎么分段？写几段为好？**

一般图表作文主体段落2～3段。考官的范文来看，分段比较自由，所以大家不要太过纠结这个，只要段落不太长就可以。

如果两个图没有联系，那么一般一个图写一段。

◎ 问题 *29*：**小作文什么时候可以用到“*when*”，“*where*”的定语从句？**

“when”一般修饰年代，而“where”一般修饰地点或者科目。

例 1：Chicken consumption rose to 200 grams in 2001, when it surpassed that of beef.

译：鸡肉消费在 2001 年涨到 200 克，在那一年，它超过了牛肉。

例 2：The most severe land degradation was in Europe, where 23% of land was degraded.

译：最严重的土地退化发生在欧洲，在那里，23% 的土地退化。

◎ 问题 *30*：**小作文可以不可以用“*furthermore*”，“*meanwhile*”，“*in addition*”这样的连接词？**

不可以。大作文也应该减少使用这些词。

小作文常用的连接词有“also”，“similarly”，“in contrast”，“by contrast”，“however”，“on the other hand”。

雅思 *Task 1* 图表作文常用表达总结

读数据的方法

表达	例句
up to/as much as 多达	The number of shoppers plunged by *up to* 23 per cent. House prices fell *as much as* 40% between 1980 and 1985.
only, a mere, no more than 仅仅	The web economy represents *a mere* 1% of the country's GDP.
top, exceed 超过	Exports *topped* (or *exceeded*) $10 billion in 2006.
in excess of 超过	The turnover of the industry was *in excess of* $ 1.5 billion.
less than/more than 少于 / 多于	*More than* one-third of the British population has trouble sleeping from time to time.
above/over/below 少于 / 多于	The consumption of fish was just *below* 50 grams. Less beef was consumed (just *over* 50 grams).
a total of 总数	*A total of* $ 900 million was spent on public transport.
remaining 剩余的	Medicine represented 30 per cent of the company's revenues, merchandise 40 per cent and vehicles the *remaining* 30 per cent.
a(n) new/record/all-time/high a(n) new/all-time low 历史最高 / 低值	The enrolment rate dropped to *an all-time low*, 50%. The price of oil reached *a new high* in 2010. UK trade deficit with China rose almost 10% to 3 billion, *a* ten-year *high*.
ranging from... 在……范围	The price was volatile, *ranging from* $ 20 to $ 40.

respectively 分别地	Animal grazing and tree clearance constituted 25 per cent and 40 per cent of the world's land degradation *respectively*.
peak at/amount to/equal 到达最高点，到达，等于……	Britain's crime rate *peaked at* 9% or so in 1999. Time lost due to illness *amounted to* 1,200 working days.
versus 相比	There was a steep decrease in the spending on education (223 million in 1989 *versus* 110 million in 1994).

表示倍数的方法

表达	例句
double/triple/quadruple （升 2/3/4 倍）	Rent as a percentage of the household expenditure more than *doubled* between 1974 and 1998.
double/twice/triple/treble （是……2/3 倍）	This park will cover 1,400 surface acres, *twice* the size of the old park. This city had an accident rate *triple* the national average.
twofold/threefold... （……2/3 倍）	There was a *twofold* increase in retail sales. The rent on average increased *threefold* in the past five years.
twice/three times...as...as （是……的 2/3 倍）	Television was *twice as popular as* washing machine in 1999. Britons were *twice as likely* to die from heart attacks *as* Italians and *three times as* Chinese.
three/four... times more than （是……的 3/4 倍）	An aggregate of 40,000 households bought new vehicles, *three times more than* the number in 2004.

表示年龄的方法

表达	例句
aged between...and... （在……和……岁之间）	People *aged between 45 and 54* represent 53 per cent of the country's pleasure-seekers.
with age（随着年龄增长）	The popularity of going to the cinema increases *with age*.
其他的表达：aged under 30, aged 60 years and above, in the 60s, from the early 50s, from late thirties to early twenties, at the age of 5, aged over 60	

表示排列的方法

表达	例句
rank（排名）/rank high（排位靠前）	In 1999, Australia *ranked* second, behind the USA in domestic waste generation.
top（领先）	This city *topped* the list of the country's most popular tourist attractions.
ahead of/followed by（在……之前）	Business was the most popular subject area, *followed by* physical education and sport. China has a population of more than 1.4 billion, far *ahead of* India, with 1 billion people.
outnumber/overtake（超过）	The consumption of chicken *overtook* that of lamb in 1990. Women *outnumbered* men in Business Management.
climb/jump from...to...（爬升……）	Buses *climbed from third to second* as a means of travel. China *jumped from fifth to second* in terms of GDP.
fall from...to...（下跌……）	The crime rate *fell from* 1% *to* 0.3%.
其他表达：maintain middle positions, at the top of the table, at the bottom of the list	

表示平稳或者震动的方法

表达	例句
reach a plateau/level off/level out（到达一个平台）	The GDP *reached a plateau* in 1990, before declining suddenly in 2001. Inflation *levelled off* at around 2%.
bottom out（在底部保持不变）	Violent offences *bottomed out* for 3 years.
plateau/stand at/stabilise at/hold steady at/remain steady at（保持水平或者平稳）	The country's GDP *plateaued* for about 5 years. LCD TV prices *remained steady* for three years in a row. The unemployment rate *stabilised at* a higher level by around 1995.
fluctuate（波动）	Prices *fluctuated* wildly during the five-year period.
oscillation/fluctuation（波动）	Despite the *fluctuation*, the general trend was upward.

读时间的方法

表达	例句
during/over the period（在……期间）	Arable land diminished dramatically *throughout* the 1980s.
throughout...（整个时期之内）	The divorce rate remained high *during* the twenty-year period.
between...and... from...to...（从……到……）	The growth accelerated during the period *from 1995 to 2000*.
...earlier（多长时间之前）	The proportion of homeowners was 78% in 1989, in marked contrast to a mere 35% three decades *earlier*.
at the beginning of...（在……开始的时候）	*At the beginning of* the 1960s, around one third of the country's population were smokers.
by the middle of...（在……中期之前）	*By the middle of* the 20th century, the underground railway systems were built to serve more than one million passengers per year.
by the end of（在某一时间之前）	Expenditure on resources dropped *by the end of* the period.
by/until（直到）	The unemployment rate remains above 20% *until* at least 2020.
from...onwards（从……开始）	*From the 1970s onwards*, the volume of exports underwent a period of growth.
for at least...（最少多长时间）	The house prices remained high *for at least* five years.
in the following...（在随后的……年）	The investment fell to 5% per annum *in the following* five years.
the early...the mid..., the late...（……年代的早期、中期和末期）	The crime rate rose *from the mid-80s to the late 90s*.
for the first time in...（多长时间内第一次）	Suicide rates declined *for the first time in* five years in 2010.
in a row（连续） for...(consecutive) years（连续……年）	The number of visitors increased *for five years in a row*.

雅思 *Task 1* 图表作文范例

The pie chart shows the main reasons why agricultural land becomes less productive. The table shows how these causes affected three regions of the world during the 1990s.

Summarise the information by selecting and reporting the main features, and make comparisons where relevant.

Causes of worldwide land degradation

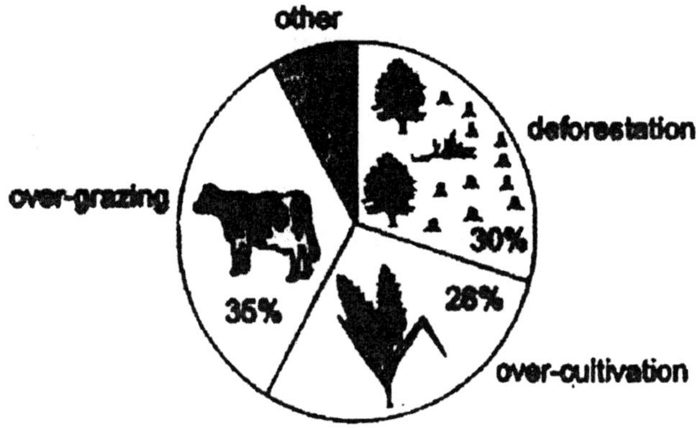

Causes of land degradation by region

Region	% land degraded by...			
	deforestation	over-cultivation	over-grazing	Total land degraded
North America	0.2	3.3	1.5	5%
Europe	9.8	7.7	5.5	23%
Oceania*	1.7	0	11.3	13%

* A large group of islands in the South Pacific including Australia and New Zealand

首段	
改写题目	The pie chart presents information about the causes of land degradation and the table compares three regions in terms of what caused land degradation.

<table>
<tr><td colspan="2">主体部分第一段（描写第一个图，因为两个图没联系，分开说；注意第一个图要用一般现在时，因为没有时间。这是静态图。从最高值开始说起。因为数值不是很多，可以一起读出来。）</td></tr>
<tr><td>最高值和第二、第三值</td><td>Overgrazing accounts for 35% of land degradation, followed by the figures for deforestation and over-cultivation, at 35% and 28% respectively.</td></tr>
<tr><td>最小的值</td><td>A further 7% is caused by other reasons.</td></tr>
<tr><td colspan="2">主体部分第二段（第二个图，也是静态图。主要是侧重最高值，然后和其他值对比。叙述数值的方式要变化，避免重复。要注意最好是每个类别下对比国家，而不是国家自己和自己相比，否则读数据会比较枯燥。）</td></tr>
<tr><td>总值的对比</td><td>Europe had the highest proportion of land degraded, at 23%, while the figure for Oceania was lower, at 13% and that for North America was lowest, at 5%.</td></tr>
<tr><td>说一下 overgrazing 的数值对比</td><td>The highest proportion of land degraded by overgrazing was in Oceania, at 11.3%, more than twice the figure for Europe (5.5%) and around ten times the figure for North America (1.5%).</td></tr>
<tr><td>说一下 over-cultivation 的数值对比</td><td>The proportion of land degraded by over-cultivation in Europe was much higher than the level in North America (7.7% in comparison with 3.3%), while no land was degraded by this cause in Oceania.</td></tr>
<tr><td>说一下 deforestation 的数值对比</td><td>Europe also had the highest proportion of land degraded by deforestation, at 9.8%, compared with 1.7% for Oceania and 0.2% for North America.</td></tr>
<tr><td colspan="2">总结段</td></tr>
<tr><td>总结主要特征</td><td>Overall, overgrazing is the main reason for land degradation and also represented the major cause for Oceania. Europe was most affected by land degradation in the 1990s and deforestation and over-cultivation were the main reasons.</td></tr>
<tr><td colspan="2">(word count: 211 words)</td></tr>
</table>

The table below describes the proportion of smokers in males and females (between the age of 15 and 20) in Britain.

Summarise the information by selecting and reporting the main features and make comparisons where relevant.

Year	1970	1975	1980	1985	1990	1995	2000
Males	10%	22%	35%	37%	36%	30%	28%
Females	5%	13%	22%	34%	37%	32%	27%

<table>
<tr><td colspan="2">首段</td></tr>
<tr><td>改写题目</td><td>The table presents information about the changes in the proportions of male and female smokers aged between 15 and 20 in Britain.</td></tr>
<tr><td colspan="2">主体部分第一段［这是个动态图，这些数字事实上也可以画成线图（也就是两根线）或者柱状图。因为只有两个描述对象，男人和女人，所以要把数据分时间段写，否则字数不够。］</td></tr>
<tr><td>第一个趋势（男性）</td><td>During the period 1970 to 1985, the proportion of male smokers more than tripled from 10% to 37%.</td></tr>
<tr><td>第一个趋势（女性）</td><td>The growth in the proportion of female smokers was more remarkable, rising from 5% to 34%.</td></tr>
<tr><td>对比</td><td>It is clear that while male smokers were twice as many as female smokers at the beginning of the period, they were ahead of female smokers by 3% only in 1985.</td></tr>
<tr><td colspan="2">主体部分第二段（第二个趋势，1985 年到 2000 年的下降趋势；大家可以注意我每句话都用了文字叙述开头，然后再写数据，这样可以加强可读性。）</td></tr>
<tr><td>第二个趋势（男性）</td><td>Smoking was increasingly out of favour with males since 1985, with the percentage of male smokers dropping from 37% to 28%.</td></tr>
<tr><td>第二个趋势（女性）</td><td>The trend was similar in female smokers, a decrease of 7% to 27% by the end of the century, despite a slight increase to 37% in 1990.</td></tr>
<tr><td>对比</td><td>Throughout the whole period, male smokers outnumbered female smokers.</td></tr>
<tr><td colspan="2">总结段</td></tr>
<tr><td>总结趋势和主要特征</td><td>To summarise, smoking in both sexes became more prevalent until 1985 but less popular since then. Smoking was consistently more popular among males than among females, although the gender gap narrowed.</td></tr>
<tr><td colspan="2">(word count: 173 words)</td></tr>
</table>

The diagrams provide some information about the housing prices of five cities around the world from 1990 to 2000.

Summarise the information by selecting and reporting the main features and make comparisons where relevant.

The changes to the housing prices in five cities
(between 1990 and 1995)

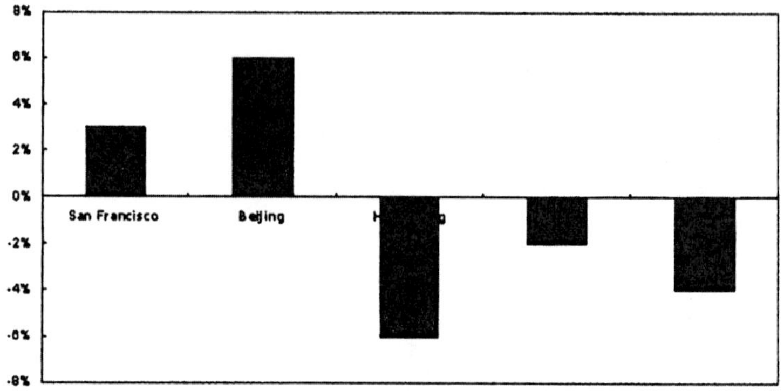

The changes to the housing prices in five cities
(between 1995 and 2000)

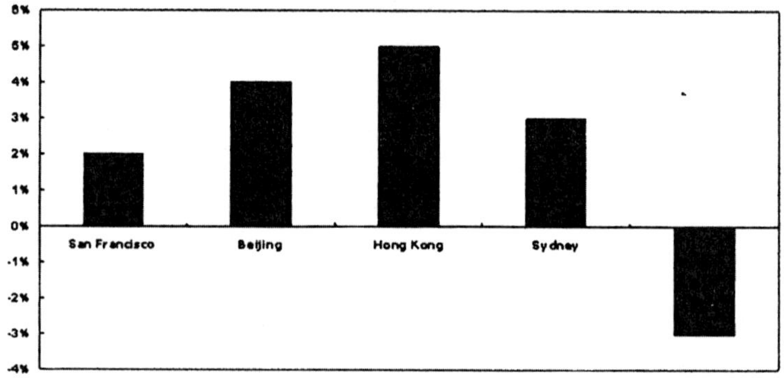

首段	
改写题目	The charts show how housing prices changed in five cities during the period between 1990 and 2000.
主体部分第一段（这是动态图，从第一个图的最高值北京房价开始描述；描述对象是5个城市；因为两个图是有联系的，可以放在一起读，而不是两个时间段分开读，这样比较起来很麻烦；上升趋势的数值表述，只有 San Francisco 和 Beijing 的房价一直上升。）	
上升趋势的最高值	Beijing's housing prices grew markedly, approximately 6% in the first half of the decade and at a slower pace, around 4%, in the second half.

上升趋势的第二最高值	San Francisco was another city which saw an increase in housing prices in both periods, 3% and 2% respectively.
主体部分第二段（先下降再上升趋势的数值表述，Hong Kong 和 Sydney；注意连接词的使用，也就是 similarly。）	
第二个趋势的最高值	The housing prices in Hong Kong were volatile, dropping by 5% first and rising nearly 5% thereafter.
第二个趋势的第二高值	Similarly, the housing prices in Sydney experienced a decrease of 3% first, followed by a rise of 2% or so.
主体部分第三段（一直下降的数值描述，Rome；注意连接词的使用，也就是 in contrast。）	
下降趋势	By contrast, Rome was the only city whose housing prices declined throughout the whole period; 4% in the first five years and 3% in the second.
总结段	
总结趋势和主要特征	Overall, there were some striking differences among these cities in terms of housing prices. While San Francisco and Beijing recorded a decade of growth, the housing prices in Hong Kong and Sydney were fluctuated.
	(word count: 156 words)

Surveys conducted in 1982 and 2002 show different pictures of what motivate students to choose a college or university in the UK. Summarise the information by selecting and reporting the main features and make comparisons where relevant.

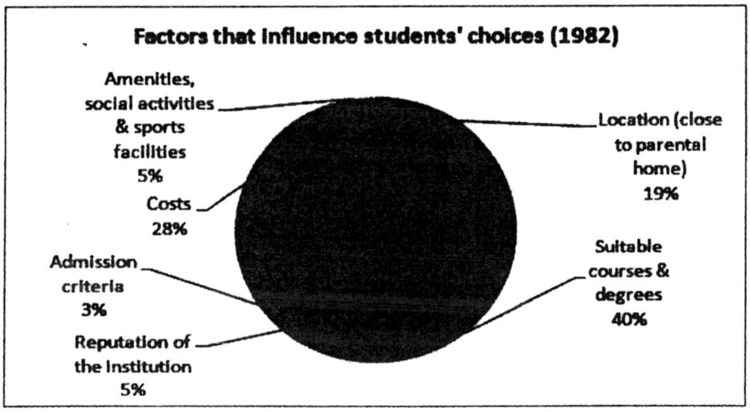

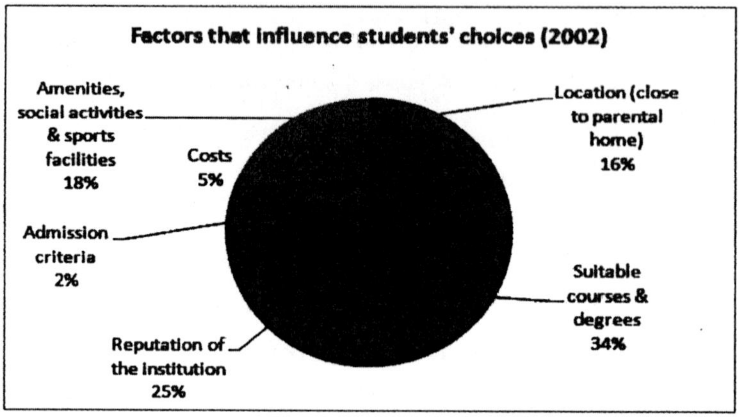

首段	
改写题目	The charts present findings about what affected British students when they considered a college.
主体部分第一段（这是一个动态图：可以在 2002 年的值里的最高数字开始读起：上升趋势的数值表述。）	
上升趋势的最高值	Reputation of the college increased significantly in importance, rising from 5 per cent to 25 per cent during the twenty-year period.
排列	It was second only to suitable courses and degrees in 2002.
上升趋势的第二最高值	Amenities, social activities and sports facilities were cited by 18 per cent of students, making it the third most common reason for choosing a college, more than three times the figure twenty years earlier.
主体部分第二段（下降趋势的数值表述：要注意连接词的使用，譬如 on the other hand。）	
下降趋势的最高值	On the other hand, suitable courses & degrees saw a drop of 6 per cent during the period, although it was the most frequently cited factor in both years.
下降趋势的第二最高值	Costs saw the most dramatic change, cited by up to 28% of students in 1982 but only by 5 % in 2002.
主体部分第三段（平稳趋势的数值表述。）	
平稳趋势的最高值	The percentage of those students who considered locations was roughly unchanged, 16 per cent in 2002 and 19 per cent in 1982.
平稳趋势的第二最高值	The figure for admission criteria remained the lowest, 2% and 3% respectively.

总结段	
总结趋势和主要特征	Overall, reputation and facilities became increasingly important considerations for college students in the UK while costs were of less concern.
	(word count: 186 words)

The graph below shows the quantities of goods transported in the UK between 1974 and 2002 by four different modes of transport.

Summarise the information by selecting and reporting the main features, and make comparisons where relevant.

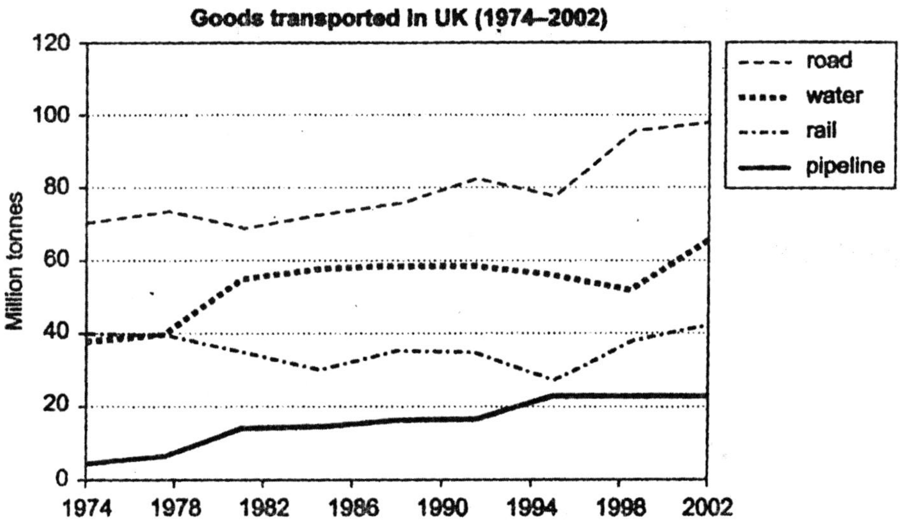

首段	
改写题目	The graph provides the information about the quantity of goods transported in the United Kingdom by four means of transport over the period 1974 to 2002.
主体部分第一段（线图肯定是动态图，以趋势为主，纵向比较的话，注意最高值就可以，第二高的值和最小的值可以有选择地说。注意不同的值需要用连接词。）	
最高值和趋势	The amount of goods transported by road was the highest throughout the period, rising from around 70 million tonnes to just under 100 million tonnes in 2002.

最小值和趋势	By contrast, the figure for the pipeline was lowest, although it increased more than seven-fold from 3 million to 21 million tonnes.
主体部分第二段（第二和第三个描述对象。一般来说，如果线图的对象比较少，譬如只有 3 根或者更少的线，可以分成不同时间段，这样可以描述得细致点，那样字数才够。）	
第二高的值	The quantity of goods transported by rail saw a rise to 60 million tonnes in 1981, after which it held steady at this level and then climbed again to over 60 million tonnes in 2002.
第三高的值	There was an opposite trend in the figure for rail, dropping steadily to 28 million tonnes in 1995 and then increasing back to the level in 1974.
总结段	
总结主要特征	Overall, nearly all forms of transport saw an upward trend in the amounts of goods transported, while rail did not see any significant growth.
	(word count: 172 words)

The table below provides the figures about the ethnic groups of the United States based on a census that was carried out and administered by US Census Bureau in 2006.

Summarise the information by selecting and reporting the main features and make comparisons where relevant.

US population by race and ethnicity

	White	African	Hispanic	Asian and Pacific Islander	Other
1966 (200 million)	167.2 million	22.3 million	8.5 million	1.5 million	0.5 million
Percentage	83.6%	11.15%	4.25%	0.75%	0.25%
2006 (300 million)	201 million	38.7 million	44.7 million	14.3 million	1.3 million
Percentage	67 %	12.9 %	14.9%	4.77 %	0.43%

首段（如果表格里出现总值，可以在第一段说，那样下面比较好叙述。）	
改写题目	The table shows the ethnic composition of the US population in 1996 and 2006, as well as the variance of the population in the 20th century.
概括	As shown in the table, the US population grew by 50 per cent to 300 million in 2006.
主体部分第一段（因为表格里出现了两个时间，所以还是当动态表格处理；总共有 20 个数据，所以肯定要取舍；最后一年的数据最为重要；白人是最高值，因此从白人开始读起。）	
最高值	The proportion of white Americans, the largest ethnic group, dropped from 83.6% to 67%, although the population increased to 201 million.
第二高值	In contrast, Hispanics saw the most remarkable increase, rising more than four-fold to 44.7 million in 2006, by which time it represented 14.9% of the country's population and became the second largest ethnic group.
主体部分第二段（下降趋势的数值表述，也就是 white；注意比较。）	
第三高值	Similarly, the proportion of African Americans also increased, reaching 12.9% with a population of 38.7 million, although the growth took place at a slow pace.
第四高值	The population of the Asians and Pacific Islander community, on the other hand, expanded dramatically to 14.3 million, constituting 4.77% of the overall US population.
第五高值	The proportion of other ethnic groups was minimal, starting at 0.25% in 1966 and increasing to 0.43%.
总结段	
总结趋势和主要特征	Overall, while the percentage of white Americans dropped, the figures for all other ethnic groups, Hispanics and Asians in particular, climbed to varying degrees.
	(word count: 198 words)

The chart below contains information provided by Australia's tertiary institutions about the percentage of male and female students enrolled in different subjects in 1995.

Summarise the information by selecting and reporting the main features and make comparisons where relevant.

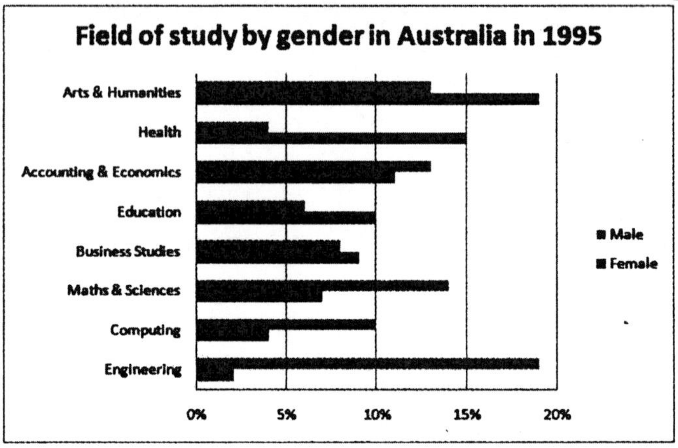

首段	
改写题目	The chart shows gender differences in the enrolment of different university subjects in Australia in 1995.
主体部分第一段（因为没有时间，所以没有趋势，这是个静态图；你可以选择从男人或者女人最流行的科目读起，譬如男性的 engineering；也可以从男女差别的最高值开始描述，注意分组。）	
差别的最高值	The biggest gender difference was observed in Engineering, where 19% of male students chose this subject, in marked contrast to 2% of female students.
差别的第二和第三最高值	The predominance of male students was also evident in Maths & Sciences (14% compared to 7%) and Computing (10% versus 4%).
主体部分第二段（从女性的最高值开始描述，注意分组。）	
女性的最高值	Female students' favourite subject appeared to be Arts & Humanities, where they outnumbered male students (19% to 13%).
女性的第二最高值	Health was another female-dominated subject, attracting 15% of female students, more than three times the enrolment rate of males (only 4%).

女性的第三最高值	Female students were also more likely to study Education than male students (10% in comparison with 6%).
主体部分第三段（其余的科目）	
第一个科目	In Accounting & Economics, selected by 13% of male students and 11% of female students, the gender gap was narrow.
第二个科目	Likewise, in Business Studies, the enrolment rate of female students (9%) was closely matched by that of males (8%).
总结段	
总结趋势和主要特征	Overall, scientific subjects were basically male-dominated while Arts and Humanities are favoured more by female students than by male students. The gender gap was smaller in business-related subjects.
	(word count: 184 words)

[illegible]）：The pie charts show the world's demand for energy worldwide in 2002 and the forecast for 2030. The column chart shows carbon dioxide emissions around the world.

Summarise the information by selecting and reporting the main features and make comparisons where relevant.

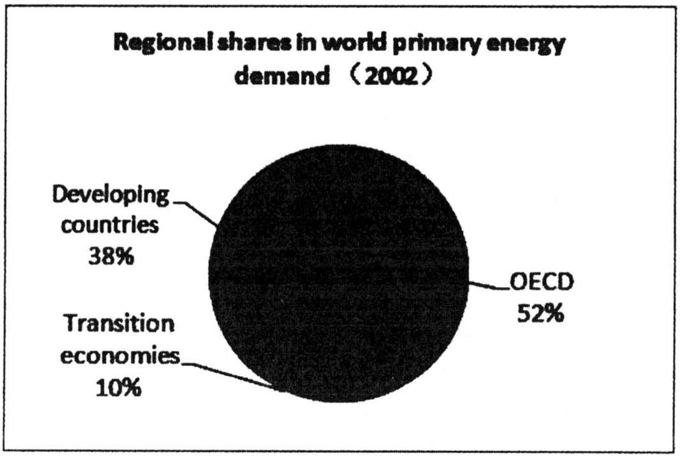

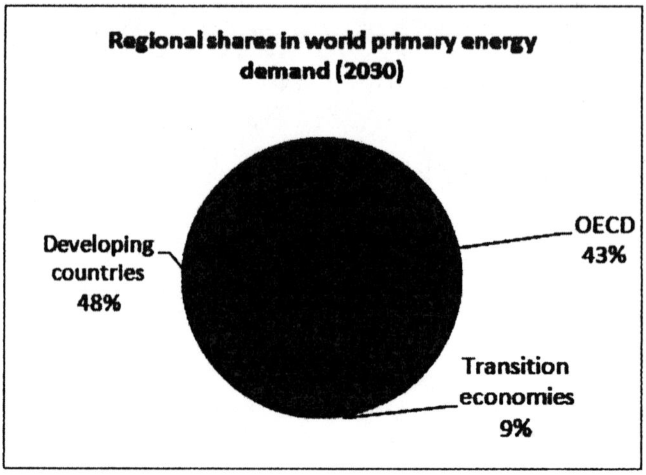

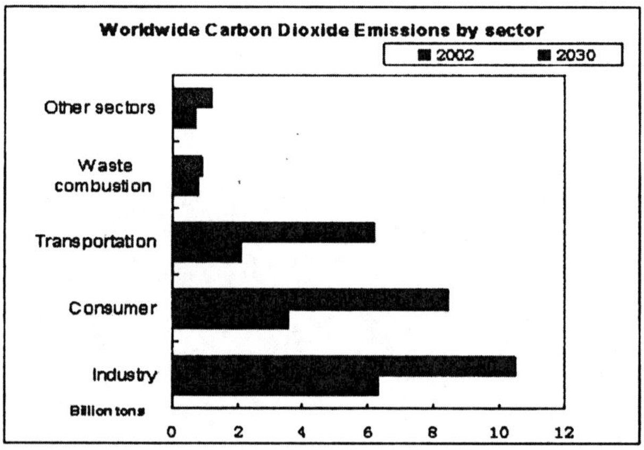

首段	
改写题目	The charts provide information about the world's demand for energy as well as carbon dioxide emissions.
主体部分第一段（第一和第二个图有趋势，是动态图；但是对比的对象只有三个，不需要分组；注意比较。）	
最高值	Developing countries are expected to account for the largest proportion, or 48% of world energy demand in 2030, 10% up from the demand in 2002.
第二高值	By contrast, OECD countries' demand for energy is projected to drop by 9% to 43% by 2030.
第三高值	Transition economies will probably consume the remaining 9%, 1% less than the amount in 2002.

主体部分第二段（第三个图，动态图：因为都是上升趋势，不需要分组，直接从最高值开始描述。）	
最高值	In 2030, industry is likely to produce more emissions than other sectors do, at around 11 billion tons of emissions, nearly twice the emissions in 2002.
第二高值	Next comes the consumer sector, whose emissions more than double from less than 4 billion to just over 8 billion tons.
第三高值	The emissions of the transport industry are likely to grow even faster, rising to 6 million tons, compared to 2 billion in 2002.
其他值	The emissions of other sectors will be minimal, ranging from 1 to 1.5 million tons.
总结段	
总结趋势和主要特征	To summarise, developing countries will probably overtake OECD countries as the world's largest energy consumer 2030. While industry is responsible for the highest amount of carbon dioxide emissions, consumer and transportation experience the greatest increases.
	(word count: 200 words)

The table below shows motor vehicle offences in England and Wales in 1995, 2000 and 2005.

Summarise the information by selecting and reporting the main features and make comparisons where relevant.

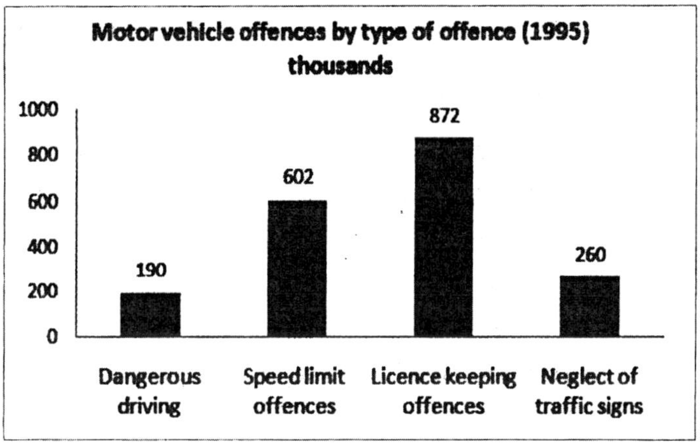

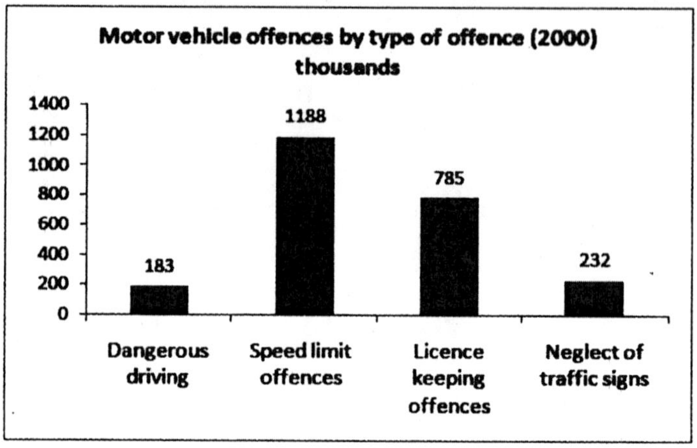

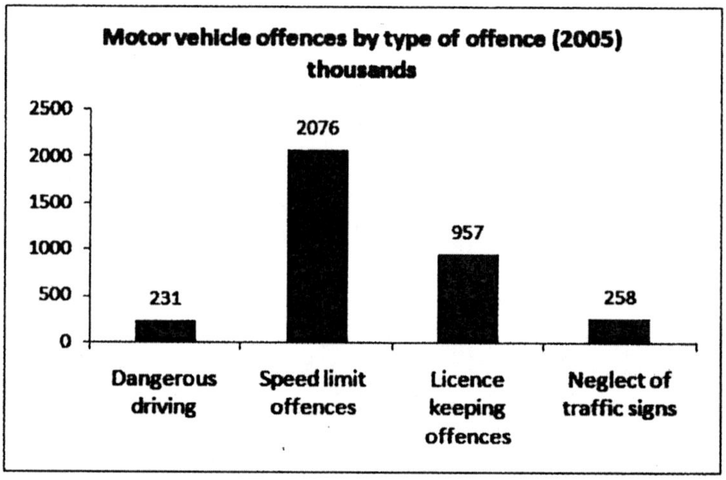

首段	
改写题目	The table presents an overview of various motor vehicle offences in England and Wales in three different years, namely, 1995, 2000 and 2005.
主体部分第一段（有三年的时间，因此是个动态图；总共只有 12 个数据，可以都读，以最后一年的数据为主；最后一年的最高值首先开始表述，也就是 speed limit offences，注意和其他数据的比较。）	
上升趋势的最高值	Speed limit offences saw an upward trend, overtaking licence-keeping offences as the major type of offences in 2000 with a twofold increase to 1,188 thousand. The growth continued afterwards, amounting to 2,076 thousand in 2005.

主体部分第二段（先下降再上升的趋势数值表述，也就是 dangerous driving 和 licence-keeping；注意比较，用“similar”这样的词帮助读者了解发生的趋势，而不是沉迷于读数据。）	
这个趋势的最高值	Licence-keeping offences, the main type of offences in 1995, dropped to 785 thousand in 2000, after which it rose to 957 thousand by the end of the period.
这个趋势的第二最高值	A similar trend was seen in dangerous driving offences, climbing to 231 thousand in 2005, following a slight drop to 183 thousand in 2000.
主体部分第三段（下降趋势的数值表述，也就是 neglect of traffic signs；要注意连接词的使用。）	
描述	In contrast, neglect of traffic signs remained roughly unchanged and stood at 258 thousand in 2005, although it declined to 232 thousand in 2000.
比较	Similar to dangerous driving, neglect of traffic signs was significantly lower than speed limit offences and license-keeping offences.
总结段	
总结趋势和主要特征	To sum up, while speed limit offences saw a dramatic increase, license-keeping offences and dangerous driving offences grew at a modest pace.
	(word count: 161 words)

The graphs provide information about worldwide energy consumption, the countries with oil reserves and the world oil prices from 2000 to 2025.

Summarise the information by selecting and reporting the main features and make comparisons where relevant.

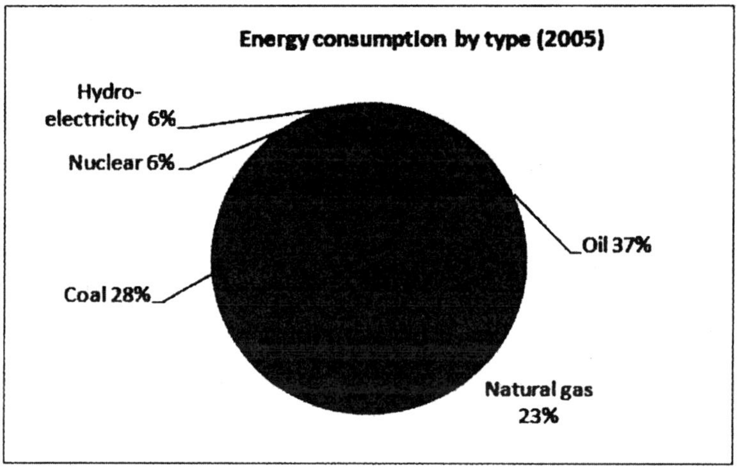

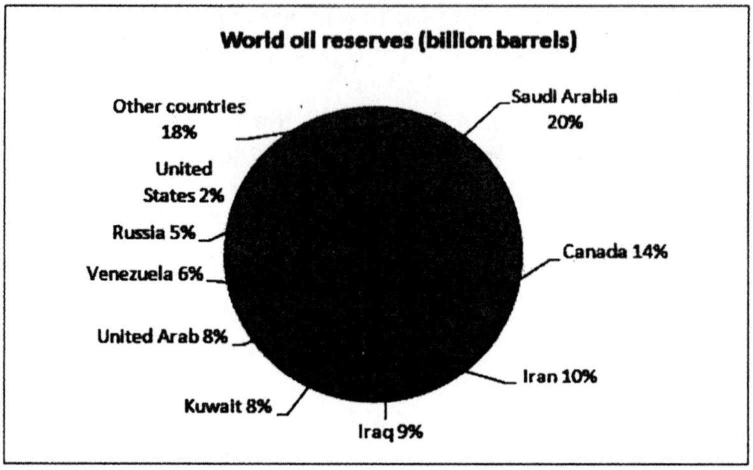

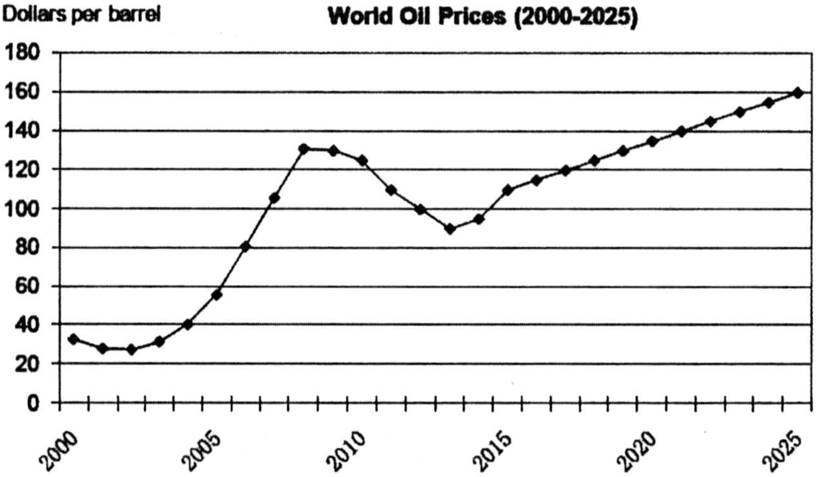

首段	
改写题目	The two pie charts, along with the line chart, provide an overview of the world's energy consumption, oil reserves and oil prices.
主体部分第一段（第一个图是静态图，从高至低描述；因为三个图没有可比性，不需要比较；时态使用过去时，因为上面提示的时间是 2005。）	
最高值	As shown in the first chart, oil was the world's main energy source, accounting for 37% of the energy consumption in 2005.
第二和第三最高值	Behind oil were coal and natural gas, representing 28% and 23% respectively.

其余的值	By comparison, the proportion of nuclear power was small, or 6%, equating that of hydro-electricity.
主体部分第二段（第二个图也是静态图，从高至低描述；因为数据比较多，注意分组；注意比较；注意时态是一般现在时，因为图里没有给出时间。）	
最高值和第二最高值	Saudi Arabia accounts for the largest proportion of the world's oil reserves (20%), well ahead of Canada, the country with the second biggest reserve, 14%.
中等的值	Behind Saudi Arabia and Canada are four Middle East countries, whose reserve ranges from 8% to 10%.
其余的值	By contrast, the reserves of Venezuela, Russia and the United States are relatively small, constituting 6%, 5% and 2% respectively. The remaining 18% is found in other countries.
主体部分第三段（第三个图：注意趋势和时态，因为出现了预测的值。）	
2009 年之前的趋势：先跌后升	The world's oil prices remained flat between 20 and 40 dollars per barrel before 2005, after which prices rocketed and reached 130 dollars or so in around 2009.
2009 年之后的趋势：先跌后升	The world's oil price is expected to decline continuously until 2014, when the upward trend is likely to resume, pushing the prices to 160 dollars per barrel by 2025.
总结段	
总结趋势和主要特征	Overall, fossil fuels, oil in particular, were the world's major energy sources in 2005. Mid-east countries have more than half of the global oil reserves. The oil price will probably continue its rising trend till 2025. (word count: 235 words)

流程图（*flow charts*）的写作

很多考生将流程图视作洪水猛兽。流程图一般每年出现四次左右，这个趋势最近几年都比较明显。一般来说，流程图和普通图表的区别在于：

- 流程图基本上不会出现数据，文字信息占主要地位。
- 流程图以描述为主，比较的概率比较少。

- 流程图需要把图中出现的信息都做描述，而普通图表则不需要将每一个数据都表述。
- 流程图的时态比较单一，主要是用一般现在时。
- 流程图的分段比较灵活，只要不同阶段之间的差距很明显，就可以另起一段。
- 流程图可以不写总结段；而如果学生写结尾段，可以把步骤稍微总结一下。

流程图注意事项

流程图的备考要注意四点：（1）常用的表达；（2）词语的转换和连接词的使用；（3）确定流程的第一步；（4）确定流程的第一步。

（1）考生要注意掌握段落连接或者不同阶段之间的说法（sequence expression）。

表示首阶段的一些说法：

① The process starts from（名词 or 动名词）

② At the first/initial stage + 句子

③ At the beginning of the cycle + 句子

④ During the initial phase + 句子

⑤ The beginning of the whole cycle is marked by（名词 or 动名词）

⑥（名词 or 动名词）is the first step in（名词 or 动名词）

表示次阶段的一些说法：

① The second stage is（名词 or 动名词）

② The next step in the process is（名词 or 动名词）

表示最后阶段的一些说法：

①（名词 or 动名词）is the last step in the procedure.

② The final phase of the procedure is about（名词 or 动名词）

③ In the final phase + 句子

④ Entering the final phase + 句子

⑤（名词 or 动名词）is the final stage.

（2）单词的转换主要体现在名词转换成动词。流程图经常会出现一些器具的名词，如“grinder”，“mixer”，“heater”，考生需要改成动词使用，如“ground”，“mixed”和“heated”。

例：The powders are delivered to the grinder, where they are ground into cement.

当然，很多时候，有些动词是可以用在很多流程图作文中，如 process（处理），deliver（发送），transport（运输），send（发送）和 transfer（转移）。

很多考生怕自己写的动词太俗，强调变化，但是往往用了错的替换词。流程图考查的是考生的叙述能力，连接词的使用和步骤的清晰比较重要，动词不要太过纠结。

常用的连接词和动词如下图所示。这些动词一般都是使用被动语态。

传送	deliver, send, transfer, transport
转化	convert into, transform into
使用	utilise, employ, use
连接词	afterwards, subsequently, then, in the next step, after that,next, finally

（3）考生要注意流程图读图的顺序。很多流程图都是以一个循环的形式出现，考生经常不知道从什么地方开始叙述。常用的办法是从描述比较简单的地方开始，以下是一个例子。

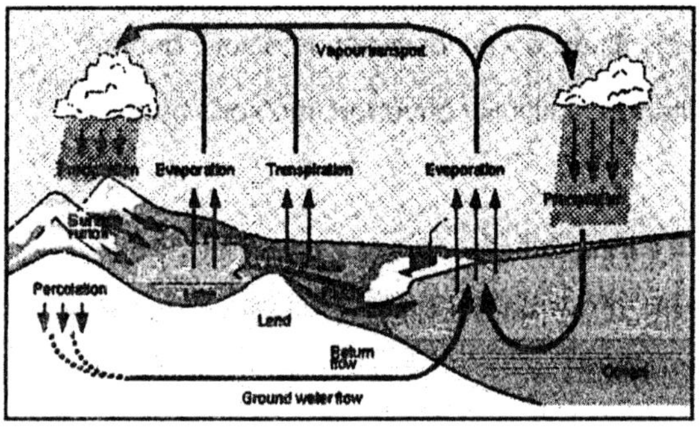

读图步骤：这一个图表面上很复杂。最好的次序应该从降雨（precipitation）开始描述，直接说降雨到什么地方，然后说雨水怎么在地面上存在和运动，最后说水怎么重新回到天空。如果先从水这一步骤开始描述，那么就非常复杂，毕竟水是从很多地方，用不同方式到达天空。

（4）很多考生在写流程图时喜欢写祈使句。万万不可，要写完整的句子。看下面的例子。

错误的句子：Put these materials in the heater.

正确的句子：These materials are put in the heater.

流程图常问问题 1：经常写不够字数怎么办？

不管是普通图表还是流程图，如果字数不够，可以在结尾段的时候总结得详细点。

流程图常问问题 2：为什么流程图的分词经常要用“being done”，而不是普通图表里的“doing”？

流程图很多时候涉及工具的使用，某个东西的制作或者加工，这些材料都是被处理，要用被动“being done”。大家可以看看下面两句话：

普通图表： The crime rate dropped to 2%, before rising to 3%.

流程图：The chocolate is heated, before being sent to the mould.

流程图常问问题3：除了连接词之外，流程图描述工序的时候，还有什么其他方式表示先后顺序？

可以使用分词结构和状语从句，试看下面的例子。

例：液体黄油（liquor butter）在过滤之后，变成固体黄油（solid butter）

下面几句话的意思是一样的：

Liquor butter is filtered, before being converted into solid butter.

Once liquor butter is filtered, it is converted into solid butter.

Liquor butter is filtered, until it is converted into solid butter.

流程图（描述工序）的答题步骤：

很多同学在写流程图（工序图）的时候遇到的问题是：(1) 信息太多，无从下手；(2) 确定了信息后，不知道如何描述。

工序图的叙述流程可以遵循下面的步骤。

步骤1：确定材料。

每一个工序都有其材料。

步骤2：确定工具（假如图里给出工具的信息）。

每一个工序都有其使用的工具。

步骤3：确定动词。

然后将这些信息写成一句话。

以《剑8》的第三套的流程图为例。

步骤1：确定材料是 limestone 和 clay。

步骤2：确定工具是 crusher。

步骤3：确定动词是 crush。

写成句子：Limestone and clay are crushed by the crusher into powder.

The diagram below show the stages and equipment used in the cement-making process, and how cement is used to produce concrete for building purposes.

Summarise the information by selecting and reporting the main features and make comparisons where relevant.

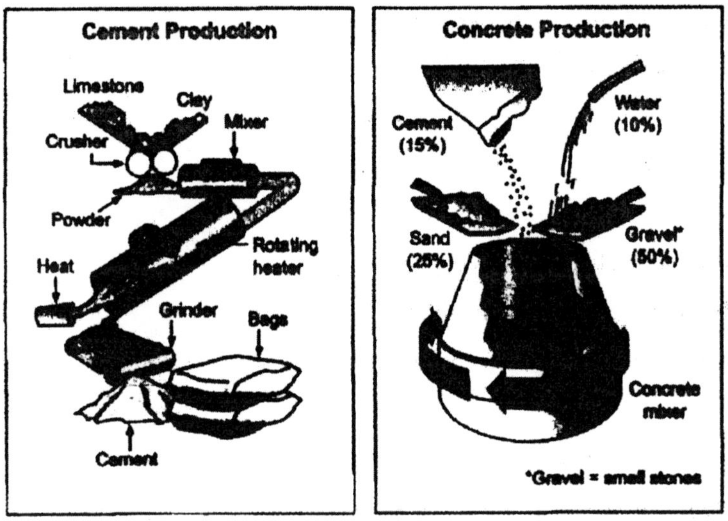

按照我们前面总结的流程图的三个步骤，我们可以一个个描述出来。

步骤 1：确定材料	步骤 2：确定工具	步骤 3：确定动词
1. 确定材料是 limestone 和 clay	确定工具是 crusher	确定动词是 crush
句子：Limestone and clay are crushed by the crusher into powder.		
2. 确定材料是 powder	确定工具是 mixer	确定动词是 deliver，mix
句子：Powder is delivered to the mixer, where it is mixed.		
3. 确定材料是 mixture	确定工具是 rotating heater	确定动词是 send, heat, rotate
句子：The mixture is sent to the rotating heater, in which it is heated and rotated.		
4. 确定材料是 powder	确定工具是 conveyor belt, grinder	确定动词是 place, grind
句子：Powder is placed on the conveyor belt.		
5. 确定材料是 powder	确定工具是 grinder	确定动词是 grind
句子：Powder is ground by the grinder into cement.		

6. 确定材料是 cement	确定工具是 bags	确定动词是 pack
句子：Cement is packed in bags.		
7. 确定材料是 cement, water, sand, gravel	确定工具是 concrete mixer	确定动词是 rotate
句子：15% of cement, 10% of water, 25% of sand and 50% of gravel, four ingredients of concrete, are rotated in the concrete mixer.		

当然，这些句子有些时候是单句，需要变化一下，特别是对于希望拿到 7 分的考生。

句式 1：使用分词结构。

句 1：Powder is placed on the conveyor belt.

句 2：Powder is ground by the grinder.

可以合成一句：Powder is placed on the conveyor belt, before being ground by the grinder.

句式 2：使用“once”或者“until”引导的状语从句。

例子：Ingredients are rotated in the concrete mixer, until they are turned into concrete.

然后加入连接词，连接这些句子，就可以成为完整的文章。

The two diagrams show how cement and concrete are produced with different materials and facilities used.

At the first stage, limestone and clay are crushed by the crusher into powder. The powder is then delivered to the mixer, where it is mixed. The mixture is subsequently sent to the rotating heater, after which it is heated and rotated. In the next step, the rotated powder is placed on the conveyor belt, before being ground by the grinder into cement. This final product is packed in bags.

In the process of the concrete production, gravel accounts for 50% of materials, while cement, water and sand represent 15%, 10% and 25% respectively. These materials are placed in the concrete mixer, which rotates clockwise until concrete is produced.

To summarise, cement production consists of 4 stages, starting from crushing materials into powder and ending at bagging cement. In contrast, concrete production is simple, mixing four materials.

(word count: 152 words)

流程图范例

The diagram below shows the life cycle of the butterfly. Summarise the information by selecting and reporting the main features and make comparisons where relevant.

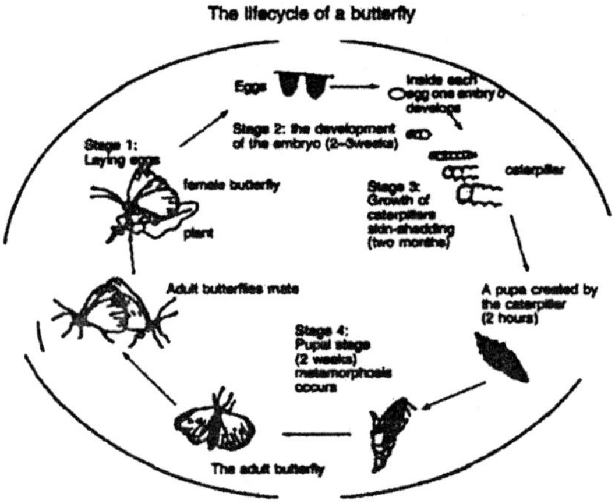

首段	
改写题目	The diagram shows that the life cycle of a butterfly can be broadly divided into four stages.
主体部分第一段（第一和第二阶段）	
第一阶段	At the first stage, female butterflies lay eggs on plants, after mating with male butterflies.
第二阶段	It is followed by the second stage, which lasts for two to three weeks. At this stage, inside each egg is an embryo, which develops into a caterpillar eventually.
主体部分第二段（第三和第四阶段）	
第三阶段	The third stage is the longest, taking two months, during which time the caterpillar grows gradually until it is fully formed. This stage ends with a two-hour-long process in which the caterpillar creates a pupa.
第四阶段	At the final stage, known as the pupal stage, the pupa grows for around two weeks before emerging into an adult butterfly. Adult butterflies fly and mate, marking the end of one cycle and the start of another.
总结段	
总结趋势和主要特征	Overall, the diagram shows how an egg emerges into an adult butterfly within three months or so. (word count: 154 words)

Write a description of how urban refuse is assorted for recycling. Use the information in the diagram and describe the process.

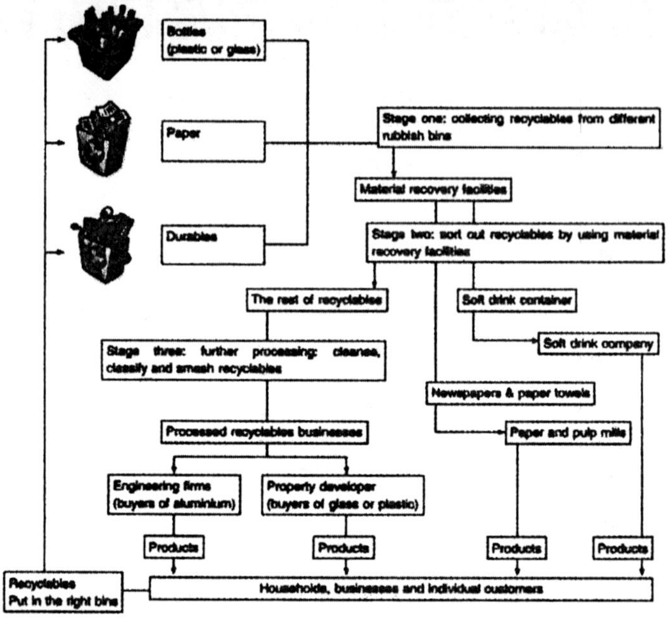

首段	
改写题目	The diagram shows that the recycling of urban refuse consists of four stages.
主体部分第一段（第一和第二阶段）	
第一阶段	The process starts from the collection of three different kinds of recyclables, namely, bottles, paper and durables, from respective rubbish bins.
第二阶段	Following this stage, recyclables are delivered to material recovery facilities, where these recyclables are categorised and treated for different purposes. Newspapers and paper towels will be transported to paper and pulp mills and transformed into products that can be used by end customers. Another type of recyclables, soft drink containers, are processed in soft drink companies before being used by customers (e.g., households).

主体部分第二段（第三和第四阶段）	
第三阶段	The rest of recyclables will be cleansed, classified and smashed, constituting the third stage. Once these procedures are finished, recyclables are subsequently distributed to engineering firms (which buy aluminium products) and property developers (who buy glass and plastic). These companies will use recyclables to manufacture products for intended customers.
第四阶段	At the final stage, households are expected to dispose of the used, recyclable items appropriately and put them in the right bins as instructed.
总结段	
总结趋势和主要特征	Overall, the recycling loop, as shown in the diagram, involves the classifying, cleansing and reusing of recyclables.
	(word count: 185 words)

地图题（*maps*）的写作

地图题在最近两年的考试中频繁出现，体现了剑桥雅思考试中心出题灵活的特点。地图题和普通图表题的相同之处在于两者都强调比较，有可能出现不同年份。和普通图表题不同的是，地图题没有数字，强调方向（东南西北）。

地图题如果出现时间的话，一般从最早的时间开始描述，而动态图强调的是趋势。地图和流程图一样，图上的所有信息都要包括，不能够忽略某个地点。

地图题常问问题 1：地图题使用什么时态？

地图题如果出现了过去的时间，那么就使用一般过去时。

如果没有出现时间，或者出现的时间写着“present”或者“now”的字眼，那么就用一般现在时。

有时候，地图题可能会出现预测的变化，那么这个时候可以用将来时态，或者“be predicted/projected/likely to”这种表达。

这些时态的处理和动态图是差不多的。

地图题常问问题 2：地图题一般会用到什么动词？

地图变迁题常用单词如下表所示：

词义	所用动词
位于	located, situated, sited 注：lie 也是个选择，但是没有被动语态。
连接	link, connect（既可以用主动，也可以用被动）
某地点的面积变大	expand（一般用主动）
某地点的面积变小	shrink（一般用主动）
某地点被去掉	replaced, demolished, removed, displaced （一般用被动） vanish, disappear （一般用主动）
某地点转移	relocated （一般用被动）

很多考生在写地图题的时候遇到的问题是：（1）信息太多，无从下手；（2）确定了信息后，不知道如何描述。

地图题的叙述流程可以遵循下面步骤。

步骤 1：确定描述对象；遇到流程图不要着急，一个个描述，描述一个是一个，不要想着一下子把所有的东西都描述清楚。

步骤 2：确定对象后，将其具体的方位确定。这个时候有两种可能：（1）图上的地理位置；（2）参照物的位置。一般来说，图上的地理位置优于参照物的位置，因为前者更加清晰和直接。有时候为了表达丰富，可以地理位置和参照物都一起描述。

有些考生没有地理位置的概念，一般就是左西右东，上北下南。有时候地图题会给出指南针，有时候不给。

步骤 3：选择动词，譬如“located”，“situated”，“sited”，“constructed”，“built”，“developed”诸如此类。然后就完成了这个对象的描述，可以开始描述下面一个对象。

以《剑 9》第一套的地图题为例。

步骤 1：选择 beach 作为描述对象。

步骤 2：确定地理位置，（1）图的西边；（2）树的西边。以地理位置为主。

步骤 3：确定动词，譬如“located”。

这样就写出了下面的句子：

A beach was located on the western end of the island.

描述对象　动词　　　　地理位置

The two maps below show an island, before and after the construction of some tourist facilities.

Summarise the information by selecting and reporting the main features, and make comparisons where relevant.

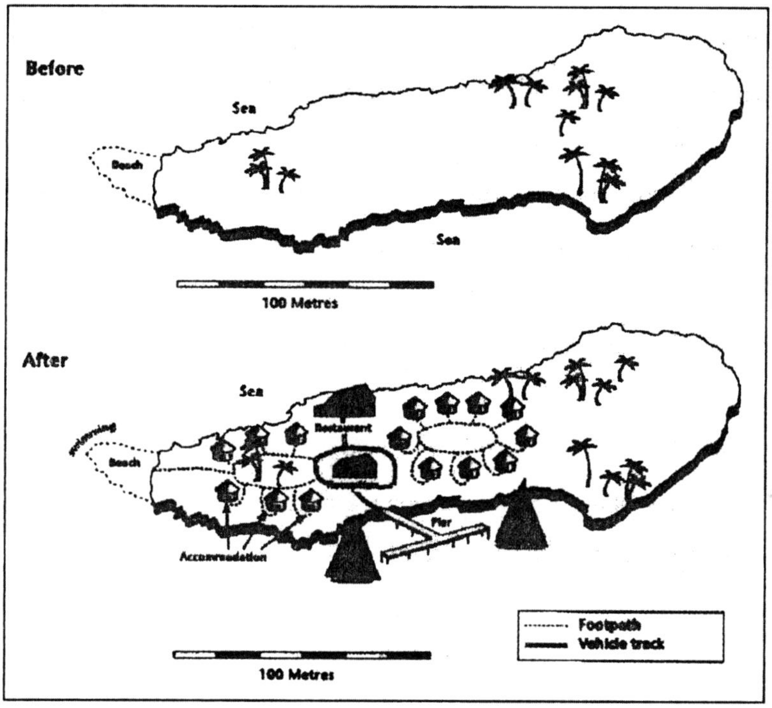

按照我们前面总结的地图题三个步骤，我们可以一个个描述出来。

Before

步骤 1	步骤 2	步骤 3
1 确定 island	参照物是 sea	动词是 surround
句子：The island is surrounded by sea.		
2. 确定 beach	地理位置是西边	动词是 located
句子：A beach is located on the western end of the island.		
3. 确定 trees	地理位置是西边和东边	动词是 scattered
句子：Some trees are scattered in the western and eastern sides of the island.		

After

步骤1	步骤2	步骤3
1. 确定西边的accommodation units	地理位置是西边，参照物是trees	动词是 built
句子：A number of accommodation units are built surrounding those trees in the western part of the island.		
2. 确定 footpath	参照物是 accommodation units，还有 beach	动词是 connect
句子：A circular footpath is available to connect these facilities with the beach.		
3. 确定东边的accommodation units	地理位置是中间，参照物是trees 还有 footpath	动词可以是 sited
句子：Another cluster of accommodation facilities is sited in the middle of the island next to trees.		
4. 确定 footpath	参照物是 accommodation units	动词可以是 link
句子：A footpath links these accommodation facilities. 或者说：These facilities are linked by a footpath.		
5. 确定 reception	地理位置是中间，参照物是accommodation	动词是 situated
句子：One reception is situated between these two groups of accommodation units. 为了增加句子连接性，可以使用倒装：Between these two groups of accommodation units is a reception.		
6. 确定 restaurant	地理位置是中间，参照物是reception	动词是 lie
句子：One restaurant lies to the north of the reception.		
7. 确定 pier	地理位置是南面，参照物是reception	动词是 construct
句子：One pier is constructed on the southern end of the island.		

当然，如果每句话都那么写会比较单调。可以用一下其他句式。

句式 1：while 引导的从句。

句 1：A beach is located on the western end of the island.

句 2：Some trees are scattered in the western and eastern sides of the island.

可以合成：While a beach is located on the western end of the island, some trees are scattered in the western and eastern sides.

句式 2：可以用分词的结构。

句 1：Another cluster of accommodation facilities is sited in the middle of the island next to trees.

句 2：These facilities are linked by a footpath.

可以合成：Another cluster of accommodation facilities is sited in the middle of the island next to trees, also linked by a footpath.

句式 3：there be 句型。

譬如：One restaurant lies to the north of the reception.

可以改成：There is a restaurant lying to the north of the reception.

句式 4： 两个描述对象通过 with 相连。

譬如：A vehicle track links the restaurant and the reception with a pier constructed on the southern end of the island.

最后的文章：

The map shows the changes in an island, which is now a tourist attraction. The coastal line of the island is about 600 metres in length.

The island is surrounded by sea. While a beach is located on the western end of the island, some trees are scattered in the western and eastern sides.

Tourism has led to some significant changes. A number of accommodation units are built surrounding those trees in the western part of the island. These facilities are connected with the beach, a site now open to swimmers, by a circular footpath. Another cluster of accommodation facilities is sited in the middle of the island next to trees, also linked by a footpath.

Between these two groups of accommodation units is a reception with a restaurant lying to the north. There is a vehicle track linking the restaurant and the reception with a T-shaped pier constructed on the southern end of the island, which is used for yachting.

In summary, the island has changed to cater for the needs of tourists, after the construction of these facilities, while the trees have been well preserved.

word count: 188 words

常用表达	例句
east/west/south/north/ southeast/southwest/ northeast/northwest	• City A, some 120 km *south-east* of City B, is a big city. • The garden is in the *northwest* of the area. • The airport is a few miles to the *south* of the city.
..end/corner of... （角落或者尽头） ...side of... （在……的一边） ...part of （……的部分）	• The village at the north *end of* the forest expanded in the 1990s. • The park is less than five miles from the southwest *corner of* the city. • Residential neighbourhoods are primarily on the east and west *sides of* the town. • The park covers the southern *part of* the city.
located in/near ... situated in/near/at ... lie in/between... （位于，坐落于）	• The building is *located in* the north-west corner of the district. • The library is *situated near* the war memorial. • The retail area *lies between* two main streets.
from the east to the west （自东向西） from the south to the north （自南向北）	• The river flows *from the east to the west*.
alongside/along/near/next to/adjacent to （靠近，沿着）	• Much of the park was located *alongside* the river. • The building is *adjacent to* the library. • The railway is located *next to* the bridge.
其他表达：junction/intersection（交界处），in the proximity to...（在……附近）	

Chorleywood is a village near London. The map shows how the village developed. Prepare a report for a university lecturer describing the development of the village.

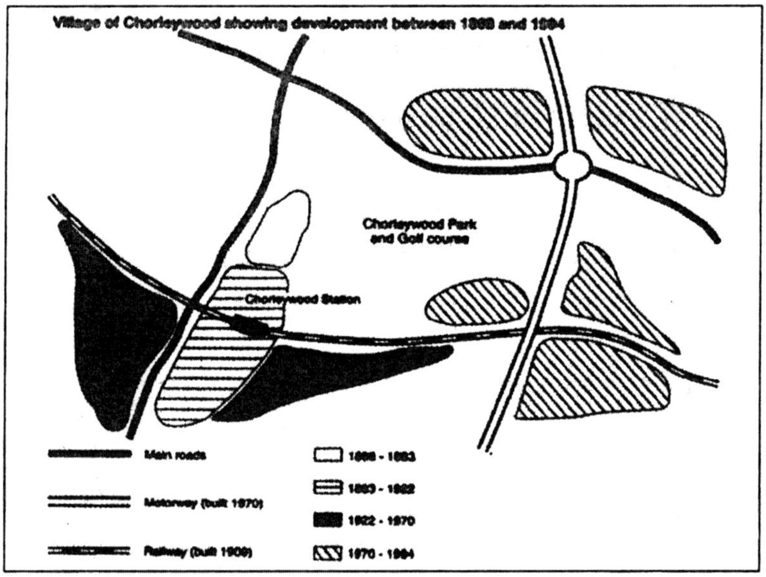

按照我们前面总结的地图题三个步骤，我们可以一个个描述出来。

第一阶段（1868—1883 年）		
步骤 1	步骤 2	步骤 3
1. 确定主路（main road）	地理位置是从北到南	动词是 cross
句子：A main road crossed the area from north to south.		
2. 确定 village	参照物是 road	动词是 locate
句子：The village was located next to a main road. 考虑到句子的变化，这两句话可以写成：The village was located next to a main road crossing the area from south to north.		
3. 确定 park and golf course	参照物是 village	动词是 sited
句子：The park and golf course was sited to the east of the village. 考虑到句子的变化，可以写成：There was a park and golf course sited to the east of the village.		
第二阶段（1883—1922 年）		
步骤 1	步骤 2	步骤 3
4. 确定 village	参照物是 main road	动词是 expand
句子：The village expanded alongside the main road to the south.		
5. 确定 railway	参照物是地区	动词是 built
句子：a railway was built from west to east.		
6. 确定 railway station	参照物是 village	动词是 constructed

为了句子变化，可以两句话写成一句：A railway was built from west to east with the railway station in the village.		
第三阶段（1922—1970 年）		
步骤 1	步骤 2	步骤 3
7. 确定 village	参照物是 railway 地理位置是西南角	动词是继续扩大
句子：The development of the village continued next to the railway in the south-western corner of the area.		
8. 确定 motorway	地理位置是东边	动词是 constructed
句子：A motorway was constructed on the eastern side of this area.		
第四阶段（1970—1994 年）		
步骤 1	步骤 2	步骤 3
9. 确定 village 的进一步发展	参照物是 main road 和 railway 的交点以及 railway the motorway 的交点	动词是 develop
句子：The village developed surrounding motorway intersections with the railway and one of the main roads.		

然后通过一些年代的信息，将这些句子连接起来，变成文章：

The map illustrates the changes in an area called Chorleywood during the period from 1868 to 1994.

In 1883, the village was located next to a main road crossing the area from south to north. There was a park and golf course to the east of the village.

During the period between 1883 and 1922, the village expanded along the main road to the south and in 1909, a railway was built from west to east with the railway station in the village.

The village continued the expansion next to the railway in the south-western corner of the area between 1922 and 1970, while a motorway was constructed on the eastern side of this area in 1970. During the next period, the village developed surrounding motorway intersections with the railway and one of the main roads.

Overall, it is clear that the major developments of the village took place around transport infrastructures.

word count: 152 words

书信（*letters*）的写作

书信写作的备考主要侧重三个方面：熟悉书信的格式，分辨书信的类别以及熟记书信的常用语。

书信的格式

雅思考试中心自 2006 年起已经明确规定考生不需要写日期和地址。因此，雅思的信件主要分三个部分：称呼、主体部分和署名。

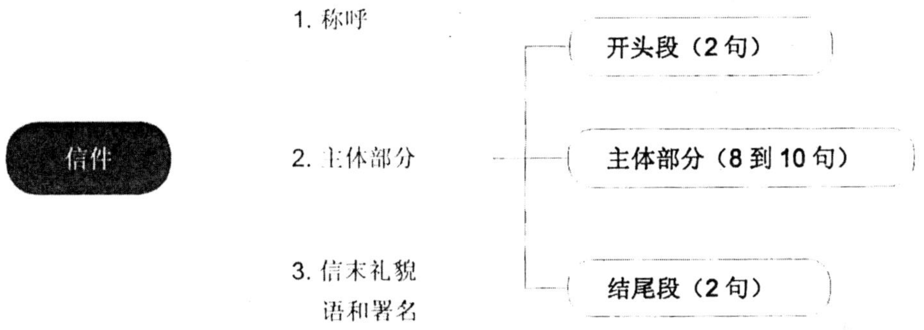

◎ 有三种常用的称呼（*salutation*）方法

如果收信人是一个企业、团体或者机构，而不知道收信人的名字和性别，甚至不知道读信的人会是谁，那么就用 Dear Sir or Madam，或者 To whom it may concern。

如果收信人是一个认识的人（知道这个人的姓名和性别），但是这个人并不是熟悉或者亲密的朋友，那么一般用 Dear Mr.（or Ms.）+ 收信人的姓，例如，Dear Mr. Gates, Dear Mrs. Clark。

如果收信人是熟识的朋友，那么一般用 Dear + 收信人的名，例如，Dear John。

◎ 主体部分根据信件的功能而变化

信件有不同的功能和目的，可以分为投诉信、询问信、建议信、求助信、道歉（解释）信、感谢信、邀请信和求职信。按照功能的不同，信件所使用的语气和用词都不一样。一般来说，除了投诉信可以使用比较强烈的语气，其他信件最好采用比较礼貌和客气的用语。

另外，收信人和你的关系也需要考虑在内。一般来说，如果收信人比较熟悉，正式的语言就不是非常合适；对比而言，如果收信人不是非常熟悉，那么用正式的语言比较恰当。譬如，写信给很亲密的朋友，信件的第一段甚至可以说 How are you? 这种比较口语化的句子。

书信主体部分的内容详见“书信的分类”。

◎ 信末的礼貌语（*complimentary closing*）和签名

如果是不熟悉的人（或者名字未知），常用 yours faithfully, yours truly。

其他时候，一般用 yours sincerely， 这是最常用的用语。

如果写给很好的朋友，一般用 yours, best wishes, kind/best regards, with love and best wishes, lots of love。

签名可以随便写，不一定要写自己的真名，Mary, Jane, Bill, Tom 诸如此类。

书信的分类

◎ 投诉信（*Letter of Complaint*）

投诉信是雅思作文中最常见的信件类型，出现的机会大概有 30% 左右。在写投诉信的时候，要注意以下内容：

具体描述当时的情形，如人物、时间、地点和原因（Provide a description of the situation with details, such as, who, when, where and why）。

指出具体的问题（Specify what the problem is）。

概括说明问题所产生的后果（Outline the consequences of the problem）。

提出和支持一个特定的要求（Make and justify a specific claim）。

清晰说明读信的人可以做什么来补救目前的局面（Indicate clearly what the reader can do to remedy the situation）。

建议解决方法和指明解决的时间限制（Suggest solutions and specify deadlines or time limits）。

未必一定要言辞激烈，最好是比较礼貌（Not necessarily harsh tone, preferably polite）。

◎ 咨询信（*Inquiry Letter*）

咨询信和求助信其实性质一样，咨询也是求助的一种，区别就是其他求助信的语气需要更加恳切。这两种信件类型在雅思作文中也非常常见，大概出现的机会有 25%。在写咨询信的时候，要注意以下内容：

指明你所需要的信息（Specify what information you need）。

指出为什么你需要这些信息（Indicate why you need this information）。

指明你什么时候需要信息（Specify when you need the information）。

避免语意含糊不清和泛泛而谈（Avoid vague or general letters）。

要求对方迅速回复的时候要礼貌（A polite request for a quick reply）。

◎ 求助信（*Request Letter*）

求助信和咨询信大体可以归为一类。在写求助信的时候，要注意以下内容：

阐述你所需要的帮助（Clarify what you are asking for and actions required）。

支持你自己的要求（Justify your request）。

说服读信的人答复和同意你的要求（Persuade the reader to reply and agree to your request）。

提出对帮助的答谢，如金钱（Offer incentives, e.g., money）。

说明时间期限（Specify deadlines）。

◎ 道歉信（*Letter of Apology*）

道歉信也是雅思作文的常考信件类型，大概出现的机会在25%左右。在写道歉信的时候，要注意以下内容：

对错误提出解释，提出有力的观点和侧重事实（Offer explanations, present strong points and focus on facts）。

避免归咎其他人（Avoid blaming others）。

提出解决方法（Propose a solution）。

考虑收信人的情绪（Satisfy the reader's emotions）。

建立信用和信任（Establish creditability and trust）。

用词和语气要礼貌体贴（Polite and thoughtful in vocabulary and tone）。

◎ 建议信 / 提供信息信（*Letter to Provide Information or Advice*）

建议信在雅思考试中也比较普遍，出现的概率是20%。建议信和前面几种信件类型的不同之处在于，建议信常常是收到对方来信之后的一个回复。在信件的开始部分，建议信因此可能会出现 “with reference to... ”，或者 “I am pleased to learn that...” 这些字眼，表示已经知道对方的计划和意向。在写建议信的时候，要注意以下内容：

详细地提供建议（Offer advice in great detail）。

根据要求提供信息（Provide information as required）。

强调所有重要的事项（Stress all matters of importance）。

将最重要的建议放在首位（Prioritise the most important advice）。

表达自己乐意提供进一步的帮助（Show willingness to provide further support）。

◎ 感谢信（*Letter of Thanks*）

感谢信在雅思作文中非常少见。即便出现，也经常是和其他的信件类型结合，如道歉信或者求助信。在写感谢信的时候，要注意以下内容：

表示谢意（Express gratitude）。

强调所获得支持的重要性（Stress the importance of the support）。

维持和收信人的关系（Maintain a relationship with the reader）。

◎ 邀请信（*Invitation Letter*）

邀请信在雅思作文中出现的机会也很低，原因可能是考试中心觉得移民到了一个新的国家定居，短时间不大可能会写邀请信。在写邀请信的时候，要注意以下内容：

大概描述活动或者计划的内容（Outline the event, function, plan or activity）。

指定被邀请参加的人（Specify who is invited）。

指定日期、地址和时间（Specify the date, address and time）。

如果恰当的话，清楚地说明对着装的要求（If appropriate, indicate clearly what type of dress is preferred）。

要求对方回信的日期（The deadline to reply）。

◎ 求职信（*Letter of Application*）

理论上，求职信应该是雅思作文重点考查的内容，毕竟移民到了一个国家，首先要求职。然而，在考试当中，求职信出现的几率却很低。在写求职信的时候，要注意以下内容：

明确指出自己为什么对工作感兴趣（Indicate clearly why you are interested in this job）。

调整信件，使其符合工作的特点（Adapt the letter to a job）。

准确回应雇主的要求（Respond precisely to the requirements of the employer）。

强调相关的细节信息，如教育背景、工作经验和个人才能（Emphasise the most relevant details, e.g., education, experience and talents）。

争取做到简洁和清晰（Strive for brevity and clarity）。

信件最好比较人格化（Write a personal letter）。

留下地址和名字（Leave your name and address clearly）。

书信的常用语

◎ 投诉信（*Letter of Complaint*）

- 信头

I am writing to complain about a serious defect found in the computer I bought from you.

我写信来投诉我从你们那里所购买电脑的一个问题。

I am writing to notify you of a claim for damaged goods against your company.

我写信是对贵公司的损坏产品提出索赔。

I am writing to request you to take corrective actions concerning...

我写信请求你采取弥补的措施。

I am writing to express my concern/dissatisfaction about...

我写信来表达我对……一事的关注和不满。

I would like to draw your attention to...

我希望可以引起你对……一事的注意。

It has come to my attention that...

这个事情……已经引起我的注意。

A very serious problem has arisen in connection with a language course you provided and operated.

关于……的一个非常严重的问题已经出现。

I am writing to request a full refund of the course fee I have paid.

我写信请求得到我所支付课程费用的全额退款。

Over the last few weeks I have become increasingly concerned about my neighbour's erratic habit, burning rubbish in his garden.

在过去的几周里，我已经逐步关注到我邻居的古怪行为，他在花园里烧垃圾。

I sincerely regret having to write this letter and have been delaying it in the hope that things would improve.

我由衷地抱歉，需要写这一封信，而一直拖延写此信，本是因为寄希望于情况可以有所改观。

I am writing to request a refund of the 300 dollars I paid for the CD player.

我写信请求获得我给 CD 机支付的 300 美元的退款。

I am writing to ask you to replace the CD player I bought from your shop with another in good working order.

我写信来要求退换在你店购买的 CD 机。

I thought I should draw your attention to the situation since...

我希望你能关注此事，因为……

The devastating effect could be multiplied if this problem cannot be solved immediately.

如果这个问题不能立即得到解决，它的影响会更坏。

I am certain that this situation is causing us considerable anxiety.

我可以肯定这种情况正在造成我们极大的不安。

I would be grateful if you could manage to help me out of the problem.

我会很感激您，如果您可以帮助我处理这个问题。

• 信尾

Unless you take prompt action to correct the car's defects or refund the purchase price in full, I will be forced to take legal action.

除非你立即采取行动去修理汽车的毛病，或者按购买价全额退款，否则我将被迫采取法律行动。

I believe this is the only way to get this matter settled.

我相信这是唯一解决这个问题的方式。

Please make the adjustment to my bill.

请调整我的账单。

It is too bad this unfortunate accident occurred. Otherwise, I was very pleased with your service.

这种不幸的发生实在是太令人遗憾。你们的服务本来还是很令我满意的。

I will have to refer this matter to my attorney.

我将不得不把此事移交我的律师处理。

I am glad to see what you can do to rectify this situation.

我会拭目以待，看看您可以做什么来扭转这个局面。

I urge you to reconsider your consideration.

我促请您重新考虑您的决定。

I would be grateful if you would ensure that the same thing does not happen again.

我会很感激，如果你保证这样的事情不再发生。

If you could find time to let us know, it would set our minds at rest.

如果你能找到时间来让我们知道，我们将感到非常欣慰。

I am reluctant to take the matter up elsewhere and hope that you will be able to let me have some explanation of the incident.

我不愿意将此事再麻烦他人，而希望您可以就整个事件给我一个解释。

A time for further discussion on this issue can be arranged either by telephoning me at 1345 6789 or writing to me via the address...

可以通过给我电话(1345 6789)或者写信给我(地址)来安排进一步商讨这个问题的时间。

I hope we can work something out to our mutual benefit.

我希望我们可以找出符合双方利益的方案。

Your agreement to the suggested course of action will be appreciated.

你对所提议的措施的认同是会被欣赏的。

Your comments will be appreciated.

你的看法会是被欣赏的。

I would like to discuss this matter with you further. Please contact me at 021 047 564. I look forward to resolving this matter with you.

我希望进一步和您讨论这一问题。请电话联系我（021 047 564）。我期待着和你处理这个问题。

I trust this matter can be resolved quickly and look forward to your early reply.

我相信这个问题可以很快地被解决，我也期望着您尽早答复。

Please let me know what you propose in relation to this issue as soon as possible.

请尽快让我知道你对于此事的提议。

I am sorry to write to you in this manner and I hope that you will not be offended.

我很抱歉用这种方式给您写信，我希望您不会觉得这是唐突的。

If this matter is not put right soon, I fear it could have serious consequences.

如果这个问题不能很快地妥善处理，我担心这会有严重的后果。

I await your reply and trust that it will contain an explanation that some mistake, have been made by your company.

我等待您的答复，我相信您的答复会包含一个关于你们公司所犯错误的解释。

I would like to stress that I will not tolerate a situation such as this.

我想强调的一点是，我不会容忍类似这种情形。

I trust that you will be able to correct these matters without delay and that no further action will be necessary on my part.

我相信您能毫不拖延地处理此事，而我不需要采取任何进一步的行动。

I understand that my rights are covered by laws and am looking to your company for a return of the price paid within 14 days.

我知道我的权益受到法律保护，我等待着你们公司在 14 日内全价退款。

I would be glad of a reply without further delay, or I may have to consider legal action.

我很乐意接到您立即的答复；否则的话，我或许不得不考虑法律行动。

I am wondering if it would be possible for us to meet and discuss the situation.

我想知道我们是否可能见面和商讨现在的情形。

I hope we can meet and get it sorted out very soon.

我希望我们可以尽快见面和将此事处理。

I trust that we can resolve this matter quickly and amicably.

我相信我们可以迅速地、不伤和气地解决这一问题。

If I do not hear from you within the next seven days, I will have no option but to go to the city council to have my complaint heard.

如果我在未来的七天之内没有收到你的答复，我别无他选，而只能去市委会投诉。

I am sure you will understand that this problem is causing me considerable inconvenience and expense, and I am anxious to have it settled as soon as possible.

我肯定您会理解，这个问题正在给我造成极大的不便和损失，我急切想要尽快解决这个问题。

I look forward to receiving a replacement as soon as possible.

我等待着可以尽快收到一个代替品。

I think that 300 dollars would be a reasonable sum of compensation and I look forward to receiving your cheque.

我觉得 300 美元是比较合理的赔偿额度，我期待着收到您的支票。

If it happens again I will commence legal action without further notice.

如果这个事情再次发生的话，我会开始法律行动，而不另行通知。

◎ 咨询信（*Inquiry Letter*）

I am writing to enquire whether I may become a member of your club.

我写信咨询是否可以加入你们俱乐部。

I would be grateful if you could let me know your annual fee charges and any other information which would be useful.

我会很感激，如果您可以让我知道你们的年费，和提供任何有用的信息。

Please let me know as soon as possible how you propose to settle this matter.

请尽快让我知道您对解决此事的建议。

You are welcome to call in or to telephone me on 021 56789.

欢迎您来访，或者给我电话（021 56789）。

Please contact me on 021 567894 if you would like to talk about it further.

如果您愿意就此事进一步商讨，请联系我（021 567894）。

Thank you for your attention.

感谢您的关注。

Please let me know as soon as possible whether or not you will accept this offer.

请尽快让我知道，是否您可以接受这个条件。

Although at this time of year you will have more work to deal with than usual, I would appreciate a reply in a not too distant future.

虽然一年当中这个时候您要处理更加多的工作，我期待着不久的将来得到您的答复。

◎ 求助信（*Request Letter*）

I would like to make an appointment to speak with you about my wallet I lost on the flight AUS 123.

我想定个时间和您说一下我在 AUS 123 航班所丢失的钱包。

I would like to arrange an appointment for next Friday（15 October） at four fifteen.

我想约个时间会面，下个星期五（10 月 15 日）的四点十五分。

I would be grateful if you could give any assistance.

我会感激您所提供的任何协助。

I would be most grateful if you can give me instructions.

如果您可以给我提供任何指引，我会非常感激。

I would be very grateful for any advice you can offer.

对于任何您可以提供的建议，我都是非常感激的。

I do hope you will be able to send me a favourable reply and I look forward to hearing from you in due course.

我真的希望您可以给我一个理想的答复，我期待着准时得到您的答复。

I would be most grateful if you would intervene in this matter.

我会非常感激，如果您能干预此事。

I hope you will consider my request favourably.

我希望您能很好地考虑我的请求。

◎ 道歉信（*Letter of Apology*）

I just wanted to write you a quick note to apologise for not being able to keep our appointment tomorrow.

我希望可以给您写一封快信，为我明天不能赴约而道歉。

In deference to your valuable time, I would like to get straight to the point and admit that I was wrong.

为了尊重你宝贵的时间，我愿意直接地承认，这是我的过错。

I just really hope that you will be able to accept my apology.

我真的希望您可以接受我的道歉。

Please let me have your views about this matter as soon as possible.

请尽快让我知道您对这一问题的看法。

Please accept my apologies for ...

请接受我对于……一事的抱歉。

Please accept my sincere apology for missing the interview scheduled for ...

请接受我诚恳的道歉，关于错过了原定于……的面试。

I would appreciate any consideration you can give me in rescheduling our meeting.

我会非常欣赏任何你对于重新安排我们会面所作的考虑。

Thank you for your anticipated patience in this matter.

感谢你在此事上所有的耐心。

Please accept my apology for the delay and thank for your understanding.

请接受我关于日期推迟的道歉，感谢你的理解。

I will do everything in my power to ensure that this type of error does not occur again.

我将会尽我所能确保此类错误不再出现。

Although I make every attempt to insure that ..., this unfortunate incident can occasionally occur.

虽然我会尽力确保……但是这种不幸的事情偶尔还是会发生。

◎ 建议信 / 提供信息信（*Letter to Provide Information or Advice*）

If I can be of any assistance in any way, please do not hesitate to call me.

如果我有任何可以协助的地方，请直接联系我。

I am available at Flat 304, Green Revenue, St Eden if you require any further information.

如果您需要任何进一步的信息，可以到 Flat 304, Green Revenue, St Eden 找我。

I am happy to supply any further information you may require and I look forward to hearing from you shortly.

我很乐意去提供任何您或许需要的信息，而我也期待着很快收到你的答复。

Please contact me if I can be of any assistance.

如果有需要我帮助的地方，请联系我。

If you need any further information, please contact me via email abcd@hotmail.com.

如果你需要任何进一步的信息，请通过电子邮件 abcd@hotmail.com 来联系我。

◎ 感谢信（*Letter of Thanks*）

I just wanted to send a note to say how much I appreciate the help you have given me.

我只是想发信告诉您，我是多么欣赏您所给我提供的帮助。

I am writing to thank you for permitting us to use your resources.

我写信感谢您允许我使用您的资源。

With very best wishes and thanks.

带着最好的祝愿和谢意。

I appreciate the support you have provided and your assistance has been invaluable to me.

我感谢你所提供的支持，你的协助对我来说是无价的。

◎ 邀请信（*Invitation Letter*）

Perhaps you could give us a call or write to us to let us know what time you expect to arrive.

或者您可以给我一个电话，或者写信给我，让我们知道您大概什么时候会到达这里。

I thank you in anticipation of your arrival.

感谢和期待您的光临。

I am so pleased that you are planning to drop by.

得知你将降临寒舍，我很高兴。

I would like to offer you...

我愿意为您提供……

I would like to invite you to dinner and be our guest.

我很乐意邀请您来作客，和我们共进晚餐。

I would like to invite you to join us and attend this meeting.

我很乐意邀请您和我们一起出席这一会议。

I am glad to invite you to participate in my graduation ceremony.

我很乐意邀请您参加我的毕业典礼。

I am honoured to invite you to our wedding, as I understand that you only come to visit on special occasions.

能够邀请您出席我们的婚礼，我倍感荣耀，因为我知道您只是出席特殊的场合。

◎ 求职信（*Letter of Application*）

Further to your advertisement in yesterday's Washington Herald for a senior PA, I would very much like to be considered for this vacancy.

就你们昨天在华盛顿先驱报上关于私人助理的广告，我希望自己可以被考虑去填补这个空缺。

I am writing with regard to your vacancy for a language tutor.

我写信是关于你们语言辅导教师一职的空缺。

I was most interested to read your advertisement for a bookkeeper and feel I could be just the person for your vacancy.

我对于你们簿记员一职的广告很感兴趣，也觉得我会是适合这个空缺的人选。

I write to enquire if you have an opening for a sales representative.

我写信是想咨询是否您在销售代表一职上有空余的职位。

I do hope to hear from you soon.

我真的希望可以很快得到您的回音。

I do hope that I will be successful, and that I may hear from you in the near future.

我真的希望我可以成功，我也希望我可以在近期得到您的答复。

I do hope that I may be considered for the job and that you may invite me for interview in the near future.

我真的希望我可以被考虑做这份工作，也希望您或许可以让我近期参加面试。

书信的范例

The street where you live is in poor conditions. Write a letter to City Council. In your letter, you

- Explain the situation.
- Explain the likely consequence.
- Describe the change you expect to occur.

类别：投诉信　　　　　　　　收信人：机构

Dear sir or Madam,

I am writing this letter to express my concern about the decline in standards on the highway and byway at our street, Green Avenue, Peterson. I have been living here for over 10 years and was always proud of the way our town looked, but the current state of disrepair and neglect is disappointing.

The footpath is now badly in need of repair and it is totally overgrown with weeds—let alone all the accumulated rubbish. It is a major hazard to children and to the elderly, who could easily have a serious accident. We now have an additional problem with wet leaves decaying in huge heaps along the paths. These could also cause an accident especially now that we have had so much rain in the last few days.

I am wondering what your council intends to do to rectify this situation. I look forward to receiving your reply at the earliest date.

Yours faithfully,

Your neighbour is a pet owner, but has problems in keeping his dog on a lead. Write a letter to your neighbour. In your letter, you

- Explain your situation.
- Describe the problems.
- Tell him what you think he can do to remedy the situation.

类别：投诉信　　　　　　　　收信人：不熟悉的个人

Dear Mrs. Smith,

This letter is to request you to pay attention to your dog. I suggest that you control your dog and stop your dog from barking.

On several occasions I have mentioned to you that your dog's constant barking during the night is causing us a great deal of disturbance. I was hoping that we could settle this matter amicably, but it now seems to me that you are totally unable or unwilling to control your animal. Believe me or not, Ms. Collins and Mr. Weber have talked to me about this problem as well. I am writing to inform you that if a solution to this problem is not forthcoming within the next seven days, I very much regret that I will have no choice but to put the matter in the hands of City Council.

I am looking forward to your reply in due course and your earliest action.

Yours sincerely,

You booked a holiday with a travel agency but the tour did not live up to your expectations. Write a letter to the agency. In your letter, you

- Describe the problem.
- Explain what you expected on your holiday.
- Explain what you want the travel agency to do.

类别：投诉信　　　　　　　　收信人：机构或者不熟悉的个人

Dear Mr. Jackson,

I am writing this letter to complain about the service provided by one of your travel operators, Jenny Chang. I contracted with her for a holiday I booked travelling to Sydney for a total cost of $ 2,000, but later discovered that the tour has not met my requirements at all.

On February 13, 2006 I talked to Mrs. Jenny Chang and reminded her of some special requirements I had, including a double room in a four-star hotel, ten main places of interest and so forth. Your tour operator confirmed that these would be surely arranged. Unfortunately, these requirements were not met. The four-star hotel is in fact a three-star hotel, and the room service was below the average. The so-called double room was cramped and caused me considerable discomfort. The guide took us to six places of interest (instead of ten, as set out in the contract) and some famous tourism sites were not on our itinerary. Since you undertook to book a holiday in accordance with my requirements and your tour operator assured me that all my requirements would be met, I must hold you responsible for my disappointment.

Please let me know how you propose to settle this matter.

Yours sincerely,

You wanted to have your computer fixed by the computer shop you bought it from, but the shop refused to repair it. Write a letter to the manager of a computer shop. In your letter, you

- Describe the problem with your computer.
- Explain why you are not satisfied with the service.
- Explain what you want the shop to do.

类别：投诉信　　　　　　　　收信人：机构

To whom it may concern.

I am writing to notify you of a claim for damaged goods against your shop. Besides, I am disappointed concerning your attendants' rude and brusque manner when dealing with clients' request. It is hurting your business.

I purchased a HP computer in your computer shop early last week. It worked well in the first week, but later displayed some obvious problems. First, on the screen, some dark dots appeared, which have seriously blurred the screen. I thought that your shop would at least manage to check the computer and give me some suggestions, as the computer is under one-year-long warranty. However, much to my astonishment, your shop attendants insisted that they were not responsible, and the only suggestion they generously left me is to refer this problem to the manufacturer directly. This situation is causing me considerable anxiety.

Unless you take prompt action to fix the computer or refund the purchase price in full, I will be forced to take legal action regarding your shop's refusal to honour the warranty. I hope we can work something out to our mutual benefit.

Your earliest response will be appreciated.

Yours faithfully,

You bought a CD player from a shop, but found it doesn't work. You are writing to the manufacturer for compensation. In the letter, you

- Explain the problems with the CD player.
- State the way the shop assistants treated you.
- Suggest solutions to this problem.

类别：投诉信　　　　　　　　收信人：机构

To whom it may concern,

I want to inform you of my dissatisfaction with a CD player (RHE 340) produced by your company. I purchased this item on January 12 at the Novel Store in New Market for 750 dollars.

The CD player is faulty and has the following problems: First, it fails to read songs sometimes. Second, I saw several scratches on the CD player, when I first unfolded the package. I wonder whether it is a used CD player.

I brought it back to the retail shop one week later, but the shop attendant refused to either fix or replace it, saying that it is the responsibility of the manufacturer. I have no choice but forward this issue to your company. Unless you replace this CD player with a new one or refund the purchase price in full, I will be forced to take legal action.

Your earliest response would be highly appreciated.

Yours truly,

You attended a two days long course, but you are not satisfied with part of the course. Write a letter to the course organiser. In your letter, you

- Describe your experience with the course.
- Explain why there is room for improvement.
- Describe what improvement can be made.

类别：建议信　　　　　　　　收信人：不熟悉的个人

Dear Mr Clinton,

I hope that this unintended letter would not have surprised you. I used to study in your school, and this letter is basically concerned about some courses I had been through. It is too bad some problems occurred. Otherwise, I was very satisfied with my learning experience there.

The management course is generally satisfactory. I have been especially impressed with the books the lecturer had recommended. I am convinced that what I learnt from courses is of great use to my job. However, it has come to my attention that some of your lecturers are so young that they seem to have deficient experience in the field of management. They should connect those theories with the real world. In the light of my long history as an on-the-job training participant, I trust that your school can manage to improve this situation. Those lecturers are undoubtedly aspiring, dedicated and responsible, but I personally suggest that they can undergo more practical training, and learn more about the application of theories.

Thanks a lot for your concern. I am looking forward to improvement, although I am no longer your student.

Yours faithfully,

You met an accident in the kitchen of your rent apartment. Write a letter to your landlord. In you letter, you

- Explain the accident.
- Describe the damage caused.
- Suggest any remedy you think effective.

类别：解释信　　　　　　收信人：熟悉的个人

Dear,

I am writing to discuss with you how we work out a problem found in the kitchen of your apartment. I have been enjoying living in your apartment since I moved in, except a terrifying accident I met two days ago in the kitchen.

I was ready to cook yesterday afternoon around 7 pm as usual. However, the oven did not seem to work well, and it took about half an hour to get heated. When I turned on the light of the range hood and attempted to check out what happened to the oven, the light was broken. So I decided to exchange the bulb, but it finally led to the short circuit of the whole kitchen. I apologise for the inconvenience to which you have been put. However, so far the electricity supply is disconnected, and no appliance in the kitchen can be used. I do need your help on this matter.

Please contact me at the number 021 304 678 to discuss how we can tackle this problem. I would like to know whether I should call upon you for further advice.

Best regards,

Your school has no sport facilities. Write to a nearby club to apply for membership. In your letter, you

- Provide personal information.
- Describe service or facilities you want.
- Inquire about the fees.

类别：求助信 / 咨询信　　　收信人：机构

To whom it may concern,

I am a student currently studying in St Lukes Grammar School, and I am interested in the membership of your club in late May. The school I am studying in has limited facilities and I have heard that your club is an excellent training service provider. Location is another reason why I regard your club as the best option. It only takes fifteen minutes to get to your club on foot.

I appreciate receiving any pamphlets with information about facilities, such as weightlifting equipment, swimming pool, sauna, shower rooms and lockers. I was told that all these facilities are provided, but I am writing for confirmation. By the way, I would love to be informed about membership fees and any discount I am entitled for. I am 16 years old, male, and holding an international student visa. Should you have any questions or need to speak to me about my request, you can reach me at NancyXia@maclean.co.edu or at (09) 365-4562.

I am looking forward to your earliest reply. Thank you for your attention.

Yours sincerely,

Nancy Xia

You are going to London to take a training course for two months. Write a letter asking the local accommodation agency to reserve a flat for you. In the letter, you

- Provide relevant information about yourself.
- Describe your requirement.
- Clarify when you would arrive.

类别：求助信 / 咨询信　　　收信人：机构或者不熟悉的个人

Dear Sir or Madam,

I am looking for a single-bedroom apartment in London. Please let me know if you have any suitable vacancies. I would be happy to give you a deposit to hold it.

I am about to attend a training course in London during the months of July and August, and St Atlas Polytechnic College, the college where I will be studying, is at Queens Street. If possible, I would like to have an apartment that is within two or three miles of the college. The apartment is preferably spacious, air conditioned with a private bathroom, a telephone line and Internet access. I will appreciate it if it is quiet, comfortably furnished, because I think it will help me focus on my studies. I am willing to pay up to £500 a month.

I would appreciate hearing from you within the next two weeks. My email address is xiaoyan@xtra.co.cn.

Yours faithfully,

Johnson Lee

Your company is organising a language study program, and all participants should go overseas to receive training. Write a letter to apply for participation. In your letter, you

- Justify your application.
- Describe your work in your company.
- Explain how it will help your work.

类别：咨询信　　　　　　　收信人：熟悉的个人

Dear Mr. Richard Bean,

I have heard that the company is organizing a language study program, and you are the chief program administrator. I wonder whether there are still some vacancies available for this program. I am currently working in the marketing department as a manager assistant. One of our major tasks in this year is to explore the international market. The target countries include Canada, Australia, and New Zealand, most of which are English-speaking countries. As the chance of introducing our products to foreign customers is escalating, I am aware of the importance of developing communication skills in English. Our department head agrees on my plan. Your decision will not only help enrich my language skills, but also help enhance my performance.

I understand that the program will last for two months from July to August, but I am convinced that my colleagues are capable enough of coping with my work over that period, as the busiest season normally starts from September. Please take my request into consideration, and I am looking forward to your favourable reply at an early date.

Sincerely yours,

Joanna Hopkins

You had a meeting, but cancelled it for some reasons. You are writing to your business partner. In your letter, you

- Explain reasons.
- Suggest date or venue of a new meeting.
- Apologise for your absence.

类别：道歉信　　　　　　　收信人：熟悉的个人

Dear Mr Gavin Levis,

I am writing to you in some embarrassment and with many apologies for my failure to attend the meeting we arranged on Feb. 25th, 2004. If there was any inconvenience my absence may have caused you, please forgive me. I trust you will understand my reasons.

First, two machines of the factory I am supervising failed to operate two days before our meeting. I had to organise our technicians to fix machines so as to avoid downtime. Both machines are fully repaired now and the manufacture is back to normal.

Second, one of my cousins was caught up in a traffic accident. To be frank, he is still in critical condition. As his parents are on a business trip far from home, I have to look after him.

I wonder if it is possible we can arrange a new meeting in not too distant future. If it is convenient, Hilton Hotel at 7 pm on Feb. 27th, 2004 is a favourable choice for me. If it does not suit your schedule, please notify me so we can make alternative arrangements.

I am looking forward to your confirmation.

Yours sincerely,

You have a full-time job and an evening course, but for some reason you cannot continue the evening course. In a letter to the course coordinator, you

- Explain reasons.
- Specify when you want to resume the course.
- Inquire about whether to pay more.

类别：道歉信　　　　　　收信人：机构

Dear Sir or Madam,

I am a student currently finishing an evening course in your school, and I am writing to inquire if it is possible that I can drop out of my class. There is no problem with the quality of the class or with the service of your school, but please forgive me, for I cannot afford the time at present.

As you might know, I am working full time at Telecom Telecommunications Company. One of my colleagues is now having two months maternity leave, and the company cannot find anybody to replace her. I have to work overtime every day to finish arranged work.

In addition to my job, my experience in the Spanish language study is another problem. As I am a new learner, I have met difficulty in keeping pace with the class. I consider it better for me to do some review work first, before moving into the further stage.

If possible, I would like your school to grant me a four-week break. I am expecting to continue my class, once the break is finished. I also wonder whether I should pay any extra money for this arrangement. To save you the trouble of replying, I prefer to telephone you if you permit.

Please confirm receiving my message at you convenience. Thank you in advance.

Yours sincerely,

You are renting a house, but caused damage to property last week when painting the wall. Write to the landlord, and in your letter, you

- Apologise.
- Explain how you caused the damage.
- Suggest solutions.

类别：道歉信　　　　　　收信人：熟悉的个人

Dear Mrs. North,

Please accept my apologies. I have to tell you that I damaged the wall of your house, when I brushed it last week. I understand that it is part of my responsibilities to keep the house intact during the lease term. I am willing to accept any of your requests for compensation.

Due to recent wet weather, the walls of my bedroom started to peel off, and fallen powder has made it impossible for me to clean the carpet. Meanwhile I found that the wall was filled with minor cracks, which I was afraid will expose the wall to further erosion or damage.

That's why I finally decided to brush the wall and apply some adhesive to it, believing that it is the best way to make the wall unbreakable at least for a couple of years. Unfortunately, when I tried to remove the original wall paint, my file left a visible hole on the wall. I could not see any possibility of how I could remedy it on my own.

I hope that you could come over and check the damage as soon as you can. I will wait to see whether I can do a little to make up for your disappointment. I can be reached at telephone number 02615640 at office hours.

Yours truly,

Write a letter to invite your friends to join a celebration function. In your letter to your friend, you

- Explain the reasons to hold it.
- What you want your friends to do.
- Clarify date and whereabouts.

类别：邀请信　　　　　　　　收信人：熟悉的个人

Dear Jacky,

I am pleased to invite you to join our little celebration which is currently planned to be held on Feb. 23rd, 2004. So far we have not yet decided the precise time, but there are a collection of choices about locations, which I want your suggestion, including my office, my home or anywhere you consider convenient. Your earliest response will be highly appreciated, and I will definitely take into consideration all suggestions from you or anybody else being invited, before reaching the final decision.

The celebration is mainly concerned with my latest promotion. Without your thorough support, and my other friends or colleagues, it is impossible for me to be promoted, as I have been merely working for the company for half a year. Meanwhile, I regard it a precious chance for us, a group of friends to come together, hold a relaxing talk and have a delicious meal.

Please do not bring anything but yourself if you can manage to come over. If you can add some amusements to the celebration, for example, some jokes, I will be greatly pleased. I am looking forward to your reply, and waiting to meet you.

Kind regards,

Your leg was injured, and your classmates in the language school visited you with gifts and cards. Write a letter to say thank you.

类别：感谢信　　　　　　　　收信人：熟悉的团体

My dear classmates,

How are you doing? I have been missing you so much that I cannot wait to return to the school and join the class as soon as possible. The doctor told me that I am able to recover within 14 days, so it will be not long before I can meet you guys.

Studying with you in the same class has been a rewarding experience for me. I was not interested in the language study before, but since I joined this class, I have become immersed into the language. Every time when I met a problem, I received immediate aid from you guys. With confidence in overcoming those problems, I continued the course with passion. Outings, parties, balls, and so forth, all left me happy memories.

I am also grateful to your visit with roses (the flowers I love most) and cards. I can feel strength from those soothing words you delivered to me. I am expecting to meet you in the class and have everything back to normal.

Please send my best regards to our teachers.

Yours cordially,

You noticed an advertisement on the Internet and want to apply for the job advertised there. Write a letter to the company. In your letter, you

- Describe your interest.
- Describe your qualifications (e.g., work experience).
- Explain the reasons why you think you are suitable for the job.

类别：求职信　　　　　　　收信人：不熟悉的个人

Dear Mr. Jordan,

With reference to your advertisement on www.search4job.co.nz, I would very much like to be considered for the vacancy of office junior in your company. Below are particulars of my previous experience:

I am at present employed with Flying Limited, having been with them for three years as their sales representative. My only reason for wishing to make a change is that I have a craving for a fresh challenge to my existing knowledge and experience. Prior to my present work, I learned the business with Anderson Limited and was with them for three years, during the last two of which I was a PA. May I stress that I am particularly interested in working in an international business company like yours and developing considerable experience in this field. Enclosed is a copy of my curriculum vitae, which may give further information.

I hope that I may be granted an interview, by which I can talk with you about how I can use my skills to benefit your organisation. Thank you for considering my application. I look forward to hearing from you.

Yours faithfully,

附录

附录 *1* 50个最常用的作文句型

常用的“主语+系动词+表语”的句子

1. ...Be (beneficial, important, essential, required, crucial, vital, critical, challenging, difficult, harmful, detrimental, exposed, subject, vulnerable) to something
   例句：Overworking is detrimental to workers' health.
   大意：过度工作对工作者的健康有害。

2. Be of benefit (value, importance, interest, concern) to something
   例句：Parents should consult children on matters of importance to children's development.
   大意：在有关小孩成长的重要事情上，父母应该与小孩商量。

3. Be likely (unlikely, able, unable, willing, unwilling, reluctant, pleased, inclined, prone) to do something
   例句：Environmentalists are inclined to disagree with intensive farming.
   大意：环境主义者倾向于反对高密度种植。

4. The main purpose (objective, function, duty, key, priority) of somebody/something is to do something
   例句：The main function of schools is to impart knowledge.
   大意：学校的主要功能是传播知识。

5. Be aware (mindful, wary, conscious) of something
   例句：Many parents are now aware of the importance of early childhood education.
   大意：很多父母现在意识到儿童早期教育的重要性。

6. Be familiar (satisfied, obsessed, preoccupied, concerned) with something
   例句：Many parents are completely preoccupied with their careers.
   大意：很多父母现在满脑子都是他们的职业。

7. Be under threat (under pressure, under scrutiny, at risk of)
   例句：Many scientific projects are under threat of closure due to lack of funding.
   大意：因为缺乏资金，很多的科学项目有倒闭的风险。

8. It is important (necessary, easy, difficult, reasonable, imperative, pointless) to do something

例句：It is pointless to deny the importance of parents in children's early education.
大意：否认父母在小孩早期教育的重要性是没有理由的。

常用的“主语＋不及物动词”的句子

9. … disappeared/vanished/emerged/surfaced/occurred/happened
例句：Problems have surfaced when countries make an effort to develop their economies.
大意：当国家付出努力提高经济的时候，问题出现了。

10. Something increased (climbed/grew/rose/dropped/declined/slid/slipped/plummeted)
例句：E-commerce has increased in importance as a share of GDP.
大意：电子商务在 GDP 的比重越来越重要。

11. Something contribute to (lead to, result in, result from, give rise to, consist of, make up) something
例句：Industrialisation has contributed to the depletion of resources.
大意：工业化导致资源的耗尽。

12. Somebody focus on (rely on, depend on, belong to) something/somebody
例句：Some people rely exclusively on the Internet for entertainment.
大意：有些人的娱乐只有网络。

常用的“主语＋及物动词＋宾语”的句子

13. Have a positive (negative, adverse, chronic, cumulative, profound) impact/effect on something
例句：Globalisation has a profound impact on a country's cultural identity.
大意：全球化对一个国家的文化认同感有着深远的影响。

14. Choose (decide, intend, refuse, endeavour, struggle, arrange) to do something
例句：Many working people have chosen to update their knowledge by attending online courses.
大意：很多打工族选择参加网络课程来提升他们的知识。

常用的“主语＋及物动词＋宾语＋ 宾语补语”的句子

15. Encourage (prompt, motivate, require, allow, enable, invite, permit, urge, persuade,

empower, expect, anticipate, force) somebody to do something

例句：Teachers require children to obey some rules.

大意：老师要求小孩去遵守某些规则。

16. Somebody is encouraged (motivated, required, permitted, invited, urged, persuaded, empowered, compelled, expected, tempted, entrusted) to do something

例句：Children are encouraged to pursue their hobbies.

大意：小孩被鼓励着去发展他们的爱好。

17. Prevent (discourage, deter) somebody from doing something

例句：Education can prevent offenders from committing crimes again.

大意：教育会防止罪犯再次犯罪。

18. Consider (regard, perceive, treat, deem, recognise) somebody/something as somebody/something

例句：Some countries, developing countries in particular, regard the travel industry as an important industry.

大意：一些国家，尤其是发展中国家，将旅游行业看做是重要的行业。

常用的主语从句

19. It is clear (true, obvious, apparent, unquestionable) that...

例句：It is clear that parents' behaviour has a direct impact on children's world view.

大意：很明显的是，父母的行为对孩子的世界观有直接的影响。

20. It should be noted (recognised) that...

例句：It should be noted that some animal-based tests are not for the development of medicine.

大意：需要注意到的是，有些动物实验不是为了开发药物。

21. It is worth mentioning (noting, emphasising) that...

例句：It is worth mentioning that the average working life is now longer than decades ago.

大意：值得一提的是人们的平均工作生涯比几十年前要长。

22. It is widely believed that ...

例句：It is widely believed that education prepares children for adulthood.

大意：众所周知的是，教育帮助小孩为以后的成年期准备。

23. It can be argued that ...

例句：It can be argued that cooking meals at home is more expensive than eating fast food.

大意：有人可能会说，在家里做饭比吃快餐要贵。

24. It is not surprising that ...

例句：It is not surprising that work-life balance is now a challenge to many people.

大意：无可置疑的是，劳逸结合对很多人现在都是挑战。

25. It is not unusual that...

例句：It is not unusual that women have to quit jobs for childrearing responsibility.

大意：不足为奇的是，女人有时候需要辞职，为了照顾小孩。

常用的宾语从句

26. ... reveals/indicates/suggests/shows that...

例句：The success of some self-made billionaires indicates that formal education may not be as important as expected.

大意：白手起家的一些富豪的成功展示了正式教育未必像预想的那么重要。

27. ... believe/argue/hold/suggest/claim/realise/contend/agree that...

例句：People tend to believe that young people's lack of work experience is a clear disadvantage.

大意：人们倾向于相信，年轻人缺乏工作经验是个明显的缺点。

28. It is important to realise/recognise/acknowledge/note/remember/bear in mind that...

例句：It is important to realise that some resources are non-renewable.

大意：需要意识到有些资源是不可更新的。

29. It is commonplace to argue that...

例句：It is commonplace to argue that music is not essential to the career success of most people.

大意：音乐对大部分人的职业成功不是重要的，这是个常见的说法。

30. It is reasonable to believe that...

例句：It is reasonable to believe that literacy can help eliminate poverty.

大意：文化普及可以减少贫穷，这一看法是合理的。

31. ...aware (convinced) that...

例句：People are now aware that they should overcome language barriers in a globalised world.

大意：人们现在意识到他们在全球化社会需要克服语言障碍。

常用的表语从句

32. One main argument is that...

例句：One main argument is that online education suits the needs of adult students.

大意：一个主要的观点是网络教育适合成人学生的需要。

33. The main reason is that...

例句：The main reason for online shopping's popularity is that it matches people's busy schedule.

大意：网络购物如此普遍的主要原因是它符合人们生活繁忙的特点。

34. The advantage (benefit, consequence, counterargument, difference, disadvantage, downside, explanation, fact, implication, possibility, problem) is that ...

例句：The main explanation for children's anti-social behaviour is that children tend to express their dissatisfaction radically.

大意：可以解释小孩反社会行为的是：小孩用极端的方式表达他们的不满。

35. The question remains whether...

例句：The question remains whether nature predicts one's behaviour more reliably than nurture.

大意：这个问题仍然存在：是否天性比后天的因素更能够预测人的行为。

36. It seems/proves that...

例句：It proves that women work as well as men do in many occupations.

大意：女性已经被证明在很多职业和男人表现一样的好。

37. One important point to note is that...

例句：One important point to note is that famous athletes are sometimes an inspiration to younger generation.

大意：一个主要的观点是著名的运动员有时候对年轻人是一个模范。

38. Another fact to bear in mind is that...

例句：Another fact to bear in mind is that children do not realise the practical value of education.

大意：另外一个大家要记得的事实是，小孩并不意识到教育的实践意义。

常用的同位语从句

39. Despite the fact that...

例句：Despite the fact that people hate rules, they in fact accept rules or even set rules from time to time during the course of their lives.

大意：尽管人们讨厌规则，他们事实上在人生很多时候会接受规则，甚至制订规则。

40. Due to/in view of the fact that...

例句：Due to the fact that rural economies are normally backward, the rural-to-urban shift is understandable.

大意：因为乡村经济一般是比较落后，乡村移居城市是可以理解的。

41. This is evidenced by the fact that...

例句：Globalisation is evidenced by the fact that multinational enterprises now dominate the market in many countries.

大意：全球化的证据是很多跨国企业占据了很多国家的市场。

42. There is little evidence that...

例句：There is little evidence that viewers can critically analyse the messages of advertisements.

大意：没有什么证据证明，观众可以有效地分析广告的信息。

43. ...can come to the conclusion that ...

例句：I can come to the conclusion that modern entertainment may not be detrimental to one's creativity.

大意：我可以得出结论：现代娱乐未必对一个人的创造力有伤害。

44. There can be little doubt/ there is no denying that...

例句：There can be little doubt that technological advances are the precursor of a country's economic boom.

大意：无可置疑的是，科技发展是一个国家经济腾飞的前提。

45. It goes without saying that...

例句：It goes without saying that one's physical strength declines with age.

大意：无可置疑的是，人的身体强度随着年龄增长而下降。

46. It can be explained/justified by the fact that...

例句：The preservation of older buildings can be justified by the fact that these buildings are of cultural and historical value.

大意：保护老建筑主要是从这么一个事实获得支持：这些建筑有文化和历史的价值。

47. It lies in the fact that...

例句：Parents emphasise education. It lies in the fact that education appears to improve children's job prospects.

大意：父母强调教育。这是基于一个事实：教育看来可以提高小孩的工作前景。

48. There is a growing recognition that...

例句：There is a growing recognition that more people than ever before vacation overseas.

大意：越来越让人注意的是，出国度假的人越来越多。

49. There are growing concerns that...

例句：There are growing concerns that the extensive media coverage of crime can affect viewers' behaviour.

大意：人们越来越关注到：媒体广泛报道犯罪会影响观众的行为。

50. I am of the view that...

例句：I am of the view that no society functions properly without rules governing citizens' behaviour.

大意：我的看法是没有社会是可以很好地工作，假如没有规则去监督市民的行为。

附录 2 雅思作文核心词汇

全球化

assimilate/integrate into（动）融入

country of origin, native country（名）祖国

culturally and linguistically diverse backgrounds（名）不同的文化和语言背景

cross-cultural communication/interaction（名）跨文化交流

cultural assimilation（名）文化同化

cultural background（名）文化背景

cultural clash（名）文化冲突，碰撞

cultural differences（名）文化差异

cultural diversity（名）文化多元性

cultural heritage（名）文化遗产

cultural identity（名）文化认同感

cultural impact（名）文化影响

cultural sustainability（名）文化可延续性

cultural tradition（名）文化传统

minority culture（名）少数文化

minority ethnic group（名）少数民族

minority language（名）少数语言

global integration（名）全球一体化

global village（名）地球村

globalised world（名）全球化的世界

historic places/sites（名）历史遗址

home country, native country（名）祖国

host community/society（名）当地社区

impoverished/underdeveloped country（名）贫穷国家 / 欠发达国家

industrialised/developed country（名）工业化国家 / 发达国家

language barrier（名）语言障碍

language difference/gap（名）语言差异

multi-cultural society（名）多元文化社会

multicultural setting/environment（名）多元文化环境

multiracial, multi-ethnic（形）多民族的

nationals, citizens（名）国民，公民

native language, mother tongue（名）母语

on a global scale（状语）全球范围

tourism industry, travel industry（名）旅游业

tourist attractions（名）旅游景点

tourist destinations（名）旅游胜地

transition countries（名）经济转型的国家

western culture（名）西方文化

westernisation（名）西方化

政府

authorities（名）权力机构

budget constraint（名）预算

deprived/disadvantaged people（名）贫困人口

for-profit corporation（名）私人企业

financial aid/assistance（名）经济资助

government agencies/officials（名）政府官员

government budget（名）政府预算

government funding/spending（名）政府投资

income disparity/inequality, wealth imbalance（名）收入不均

misspending, misallocation, misuse（名）误用

people from low-income, low socio-economic backgrounds（名）低收入群体

policymaker, decision maker（名）决策者

private sector, private enterprises（名）私人企业

public funds/money（名）公款

public expenditure/spending（名）公共支出

public service（名）公共服务（如交通，医疗）

regulator, lawmaker, legislator（名）执法者

social problems/issues（名）社会问题

state-owned, state-run（形）国有的，国营的

state-funded, government-sponsored（形）国家资助的

state sector, public sector（名）公共行业

subsidy（名）补助

taxpayer（名）纳税人

underdeveloped/impoverished countries（名）欠发达 / 贫穷国家
utility（名）公共服务（如水电煤气供应）
vulnerable groups（名）弱势群体

犯罪

bring somebody to justice（动宾短语）使某人绳之以法
clamp down on/crack down on/curb/combat crime（动宾短语）打击犯罪
criminal, offender, law-breaker（名）罪犯，违法者
commit crimes, break laws, violate laws（动宾短语）犯法
fine（名）罚款
nonserious crimes, petty crimes, trivial offences（名）轻罪
prison terms/sentences（名）刑罚
serious crimes（名）严重的罪行
repeat offender/criminal, habitual criminal（名）惯犯
repeat offense（名）再次犯罪
retribution, punishment, penalty（名）惩罚
nonviolent solutions（名）和平的方法
one-time offenders（名）首犯

妇女

biological/physiological/sex differences（名）生理差异
childcare responsibility, child-rearing duties（名）照顾小孩的责任
dual-income, dual-job households（名）父母都工作的家庭
gender appropriate（形）性别合适的
gender balance（名）性别平衡
gender bias, gender stereotype（名）性别偏见
gender difference（名）男女差异
gender equality/equity（名）男女平等
gender imbalance/inequality（名）男女不平等
gender role（名）性别角色

household/domestic responsibilities（名）家庭责任

household/domestic chores（名）家务

male-dominated（形）男性主导的

masculinity（名）男子气概

physical capabilities（名）身体能力

sex ratio（名）性别比例

sex discrimination（名）性别歧视

老年人口

ageing population（名）老龄人口

ageing society, population ageing（名）人口老龄化

caregivers（名）护理工作人员

health care（名）健康护理

late years（名）晚年

pension, superannuation（名）养老金

retiree, retired people（名）退休人员

retirement age（名）退休年龄

retirement homes, rest homes, older people's homes, nursing homes（名）养老院

sense of exclusion, sense of isolation（名）被孤立或者被抛弃的感觉

the elderly, senior people, older people（名）老年人

younger generation（名）年轻一代

媒体

actual violence（名）真实暴力

aggressive（形）好斗的

audience, viewer（名）观众

censor（动）删除，审查（新闻，电视节目等）

copycat crimes（名）模仿犯罪

current issues, current affairs（名）时事

desensitise（动）使（某人）对……不敏感

downplay（动）轻描淡写

give an exaggerated account of（动）夸大

exposure to violence（名）接触暴力

media coverage（名）媒体报道

media hype（名）媒体炒作

media industry（名）媒体行业

media organisations（名）媒体机构

media-saturated society/world（名）充斥媒体信息的社会 / 世界

media violence（名）媒体暴力

news agencies（名）新闻制作单位

news media（名）新闻媒体

news story/report/item（名）新闻报道

newsworthy（形）有新闻价值的

objectionable content（名）不妥的内容

paparazzi（名）狗仔队

prime-time（名）黄金时段

social media website, social networking website（名）社交网络

the press/media（名）媒体

print media（名）印刷媒体（主要包括报纸和杂志）

sexual content（名）色情内容

television violence, violence on television（名）电视暴力

the television industry（名）电视行业

victim（名）受害者

violent crime（名）暴力犯罪

环境保护

alternative/renewable resource（名）可更新能源（如太阳能）

anti-pollution policies（名）治污政策

biodegradable materials（名）可分解材料

carbon emissions（名）碳排放

carbon footprint（名）碳足迹

ecological sustainability（名）生态持续性

ecosystem（名）生态系统

energy efficient（形）节能的

energy inefficient/intensive（形）耗能的

environmental awareness（名）环境意识

environmental degradation（名）环境恶化

environmental effect/impact（名）对环境产生的后果和影响

environmental protection（名）环境保护

environmental responsibility（名）环境责任

environmental standards（名）环境标准

environmentally benign/friendly/nature-friendly（形）环保的

global warming（名）全球变暖

green gas emissions（名）温室气体排放

natural resources（名）自然资源

nature conservation（名）自然维护

pollution reduction, mitigation measure（名）污染减排 / 缓解措施

resource-intensive（形）消耗资源的

wildlife habitat（名）野生生物栖息地

生活方法和生活方式

commuter（名）上下班的人

commercial hub（名）商业中心

home-working, telecommuting（名）在家上班

industrial area/zone（名）工业区

land-scarce（形）土地稀缺的

metropolis（名）大城市

pace of work（名）工作节奏

pace of life（名）生活节奏

public transport/transit（名）公共交通

relaxed lifestyle （名）悠闲的生活方式

rural areas（名）郊区

rural dweller（名）乡镇居民

rural-urban disparity（名）城乡差距

sense of alienation（名）隔离感

spiritual life（名）精神生活

stressful（形）有压力的

stress-induced（形）由压力产生的

traffic jam/congestion（名）交通堵塞

urban lifestyle（名）城市的生活方式

urban/city dweller（名）城市居民

wage earner/breadwinner（名）赚取收入的人

科技

advanced/latest/up-to-date/high technology（名）先进科技

computer literacy（名）电脑熟悉程度

digital literacy（名）数字技术熟悉程度

emerging technology（名）新兴科技

hand-held device（名）手提用品（手机、笔记本等）

human/personal interaction（名）人与人的交流

high technology（名）高科技

internet/web economy（名）网络经济

knowledge-based, technology-focused（形）重视知识 / 技术的

modern technology（名）当代科技

old-style, traditional, conventional, old-fashioned（形）传统的，过时的

paperless office（名）不用纸的办公室

personalised experiences（名）个人化的体验

social isolation（名）社会隔离感

technological achievement/advance（名）科技成就 / 发展

technological breakthrough（名）科技突破

technological development（名）科技发展

technological advantages（名）科技优势

technological innovation/improvement（名）科技革新

telecommuting, teleworking（名）在家上班

virtual world（名）虚拟世界

动物

animal testing, animal-based research, animal experimentation（名）动物试验，动物研究

animal maltreatment, animal mistreatment, animal cruelty, animal abuse（名）虐待动物

animal pain, animal suffering（名）动物痛苦

animal rights, animal welfare（名）动物权益

animal rights activists, animal rights campaigners（名）动物权益保护者

conserve（动）保护

die out, vanish（动）灭绝

domestic animals（名）家养动物

endangered, threatened, rare animals（名）濒临灭绝的动物

extinct（形）灭绝的

farm animals（名）农场动物

food chain（名）食物链

higher animals, advanced animals（名）高等动物

laboratory (lab) animals（名）实验室动物

natural habitat（名）自然栖息地

natural surroundings/environment（名）自然环境

pet, companion animals（名）宠物

sentient（形）有知觉的

wild animals, wildlife（名）野生动物

raise awareness of wildlife conservation（动宾短语）提高野生动物保护的意识

教育

adolescence（名）青年时期

adulthood（名）成年期

age-appropriate（形）适龄的

aggressive（形）具有攻击性的

anti-social（形）反社会的

at school（介宾短语）在学校

at college/university（介宾短语）在大学

at/from an early age（介宾短语）孩提时候起

bullying（名）（中学生之间的）恐吓

compulsory schooling/education（名）义务教育

core subject（名）主科

disposition, nature, predisposition（名）天性

drop out of（动）退学

early adulthood（名）成年期早期

enrol on/for（动）注册课程

environmental factor（名）环境因素

extra-curricular activities（名）课外活动

family/home environment（名）家庭环境

field work, practical work, internship（名）实习

first-hand experience/knowledge（名）亲身体验

formal education/schooling（名）正式教育

formative years（名）成长期

hands-on/practical experience（名）实践经验

heredity（名）遗传

impressionable（形）容易受人影响的

indulgent parents（名）溺爱小孩的父母

innate, inborn, inherited, endowed（形）天生的，与生俱来的

job market, labour market（名）职场

juvenile delinquency, youth crime（名）青少年犯罪

learning difficulty/disorder（名）学习困难

neglectful parents（名）不称职的父母

newborn, infant（名）婴儿

nurturing parents （名）父母无暇

obedient（形）顺从的

peer influence, peer effect（名）同龄人的影响

peer learning（名）同龄人学习

preschoolers（名）学龄前小孩

puberty（名）青春期

pupil, schoolchildren（名）小学儿童

rebellious（形）背叛的

school-age children（名）适龄儿童

school performance/academic records（名）学校的性能 / 成绩单

school-to-work transition（名）从学校到工作的适应期

secondary education/schooling（名）中学教育

self-control, self-discipline（名）自我控制，自我约束

socio-economic background/status（名）家庭背景

specialist teacher（名）专业教师

student life（名）学生生活 / 生涯

teen years, adolescence（名）青少年时期

tertiary/university/college education（名）大学教育

toddler（名）学步的小孩

vocational/job training（名）职业培训

vocational skill, job skill（名）职业技能

附录 3　句子连接的方法

句子之间的连接词

1. 表示转折的连接词：however, nonetheless, meanwhile, nevertheless, on the other hand, on the negative side, on the positive/plus side, on the downside

2. 表示对比和比较的连接词：by comparison, by contrast

3. 表示结果的连接词：therefore, as such, for this reason, hence, thus, given this, in view of this, in this way, in this case

4. 表示举例的连接词：for example, for instance

5. 表示引言的连接词：in general, as a general rule, more often than not, in many cases, in most cases, in some cases

6. 表示递进的连接词（这些词很多中国学生会滥用）：in addition, moreover, furthermore

注：on the other hand 是表示转折的意思，而不是并列，这个和“in addition”完全不同；此外，“on the other hand”可以单独使用，不需要和“on the one hand”放在一起。

句子之间表示因果关系的方法

原因和结果在这里都是表示一个完整的句子。

1. 原因。Therefore/as a result/as a consequence/for this reason/as such，结果。

注："as a consequence/result"很多时候是指不好的结果。

2. 原因。It explains why/ that' s why 结果。

3. 原因。This is the main reason why 结果。

4. 原因。The consequence is that 结果。

5. 原因，which means that 结果。

注：这个表达很多时候只是对前面事情做一个解释，或者并列，如果因果关系不是很强，避免使用这个表达

6. 原因，so 结果。

7. 原因，and 结果。

8. 原因。It follows that 结果。

9. 结果。It is due to the fact that 原因。

10. 结果。One reason is that 原因。

11. 结果。This lies in the fact that/arises from the fact that 原因。

12. 结果，because/since/as 原因。

注：because 很少放在句首；as 前后两个句子有时候未必是绝对的因果关系，只是两个并列发生的事情。

13. 结果，in view of the fact that/due to the fact that/considering that 原因。

注：同学们可以利用这些连接方式，但是不能滥用。有些同学比较喜欢第 11 和第 13 种表达，因为很长，可以凑字数，但是如果你段落的内容很少，考官会很反感的，最终反而得不偿失。

比较隐晦的因果关系

1. 条件状语从句

例：When/if people are aware of environmental responsibilities, they will pay attention to environmental protection.

类似于：as people are aware of environmental responsibilities, they pay attention to environmental protection.

2. 定语从句

例：People who are aware of environmental responsibilities will pay attention to environmental protection.

类似于：as people are aware of environmental responsibilities, they pay attention to environmental protection.

3. 分词结构

例：People are increasingly aware of environmental responsibilities, thus paying attention to environmental protection.

类似于：as people are aware of environmental responsibilities, they pay attention to environmental protection.

附录 4　图表作文常见的错误汇总

普通图表作文

1. "millions" 或者 "thousands" 在句子中出现时不能加复数，只有"数字 +million or thousand" 的说法。

2. "the number of" 后面一般接可数名词的复数，"the amount of"，"the quantity of" 和 "the volume of" 类似，后面一般接不可数名词。

3. 图表作文中不可以出现 "I" 或者 "We"，雅思图表作文需要正式的书面语言，因此在语言使用方面要减少第一人称的使用，减少非正式的说法。

4. 引用数据时不需要使用定语从句，直接引用数据即可。

错误的例子：North America had a lower proportion of degraded land, which was only 5%。

正确的例子：North America had a lower proportion of degraded land, at only 5%。

5."上升"和"下降"这些词（Increase, drop 等）都是不及物动词，没有被动语态。也就是"was increased" 错的。

6. Reduce 和 raise 这两个词小作文用不到，因为是及物动词；arise 也不能替代 rise；"ascent/descent" 不能用在小作文里。

7. 表示"占据" 的时候，最好不要用"occupy"，而是使用"account for/represent/constitute"。

8. "outnumber" 的主语一般是可数名词的复数，不能是不可数名词；而 "overtake/surpass" 的主语多用于不可数名词，或者是 "number/figure/amount/proportion" 这样的词；"exceed" 表示超过某一个特定的数字或容量。

9. 对象词的错误。对象词就是图里的数字所代表的东西。

10. 时态的错误。多为一般过去时，有时候可能出现一般现在时或者将来时态。过去进行时不可能出现。

11. 动态图过分注重数据和小的波动，而忽视趋势。所谓趋势，就是一个区间内最主要的一个变化（譬如说，如果大部分时候是上升，就是上升趋势）。

12. 静态图过分侧重读数据，没有将数据归类和归纳（具备类似特征的数据要放在一起）

13. 很多学生使用奇怪的上升或者下降的替换词，而忽视词性的变换（应该使用名词或者分词去替换动词）。

14. Increase/rise/drop 这些词用作名词的时候，要用不定冠词“a”，譬如说“saw a drop”。

15. 比较句中，比较对象不一致。

16. doubled 不及物动词，没有被动。

17. rise 的过去时是 rose，而不是 rised。过去分词是 risen，而不是 rose。

18. “Percentage/proportion...accounted for” 永远是错的，只有人或者物可以充当“accounted for” 的名词。

19. while 是连词，要连接两个句子。

20. 副词修饰动词，应该在动词后面。譬如说 “increased slightly”，但是不能说 “slightly increased”；slightly 也不能修饰名词，也就是 “a slightly increase” 是错的，应该是 “a slight increase”。

21. 形容词不能修饰比较级别，譬如说 “was slight higher than” 是错的，要说 “was slightly higher than”。

22. remained 后面只能加形容词，也就是 “remain constantly” 是错的，只有 “remain constant”。“Maintain” 不是 “remain” 的替换词，譬如说，只能说 “remained the most important means of transport”，而不能是 maintained。

23.“reach”这个词后面直接可以读数据，譬如说“reached 32 million”，不需要加“to”。

24. 在动态图里，一般是 rose “数字”-fold，而不是 “rose five times”。

25. 没有 “comparing with” 的说法，只有 “compared with” 的说法。

26. 当表示“数字很低，几乎可以忽略”的意思时，应该用 “minimal”，而不是 “minimum”。

27. 表示年龄的时候，可以说 “people aged between 20 and 40”，不能把 “aged” 写成 “age”。

28. 图表作文总结段不能表达个人观点、进行推测和预测，图表作文只需要根据数据进行总结和分析。

29. 图表作文总结段不能出现数据，因为数据的表述已经在主体部分完成。

30. 图表作文最好不要出现 in addition, moreover, meanwhile 这些连接词。

流程图

31. Equipment 是不可数名词，facilities 是可数名词复数。

32. Materials 是材料的意思，而 element 是元素的意思（不能用于流程图）。

33. 如果 A 步骤是在 B 步骤之前发生，那么应该是“A happens, before B”。

34. 流程图不能使用祈使句。

地图

35. Cross 是动词，而 across 是介词（不能充当谓语）。

36. Expand 是扩大的意思，expend 是花费的意思。

37. Happen, take place 表示“发生”的意思，都没有被动语态。

38. 地图题只能说西边和东边（western side 或者 eastern side），不能说左边和右边（left side 和 right side）。